철학,
문화를
읽다

철학, 문화를 읽다(개정증보판)

ⓒ한국철학사상연구회, 2014

초판 1쇄 펴낸날 2009년 4월 10일
개정판 1쇄 펴낸날 2014년 12월 19일
개정판 7쇄 펴낸날 2024년 2월 15일

지은이 한국철학사상연구회
펴낸이 이건복
펴낸곳 도서출판 동녘

편집 구형민 이지원 김혜윤 홍주은
디자인 김태호
마케팅 임세현
관리 서숙희 이주원

등록 제311-1980-01호 1980년 3월 25일
주소 (413-120) 경기도 파주시 회동길 77-26
전화 영업 031-955-3000 편집 031-955-3005 **전송** 031-955-3009
홈페이지 www.dongnyok.com **전자우편** editor@dongnyok.com

ISBN 978-89-7297-726-1 03100

- 잘못 만들어진 책은 바꿔 드립니다.
- 책값은 뒤표지에 쓰여 있습니다.
- 이 도서의 국립중앙도서관 출판시도서목록(CIP)은 서지정보유통지원시스템 홈페이지 (http://seoji.nl.go.kr)와
  국가자료공동목록시스템(http://www.nl.go.kr/kolisnet)에서 이용하실 수 있습니다. (CIP제어번호: CIP2014036339)

개정증보판

철학, 문화를 읽다

유가적 인간과 근대적 인간
죽음과 노년의 문제
가상과 현실
전통문화와 현대
환경 위기와 생태학적 자연관
현대 사회의 노동, 여가, 놀이
다문화 사회의 한국
새로운 인간관계
감시 사회와 개인의 자유
성 차별과 페미니즘
위생, 건강, 그리고 웰빙
대중음악
시간 체험과 공간 이동
소비 사회와 욕망

한국철학사상연구회 지음

동녘

문화로 철학하기

개정증보판 《철학, 문화를 읽다》에 부쳐

　　현대 사회를 살아가는 우리는 피곤하고 지쳐 있다. 견딜 수 없는 우울과 무의미한 허무함이 때때로 엄습하기도 한다. 위로와 힐링이 필요한 시간이다. 지친 심신을 한 잔의 차와 음악으로, 영화 감상으로 달래 본다. 마음의 허기를 달래기 위해 쇼핑을 하고 게임 중독에 빠지기도 한다. 더 이상 삶에서 의미를 찾기가 우스꽝스러운 허무의 시대에 현대인들은 문화적인 것으로 삶을 도배한다. 현대인은 넘쳐나는 문화의 과잉 영양으로 어찌할 바를 모른다. 너도 나도 문화인임을 자부하지만 메울 수 없는 공허함은 어쩔 수가 없다. 삶에서 의미를 찾던 시대는 가고 그 자리에 문화가 독차지한다고 할 수 있는가.

　　'문화를 어떻게 볼 것인가'는 솔직히 중요하지 않을 수도 있다. 문화는 그저 즐기기만 하면 될지도 모른다. 문화를 이해하고 알려고 하지 말고 감각으로 느끼고 몸으로 만끽하면 된다는 말도 일리가 있다. 굳이 문화를 머리로 따지고 정신으로 분석할 필요가 있는지 의문을 제기할 수도 있다. 그렇다고 무작정 문화를 만끽할 수만은 없다. 우리의 몸과 감각을 무지한 상태로 방관하는 것이 좋다는 뜻은 아니기 때문이다. 우리의 몸과 감각이 지닌 '잠재력'에 한번 주목해본다면, 우리는 문화를 새롭게 읽을 수도 있을 것이다.

　　'문화를 어떻게 읽을 것인가' 하는 지적 호기심과 허영심이 내 의식 저구석에서 피어오른다. 문화는 넘쳐나는데 나는 여전히 문화에 대해 무지하고, 심지어 어떤 문화 현상을 어떻게 해석해야 할지 몰라 무기력감에 빠지기도 한다. 다양한 문화 현상은 있되, 문화를 읽는 성찰적 눈과 지식이 얕기 때문이다. 넘쳐나는 문화를 즐기다가 제풀에 지쳐버리기 십상이다. 문화의 풍요 속에서 나를 잃어버렸기 때문이다. 철학이 필요한 시간이다. 문화를 읽는 눈이 필요한 시간이다. 그래서 여전히 우리는 골치 아픈 철학의 눈을 통해 문화를 읽지 않을 수 없다.

그러나 철학이 문화를 읽는 것, 문화를 철학적으로 읽는다는 것은 결코 쉽지 않은 듯하다. 그렇다고 따로 철학을 처음부터 꼭 배워야 하는 것일까? 그렇지만은 않다. 철학은 조금만 더 생각하고 성찰하면 나올 수 있는 '깊이를 가진 눈'이 아닌가 싶기 때문이다. 문화 현상을 보다가 그런데 '왜 그렇지?' 하는 의문만 가져도, 이미 그 사람은 철학의 매서운 눈으로 문화 현상을 볼 줄 아는 '생각을 가진 사람'이 된 것이다.

이렇게 '깊이를 가진 눈'을 지니고 '생각을 가진 사람'이 놓쳐서는 안 될 중요한 덕목이 있다. 그것은 바로 '실천'이다. 철학은 물론 '이론'이지만, 또한 이 이론을 어떻게 실천할 것인가를 염두에 둘 때 '깊이를 가진 눈과 생각을 가진 사람'의 모습이 완성되는 것이 아닐까 싶다. 우리가 음악을 듣고 옷을 사고 영화를 보더라도 그저 단순한 소비자가 아니라, 깨어 있는 주체로 감시의 눈을 가질 필요가 있다.

이러한 실천적인 성찰력은 현실에서 다양한 문화 운동으로 이어질 수 있다. 거대 문화 자본과 문화 권력에 맞서 각자 자리에서 서로 이웃과 연대해 소비자 불매 운동을 펼칠 수도, 공정 무역의 실천의 장으로 나갈 수도 있다. 억압적인 가부장제 문화와 불평등한 성 차별에 맞서 새로운 평등의 대안 문화를 꿈꿀 수도 있다. 감시 사회 속 노동의 현장에서 파열을 일으키며 자본주의 노동 문화에 저항하는 시민 운동을 기획해볼 수도 있다. 게다가 무한 경쟁의 파시즘적 가속의 문화에 느림과 여유의 삶을 꿈꾸는 공동체를 꾸려 볼 수도 있다. 이미 우리는 주변에서 이러한 공동체를 꾸리는 이웃들을 만나고 있다.

이렇게 많은 대안 운동이 가능하다면 우리는 풍요로운 문화를 우리의 새로운 삶의 코드에 맞게 얼마든지 다채롭게 가꾸어 나갈 수 있다. 넘쳐나는 문화는 독이 될 수도 있고 약이 될 수도 있다. 성찰적이고 실천적인 깊이가 빠진다면, 문화는 가장 위험한 마취제가 될 수 있다. 그래서 철학을 통해 문화를 읽는다는 것은 이론과 지식의 측면을 증가시키기보다 철학이 갖는 성찰력을 실천하는 셈이 될 것이다.

문화는 현대인의 일상에서 불가피한 코드가 되었다. 고대나 중세 사회에서는 문화의 자리에 '종교'가 들어가 있었고 근대에는 '예술'이 부흥하면서 그 자리를 차지했다. 본격적으로 문화, 특히 대중문화의 시대를 맞이하게 된 시점은 20세기를 넘어서다. 지금 우리는 대중문화를 비롯해 문화를 수월하게 만끽할 수 있는 시대에 살고 있다. 어떻게 보면 모든 것이 문화에서 문화로 끝나는 시대, 문화를 읽는 키워드가 꼭 필요한 시대다. 그렇다고 문화라는 단일한 코드만으로 현대인의 삶을 다 읽을 수는 없다. 문화라는 커다란 날개 아래 숨겨진 핵심 코드를 찾아서 현대를 읽는다면 제대로 현대인의 삶을 이해할 수 있지 않을까.

이 책을 읽기 위한 핵심 코드를 몇 가지만 찾아보기로 하자. 문화는 이제 '대중문화'라고 해도 과언이 아니다. 이 책에서는 '대중문화'라는 키워드로 대중음악과 소비 사회의 문제를 읽을 수 있다. 고전음악에서 대중음악이 갈라져 나오고, 언더그라운드의 저항음악이 움터 나오는 배경을 짚을 수 있다. 또 소비가 미덕인 이 시대, 이미지 구매를 통해 타자와 구별 짓는 욕망이 분출되는 시대가 대중문화의 시대다.

'자본주의'는 문화를 읽는 데 결코 간과할 수 없는 중요한 문제다. 이 책을 이루는 주제 곳곳에 자본주의의 문제가 숨어 있다. 왜 우리의 삶은 너무 바쁜 나머지 현기증 나는 가속도를 낼 수밖에 없는 것일까. 자본주의, 더군다나 신자유주의에서 노동은 여가 문화와 어떤 관계를 갖는 것일까. 가상이 지배하는 자본주의 문화 속에서 진짜 현실은 있는 것일까. 자본주의 문화 속에서 개인의 자유는 증대하는 것일까 아니면 더 철저히 감시당하는 것일까.

'인간'의 문제 또한 문화와 뗄 수 없는 밀접한 관계에 있다. 가부장제 문화 속에서 남성과 여성은 어떤 관계를 맺었고, 또 어떤 새로운 인간관계를 바랄 수 있을까. 성 차별을 넘어서서 미래는 새롭게 평등한 문화가 가능할 것인가. 유교적인 전통 문화와 시민의 문화는 충돌할 수밖에 없는 것일까. 이미 다문화사회로 들어선 한국 사회의 문화 지형을 어떻게 읽을 것인가.

우리의 '삶'이 문화와 맺는 관계도 간과할 수 없다. 건강 염려증에 노이로제가 걸린 현대인들에게 진짜 건강한 삶은 어떤 삶일까. 건강한 삶이 웰빙의 잘 살기에서 잘 되기의 삶의 문화로 이어질 수 있을까. 평균 수명이 길어진 노년의 삶의 질은 어떻게 보장될 것인가. 누구에게나 필연적으로 다가오는 죽음을 어떻게 맞이할 것인가.

이 책의 초판을 통해 필자들은 수많은 독자들을 직·간접적으로 만날 수 있었다. 이 책에 궁금증과 호감을 갖고 다가오는 사람들은 대체로 세 부류의 사람들인 듯싶다. 우선 문화는 궁금한데 철학은 궁금하지 않는 사람들이 있다. 이 사람들은 이 책을 대하면서 얼마 지나지 않아 두 번째 부류로 옮아간다. 애초에는 문화가 궁금했는데, 철학을 모르고서는 문화를 아는 것이 피상적임을 깨달은 사람들이라고나 할까. 이 사람들은 문화를 제대로 이해하기 위해서 철학이 필요하다는 것을 금방 터득하게 된다. 그래서 이들은 이제 진짜 고수가 되는 길로 떠나게 된다. 그래서 세 번째 부류의 사람들은 철학으로 문화를 읽어도 되고, 문화로 철학을 읽어도 되는 자유로운 길로 어느새 접어든다.

2009년에 초판이 나온 《철학, 문화를 읽다》는 5년 만에 개정증보판이 출간되었다. 이 가운데 몇 개의 주제들은 빠지고, 몇 개의 주제들은 새롭게 첨가되었다. 물론 빠진 주제들이 중요하지 않다는 것은 아니다. 변화하는 한국 사회 문화의 상황을 가늠해볼 때 좀 더 비중 있는 몇 가지 주제들이 새롭게 첨가된 것뿐이다. '다문화 사회의 한국', '감시 사회와 개인의 자유', '현대 사회의 노동, 여가, 놀이' 그리고 '죽음과 노년의 문제' 이렇게 네 편의 주제로 글이 새롭게 첨가되었다. 또한 초판에 없었던 도판과 사진들이 새롭게 첨가되어, 독자들은 더 입체적으로 문화의 현장에 접근할 수 있다.

2014년 한국 사회를 살아가는 우리들에게 문화와 철학은 어떤 의미가 있는 것일까? 상상할 수조차 없는 어려운 일들이 2014년에 일어났다. 우리들은 삶에 당면한 어려움과 피폐함으로 쉽지 않은 시간들을 보내고 있다. 우리의 삶에서 일상의 관행으로 뿌리박혔던 낡은 문화의 틀을 과감히 깨어버리고 이제 좀 더 성찰하는 실천적 자세로 나아갈 때인 듯하다. 고통받고 소외된 약자들에 대한 배려와 나눔의 문화도 더불어 생각해볼 때다. 이번에 새롭게 개정증보된 이 책이 우리들의 고단한 삶에 일말의 힘이 되길 기원해본다.

2014년 11월 연효숙
(사)한국철학사상연구회 연구협력위원장
연세대학교 외래교수

차례

군자에서 시민까지
유가적 인간과 근대적 인간

이철승

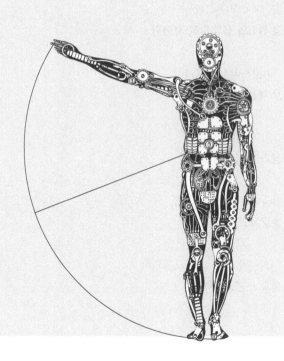

인간이란?

"인간이라고 다 인간이냐? 인간다워야 인간이지."

오늘날에도 여전히 낯설지 않게 들을 수 있는 이 말은 어떤 '인간'이 몹시 화난 상태에서 누군가를 가리켜 하는 말이다. 이 짧은 문장 속에는 어떤 인간이 다른 인간을 냉혹하게 평가한 흔적이 있다. 이 말을 풀이하면 이렇다. 앞 문장의 '인간이라고'에서 '인간'은 인간의 형태를 갖춘 일반적인 인간 전체를 가리키고, '다 인간이냐?'에서 '인간'은 인간이라고 규정한 어떤 기준에 충족하지 못한 인간임을 암시한다. 또한 뒤 문장의 '인간다워야'에서 '인간'은 인간으로서 해야 할 바람직한 역할이 있음을 말하고, '인간이지'에서 '인간'은 바람직한 인간의 역할을 수행한 경우에 해당하는 개념이다. 따라서 이 말은 다시 "네가 인간의 탈을 썼다고 해서 우리와 같은 인간이 될 수는 없다. 왜냐하면 너는 인간으로서 해서는 안 될 일을 했기 때문이다. 네가 한 행위는 마치 짐승이 저지른 것과 같다. 인간이 인간으로 대접받으려면 바람직한 인간의 역할을 해야 한다"라고 정리할 수 있다. 결국 이 말은 인간이 인간을 평가할 경우, 외적으로 드러나는 육체적인 모습뿐만 아니라, 그의 정서와 정신은 물론 그가 행한 삶의 자취 등 모든 면이 고려되고 있음을 의미한다. 또한 이것은 인간이란 결코 단순하게 정의할 수 없는 존재임을 드러낸다.

그런데 인간은 생물학적으로 생물에 속하고, 더 좁게 말하면 생물 가운데서도 동물에 속한다. 생물학적으로 동물에 속하는 인간이

동물과 구별되어 인간으로 불리는 것은 이성의 발달에 기인한다. 이성은 자신을 반성하고 추동하는 역할을 한다. 인간은 이성을 통해 스스로의 삶을 돌아보고, 수정하며, 설명하고, 계획을 세운다.

인간은 이러한 이성의 힘에 의지해 도구를 만들면서 불리했던 초기 자연환경의 어려움에서 벗어나기 시작했다. 원시시대에 맹수들보다 결코 유리하지 않았던 자연환경의 위험에서 벗어난 인간은 사회적 유대 관계를 공고히 하면서, 독특한 역사를 형성했다. 많은 세월이 흐르는 동안 각각의 무리들은 각각의 삶터에서 각각의 특수한 문화를 형성하면서, 때로는 서로 단합하고 때로는 서로 싸우며 삶의 영역을 지구 전역으로 확대해갔다. 상호 교류와 전쟁이 지속되는 가운데서도, 역사의 진행은 멈추지 않았다. 이러한 역사의 진행 속에서 인간은 자신들의 정체성을 세워나갔다. 그들은 각각의 환경과 문화의 특징을 반영하면서 고유한 정체성을 확립해갔다.

수십만 년의 세월이 흐르는 동안 인류의 문명은 눈부시게 발전했다. 오늘날 우리 문화와 가치관의 원형 역시 이러한 고대 문명으로부터 계승되고 발전된 것이다. 특히 기원전에 형성된 고대 아테네의 민주주의 사상과 중국 선진(先秦) 시기의 유가(儒家) 사상은 이른바 서양 문명과 동아시아 문명의 양대 중추를 이루면서 오늘날 우리의 가치관을 형성하는 데 적잖은 영향을 미친다.

고대 아테네의 시민 의식과 중국 선진 시기의 군자관은 그들 각자가 생각하는 이상적인 인간의 모습이었다. 고대 아테네의 민주주의 사상이 비록 여성과 노예가 제외된 상태에서 소수 귀족을 위해 기능했을지라도, 그 사상은 근대 서양의 시민 의식을 토대로 하는 민주주의 이념의 원형이 되면서 오늘날 서양 사상의 초석 역할을 한다.

또한 도덕을 중시하는 중국 선진 시기의 유가 사상이 비록 한대(漢代) 이후에 관학화되면서 경직된 측면이 나타나지만, 그들이 제시하는 군자관은 오늘날 한국과 중국을 비롯한 적잖은 동아시아인들에게 이상적 인간상의 원형 역할을 한다.

군자란 누구인가?

　유가에서 중시하는 군자(君子)의 개념은 사실 공자(孔子) 시대 이전부터 있었다. 이 개념은 갑골문(甲骨文)이나 금문(金文)에 나타나지 않는다. 이 때문에 많은 학자가 이 개념이 주(周)나라가 성립된 이후에 형성된 것으로 여긴다. 중국에서 공자 이전에 사용되었던 이 개념은 정치적 신분을 지칭하는 개념이었다. 당시에 이것은 '군주(君)의 아들(子)'과 같이 왕족이나 귀족 등 신분이 높은 인간을 일컫는 말이었다. 세월이 흐르면서 이 개념에는 신분이 높은 정치인과 더불어 이상적인 정치가의 의미가 뒤섞였다. 이 때문에 많은 사상가가 자신의 관점을 투영시키는 과정에서 이상적인 정치인 상으로 군자 개념을 사용했다. 즉, 공자 시대 이전의 군자는 지배층의 성격을 띠고, 피지배층에 해당하는 소인(小人)과 상대적인 위치를 나타내는 신분 개념이었다.

　그러나 공자 시대에 이르러 이 개념은 달리 쓰이기 시작했다. 공자 역시 이 개념을 부분적이나마 신분의 뜻으로 사용한 적이 있다.

그러나 공자는 이 개념을 대부분 신분의 뜻과 구별되는 도덕성을 갖춘 인간의 의미로 사용했다.

공자는 자신이 살던 시대를 혼란한 시대로 보았다. 그는 생산력 발전으로 새롭게 등장한 신흥 세력들이 주나라의 질서 체계를 붕괴시킨다고 생각하고, 이를 안타깝게 여겼다. 그는 신흥 세력들이 추구하는 부국강병 정책을 약육강식의 논리에 기초한 비인간적인 것으로 여겼다. 그는 주나라 초기에 주공(周公)이 정립한 질서 체계[周禮]를 인간이 추구해야 할 바람직한 규범이라고 생각했다. 그는 인간을 도덕적 존재로 여기는 주공의 사상을 수용한 후, 이것을 더욱 체계적으로 정립해 유가 사상의 종지로 삼았다. 인(仁)으로 대표되는 그의 철학 사상은 효제충신(孝悌忠信) · 박시제중(博施濟衆) · 애인(愛人) · 충서(忠恕) · 정명(正名) · 극기복례(克己復禮) 등을 비롯한 수많은 사상을 함유하며, 도덕적 인간에 관해 종합적으로 취급한다.

공자에 따르면, 성인(聖人)은 이러한 도덕적 내용을 완벽하게 실현하는 인간이다. 그러나 보통의 인간이 이러한 도덕성을 완벽하게 실현하기란 쉽지 않다. 모든 인간은 태어날 때부터 이러한 도덕성을 실현할 가능성을 갖추지만, 모든 인간이 이러한 도덕성을 즉시 실현할 수 있는 것은 아니다. 이 때문에 현실적으로 선택할 수 있는 방법은 이러한 성인의 모습을 닮으려고 노력하는 일이다. 성인의 삶을 본받고자 하는 사람 가운데 비록 완벽하지는 않을지라도, 인격과 능력이 보통 사람보다 뛰어난 인간이라야 이러한 역할을 잘 수행할 수 있다. 공자는 이러한 인간을 군자라고 명명한다.

공자에 따르면, 군자는 개인의 이익 추구를 중심 가치로 여기는 대신 공적 의로움의 실현을 중요하게 생각하는 인간이다. 개인의 이

공자는 공적 의로움의 실현을
중요하게 생각하는 사람이
군자라고 했다.

익만을 추구하는 인간은 군자의 대척점에 있는 소인이다. 소인은 자기의 사사로운 이익 추구를 중요한 가치로 여긴다. 이 때문에 소인은 자신의 이익을 확보하려고 수단과 방법을 가리지 않는다. 소인은 자신의 이익을 위해서라면 도덕적으로 비난 받을 일조차도 서슴지 않는다. 소인은 남을 배려하지 않으며, 비열한 방법조차도 스스럼없이 사용한다. 비록 사회적 지위가 높거나 경제적 여유가 풍부한 인간이라도, 자신의 이익만을 위하는 삶을 추구한다면 이러한 인간은 모두 소인이다. 소인의 기준은 사회적인 지위의 높고 낮음이나 지식의 많고 적음에 있지 않다. 공자의 견해에 따르면, 공공의 질서 의식이 약하고 개인의 이기심을 강하게 추구하는 인간은 모두 소인이다.

공자에 따르면, 군자란 자기 이익을 얻고자 분파를 형성하지 않고, 그가 속한 사회의 보편적 질서 의식을 중시하는 인간이다. 군자란 잘못의 원인을 남에게 돌리지 않고 자기에게 돌리며, 동일한 잘못을 반복하지 않고, 성냄을 다른 인간에게 옮기지 않으며, 자기가 하고 싶지 않은 부당한 일을 남에게 시키지 않고, 자기가 이루고 싶은 의미 있는 일을 남이 먼저 할 수 있도록 안내하는 인간이다. 이러한 일의 수행은 사회적 지위의 높음, 지식의 많음, 경제적 여유, 나이의 많음 등과 같은 외적 배경과 비례하지 않는다. 곧 군자의 이러한 역할은 삶의 외적 조건과 직접적으로 관계되어 있지 않다. 이것은 내적 도덕성의 발현과 긴밀하게 관계되어 있다.

이러한 관점을 근거로 공자는 덕이 있는 인간이 통치할 때 나라가 바르게 다스려진다고 주장한다. 선험적 도덕성의 발휘를 근거로 하는 공자의 이러한 군자관은 이후에 공자의 문인들과 맹자(孟子)에게 계승되어 발전된다. 특히 맹자는 하늘(天)의 운행 원리인 원형이정(元亨利貞)을 자각적으로 본받아 형성한 인의예지(仁義禮智)의 선험적 도덕성을 선(善)으로 여기는 성선설(性善說) 이론을 확립한다. 그리고 통치자는 본래적으로 선한 도덕성을 발현해 인민을 위하는 왕도 정치를 실현해야 한다고 생각했다.

공자와 맹자를 중심으로 하는 초기 유가의 이러한 선험적인 도덕성을 근거로 하는 군자관은 순자(荀子)와 왕충(王充)을 비롯한 적잖은 후대의 학자들에 의해 도덕적 선험성에 대한 반론에 직면하기도 했다. 하지만 이후 군자관은 비판적 지식인의 상징으로 여겨지는 '선비(士)'의 모습으로 동아시아의 전통 사회에 막대한 영향을 미치면서, 수천 년 동안 한·중·일을 중심으로 하는 동아시아인들의 중심적 가치관으로 자리매김했다.

시민이란 누구인가?

시민(citizen)이란 비록 고대 아테네에서 시작했지만, 1789년 프랑스 혁명을 전후로 새롭게 형성된 근대적 개념이다. 이 시민은 역사적으로 민주주의 이념과 깊게 관련된다.

오늘날 많은 나라에서 채택하는 민주주의 이념의 어원은 데모크라티아(demokratia)에서 유래한 것으로, 인민(demos)의 지배(kratia)를 의미한다. 고대 아테네에서 시행된 민주주의는 인민이 민회·평의회·법원 등의 제도를 통해 통치에 직접 참여했다. 그러나 이러한 아테네의 민주주의는 많은 노예의 노동에 의해 산출된 잉여가치를 소수의 성인 남자 중심의 자유민, 곧 시민이 소유하는 형태의 민주주의였다. 이러한 귀족 중심적 민주주의의 성향 때문에 플라톤(Platon)과 아리스토텔레스(Aristoteles)는 아테네의 민주주의에 대해 회의적인 태도를 취하기도 했다. 아테네의 이러한 민주주의 제도는 로마의 제국주의와 중세 봉건 사회에서 결실을 거두지 못하고, 산업 사회의 도래와 함께 신흥 세력으로 성장한 부르주아 계층인 시민들의 '천부인권(天賦人權)'론으로 인해 새로운 국면을 맞이했다. 자유·평등·박애 등의 이념을 자연권으로 생각하는 신흥 세력은 인간이라면 누구나 태어나면서부터 생명·건강·자유·재산 등의 권리를 가지는 존재라고 여겼다. 그들은 타인에게 양도할 수 없는 이러한 자연권을 천부인권으로 여기며 절대왕정에 맞서 개인의 자유와 권리를 주장했다. 그들은 최소 국가를 지향하면서 사회에서 최소의 안전과 질서를 위해 사

프랑스 혁명으로 만들어진 프랑스 인권선언이다. 인간의 천부적 권리는 장소와 시간을 초월해 보편적임을 선언했다.

회계약의 필요성을 제기했는데, 대표적인 사상가로 로크와 루소 등이 있다.

특히 로크는 사유재산권을 자연권으로 옹호했다. 이것은 부르주아 계층의 관점을 반영할 뿐만 아니라 이기심을 긍정하는 시민들의 의식을 확산시키는 데 기여했다. 그러나 이기심이란 기본적으로 자기중심주의적인 성격이 강하게 작용하는 심리 상태다. 이 때문에 상대에 대한 배려와 양보 없이 전개되는 이기심은 동일한 경향의 다른 이기심과 마주할 때 필연적으로 충돌할 수밖에 없다. 각자의 이기심을 양보 없이 확보하려고 노력하는 과정에, 서로의 이기심은 반드시 모순 관계에 빠진다. 이 때문에 그들은 각자의 손실을 최소화하고 이익을 최대로 확장하려면 서로 이기심의 발현을 제한할 필요가 있음을 인식했다. 그들은 자신들의 이익 확대에 대한 손실을 축소하기 위해 역설적으로 자신들의 이기심을 제약하는 규약에 합의할 수밖에 없었다. 곧 그들은 개인의 도덕성을 신뢰하는 상태에서 서로 양보함으로써 자신들의 이익을 확보하는 방법을 택하지 않고, 강제적인 규약이라는 제도를 통해 이익을 확보하고자 했다. 이것은 신뢰에 대한 주관적 심리 상태를 적극적으로 반영하는 방법이 아니라, 객관적이고 합리적인 기준을 통해 이익을 확보하려는 태도다.

이와 같이 근대의 시민들은 '이기주의의 역설(paradox of egoism)'을 자각한 후, 일정한 타협과 협의를 통해 그들의 이익을 지속적으로 확보할 수 있는 방법을 찾아냈다. 이러한 협정을 '최소 도덕(minimum morality)'으로서의 법 체계라고 할 수 있다. 그들에게 이러한 법 체계는 서로 다른 인간들 사이에 나타나는 갈등을 조정하는 공공의 영역으로 간주되면서, 시민 누구나 지켜야 할 합리적인 규약으로 여겨졌다. 이제 이 공적인 영역에 참여하는 시민들은 이 규약을 어길 때보다 지킬 때 그들의 이익이 안정적으로 확보될 수 있음을 확신하게 되었다.

그들은 이러한 경험과 법 체계에 대한 신뢰를 근거로 이후에 전개되는 대부분의 일을 계약을 통한 공적인 제도로 확립했다. 세월이 흐르면서 사회가 더욱 복잡해지고 관계가 더욱 다양화되자, 그들은 개인의 내면에 간직한 도덕성을 발휘하는 것보다 합리적으로 규정된 계약 내용을 더욱 신뢰했다. 그들은 계약을 위반한 인간들에게 적용되는 법조문을 통해 법을 집행하고 적절한 보상과 배상을 받는 방법을 강구했다. 또한 계약을 지킨 인간들에게 적용되는 법조문을 통해서는 개인의 권리를 확보했다.

근대의 시민들은 이와 같이 개인의 자유를 최대로 확보하면서,

타인에게서 자신의 생명과 재산과 건강을 침해받지 않으려고 했다. 이러한 사회 분위기는 많은 시민에게 정부를 비롯한 그 어떠한 국가 기관보다 개인의 인권이 우선한다는 의식이 형성되는데 일조했다. 그들은 이러한 사회를 그들이 추구하는 진정한 민주주의 사회로 생각한다.

　　그러나 자유주의자들이 주장하는 시민 중심의 자유민주주의는 외형적으로 모든 인간이 법 앞에 평등한 것처럼 보이지만, 생산수단을 소유하지 못한 다수 인민의 권리는 미진했다. 인민들은 형식적으로는 생산수단을 소유한 인간들과의 계약을 통해 권리가 평등하게 보장되는 것처럼 보이지만, 실제적으로 그들에게 자유와 평등은 양립되지 못했다. 오히려 일부의 인민들은 생산수단을 사적으로 소유한 인간들로 인해 도구로 전락한 법과 제도에 의해 인권 침해를 받기도 했다. 따라서 천부인권으로서의 자유와 평등은 봉건 사회의 절대 왕정과 투쟁하는 면에서 효력을 드러내기도 했지만, 자본주의를 배경으로 하는 시민 중심의 자유주의 사회에서 생산수단을 소유하지 못한 많은 인민에게는 여전히 요원한 대상이었다.

　　이러한 인간소외 현상의 만연으로 마르크스(K. Marx)와 엥겔스(F. Engels)가 주창한 사회주의 이념이 등장하면서 프롤레타리아를 중심으로 하는 인민민주주의가 많은 사람에게서 지지를 받기도 했다. 인민민주주의를 주장하는 사람들은 평등의 실현이 곧 자유의 확대라고 생각하면서 생산수단을 소유하지 못한 많은 인민이 통치하는 사회를 실질적인 민주주의 사회로 여겼다. 그러나 20세기에 마르크스 사상의 영향을 받은 레닌(V I. Lenin)과 마오쩌둥(毛澤東)을 비롯한 여러 나라의 많은 사회주의자가 혁명을 주도하면서 평등 사회를 실현하고자 했지만, 사회주의 이념을 채택했던 각 나라의 생산력은 여전히 높지 않은 상태다. 한편 자본주의 체제를 인정하지만, 자유주의가 빚어내는 불균등의 문제가 나타났다. 이를 치유하기 위해 차등의 원칙과 공제의 법칙을 통한 롤스(J. Rawls)의 수정자유주의 이념은 복지정책을 중시하는 사회민주주의 사회의 형태로 현실에 투영되고 있다.

민주주의는 이와 같이 역사 속에서 단일한 형태가 아닌 다양한 형태로 드러나면서도, 많은 사람에게 오늘날 인류가 추구하는 보편적인 정치 이념으로 받아들여진다. 곧 역사의 진행 과정에서 특정 시기마다 민주주의의 수혜자가 비록 제한적이었을지라도 민주주의는 형식적으로 모든 인간의 자유와 생명과 재산이 평등하게 보장되어야 한다는 이념을 견지하기 때문에, 많은 사람에게 인간의 존엄성을 지키는 이데올로기로 받아들여진다.

따라서 오늘날의 시민이란, 생산수단의 사유화를 중시하는 부르주아 중심의 자본주의를 비판하면서 등장한 프롤레타리아 중심의 사회주의 사회를 건설하고자 하는 세력과 구별되는 개념이라고 할 수 있다. 오늘날의 사회에서 시민은 시민 사회(bourgeois society 또는 civic society)라는 개념과 연계되면서 비교적 폭넓게 적용된다. 현대 사회에서 시민이란 개인의 이기심을 토대로 이익의 확보를 중시할 뿐만 아니라, 생명과 재산을 지켜주는 법과 제도 등의 공적 역할과 합리적인 시스템을 중요하게 생각하는 부류다. 또한 이들은 자유주의 사회에 나타나는 사회적 갈등 문제를 극복하려고 비강제적인 결사체를 자발적으로 구성해 정부나 기업 등 헤게모니를 장악한 기관에 대항하는 역할도 한다. 곧 현대 사회에서 말하는 시민이란, 넓은 의미에서 생산수단의 사적 소유를 인정하고 민주주의의 이념과 제도를 중시하며, 이성의 공적 사용을 전제로 하는 합리적인 질서 의식으로 건강한 공동체 사회를 건설하려고 노력하는 인간이라고 할 수 있다.

군자와 시민은 화해할 수 있는가?

군자를 중심으로 하는 유가의 이상적 인간관과 시민을 중심으로 하는 근대적 인간관은 각각 서로 다른 문화적 토양에서 성립했다. 그리고 이러한 인간관은 일정 기간 동안 각각의 문화적 토양 위에서 고유한 성향을 띠며 발전했다. 그러나 역사는 어느 하나의 관점이 시간과 공간을 초월해 절대적으로 옳다는 것을 증명하지 않는다. 역사는 시간의 흐름과 더불어 서로 다른 문화와 사상이 만나면서 서로를 배척하거나 수용하면서 교류를 확대해갔다. 서로의 교류가 확대되는 가운데, 때로는 어느 한 사상이 다른 사상을 흡수하기도 하고, 때로는 각각의 사상이 균등하게 영향을 주고받기도 한다. 이와 같이 문화와 사상의 교류는 비록 정도의 차이가 있을지라도 대부분 서로에게 영향을 미친다. 이것은 인간이 형성하는 하나의 문화와 사상이 일정 기간 유지되더라도 영원성을 담보하지 않는다는 것을 말한다. 곧 이것은 하나의 문화와 사상이 역사 과정에서 그 시대의 주역들에 의해 형성·발전·보존되다가, 다른 시대와 다른 상황에서 변화할 수 있음을 보여준다. 군자와 시민 개념 역시 시공을 초월한 절대 보편주의적인 것이 아니라 변화 가능한 역사의 산물이다.

특히 오늘날과 같이 동양과 서양 및 전통과 현대의 가치가 다양하게 뒤섞인 사회에서는 전통적인 군자나 시민 개념 가운데 어느 하나의 관점만으로 이상적인 인간상을 설정하기가 쉽지 않다.

오늘날 많은 이가 보편적인 사상으로 받아들이는 민주주의 이념 역시 완벽하지 않다. 특히 자본주의 제도가 세계에 확대되는 현실에서 자본주의의 사상적 배경이라 할 수 있는 (신)자유주의 이념을 토대로 한 자유민주주의에서 시행되는 법과 제도는 경제적으로 가난한 층보다 부유한 층에게 유리하게 적용되는 측면이 있다. 그리고 일부의 법은 사회에서 구조적인 요인으로 인해 소외 받는 이들의 저항권을 억압하는 역할도 한다.

이것은 형식적인 면에서 비교적 잘 구성된 법 체계라 할지라도, 동기나 과정보다 결과 중심으로 운영되는 법치주의의 문제점이라 할 수 있다. 또한 이러한 법 운영은 도덕성 문제가 발생해 주위 사람에게 육체적·정신적 피해를 입힐지라도, 법률적인 면에서 합법적일 경우에 합리적으로 대처할 방안이 부족하다. 이러한 법치주의는 수많은 구성원의 다양한 생각과 구체적 삶의 모습을 고르게 반영할 수 없는 한계가 있다.

현대 사회를 이끌어가는 주체인 시민이 비록 시민성(citizenship)과 시민 윤리(citizen ethics) 의식으로 무장해 이러한 사회 문제를 비판하며 건강한 공동체 사회를 이루려고 노력할지라도, 시민 개념 자체가 개인의 사적 이익을 적극적으로 인정하는 기초 위에 성립되기 때문에 사적 이익에 대한 합리적 기준을 설정하는 문제가 발생할 수 있다. 공적 이성의 발휘를 중시하는 시민이 이 문제에서 다수를 차지하는 노동자층과 소수의 사용자층의 갈등을 조절하는 합리적 대안을 제시하지 못할 경우, 시민의 역할은 제한적일 수밖에 없다. 특히 '개별 시민들이 공적 이성을 자유롭게 사용한다'는 명제가 현실 정치에서 구성원 모두가 아닌 일부에게 해당하는 내용이라면, 시민의 공공 영역은 협소해질 수밖에 없을 것이다. 이른바 '시민 없는 시민 운동'이라는 비아냥거림은 이와 같이 일부 시민 단체가 사회에서 소외된 이웃의 문제를 합리적으로 해결하기 위해 공적 이성을 사용하는 대신 그들이 속한 집단의 이익만을 중시하는 이익 단체로 변하고 있음을 비판하는 말이다.

군자 개념은 역동적으로 변화하는 오늘날의 현실에서 파생되는 다양한 문제에 대해, 법과 제도 등 효율적인 방법을 사용하지 않고 당위적으로 접근함으로써 구체성이 떨어지는 면도 있다. 그러나 이러한 문제점이 있음에도, 직면한 문제를 본질적으로 해결하려는 점에서 의의가 있다. 특히 오늘날 법치주의에서 발생하는 결과주의의 문제에 대해 동기의 중요성을 지적한 점에서 의의가 있다.

그리고 이 개념은 시민 사회에서 사적 이익이 집중함으로써 각 개인 간·계층 간·지역 간·국가 간에 발생하는 빈부 차이를 비롯한 사회적 양극화 현상에 대해 사상적 실마리를 제공할 수 있다. 일찍이 공자는 군자의 중요한 역할 가운데 하나로, 공적인 의로움을 바르게 함으로써 사적인 이익도 발생된다는 논리를 전개했다. 그는 기본적으로 "이익이란 공적 의로움의 조화"라고 지적하고, "인민이 이롭게 여기는 것으로 인하여 그것을 이롭게 여겨야" 한다고 했다. 이것은 그가 사적 이익 전체를 부정하는 것이 아니다. 그에 따르면, 개인의 사적 이익은 인정하지만 그것은 최소한의 것이어야 한다. 사적 이익은 공적 의로움을 해칠 정도로 소수에게 집중되어서는 안 된다. 더 깊게 살펴야 할 것은 절대적 빈곤이 아니라 상대적 빈곤에서 나타나는 박탈감의 문제이고, 균등하지 않음과 평안하지 않음의 문제이며, 정당하지 않은 방법으로 부자가 되는 것이다. 그는 "적음을 근심하지 않고 고르지 않음을 근심하며, 가난함을 근심하지 않고 편안하지 않음을 근심한다"라고 했다. "나라에 도가 있는데 가난하거나 천하면 부끄러운 일이고, 나라에 도가 없는데 부유하거나 귀하게 되는 것도 부끄러운 일"이며, "의롭지 않은 상태에서 부유하거나 귀하게 되는 것은 나에게 뜬구름과 같다"라고 말한 것 등은 그의 관점을 잘 대변해준다.

공자를 중심으로 하는 유가의 군자관은 이와 같이 시민 사회에서 나타나는 일부 문제에 대한 대안 역할을 할 수 있다. 아울러 시민 사회가 추구하는 건강한 공동체 건설에 순기능으로 작용할 수 있다. 이것은 군자를 중심으로 하는 유가의 인간관과 시민을 중심으로 하는 근대적 인간관이 오늘날 사회에서 서로의 단점을 보완하며 조화될 수 있음을 드러낸다.

오늘날 우리에게 필요한 인간상은?

오늘날 우리 사회에서 구성되는 삶의 형태는 다양하다. 많은 사람이 획일적인 가치관이 아니라, 다양한 가치관을 가지고 다양한 방식으로 살아간다. 민주주의는 이러한 다양한 가치관을 중시하는 이념이고, 시민은 이러한 민주주의의 이념을 존중하며 정부를 비롯한 사회 곳곳의 힘 있는 기관이 자행하는 부당한 행위를 비판하는 역할을 한다. 시민 혹은 시민 사회론에는 칸트(I. Kant)의 공적 이성의 발현으로서의 시민, 헤겔(G. W. F. Hegel)의 인륜적 내용을 가미한 시민 사회론, 그람시(A. Gramsci)의 헤게모니를 필요로 하는 시민 사회론, 하버마스(J. Habermas)의 정치와 경제 체제의 문제에 대한 대안적 성격의 생활세계로서의 시민 사회론, 롤스의 수정자유주의적인 관점에서의 시민관 등 다양한 이론이 있다.

　시민 혹은 시민 사회론에 대한 학계의 이론이 비록 다양할지라도, 그들이 이성의 공적 사용을 중시한 점에서 공통점이 있다. 그리고 그들은 잉여가치에 의한 생산수단의 사유화를 계급 발생의 원인으로 진단하고 인민들의 주체적인 봉기에 의해 사적 소유를 제거하고자 했던 마르크스와 엥겔스 및 레닌과 마오쩌둥 등의 관점과 달리, 사적 소유를 부정하지 않은 점에서 공통점을 보인다. 그람시와 하버마스와 롤스가 비록 마르크스주의에서 중시하는 평등사상을 비롯한 일부 내용을 수용했을지라도, 그들의 시민관 혹은 시민 사회론은 자본주의 사회의 토대 위에서 성립되었다.

　이 때문에 그들의 이론은 자본주의 사회가 태생적으로 안고 있는 사회적 양극화 문제에 대한 대안에서 한계를 지닐 수밖에 없다. 곧 자본주의 사회는 개인의 이기심에 근거한 사적 소유를 적극적으로 인정하는 가운데 성립했다. 개인의 이기심에 따른 사적 소유는 그 자체의 논리적 모순 때문에 타인의 이기심과 충돌을 일으킬 수밖에 없다. 그들이 자신의 이익을 극대화하려고 선택한 방법은 아이러니하게도 합리적인 이성을 근거로 하는 사회적 계약에 의해 그들의 이익 정도를 조정하는 것이다. 그런데 이 계약은 공적 합리성을 담보하며 최소 윤리로서의 법 체계에 의존하는 방식이다. 문제는 이러한 법이 사회의 모든 구성원에게 공평하게 적용되는가 하는 점이다. 역사는 자본주의 사회에서 이러한 법이 형평성을 가지고 있지 않은 면을 다양하게 보여준다. 비록 형식적으로 공평한 법조문이 있을지라도, 사용자층과 노동자층이 대립할 경우에 상당수가 사용자에게 유리하게 집행되고 있음을 보여준다. 일부 시민 단체가 이러한 문제에 대해 끊임없이 비판하지만, 여전히 한계가 노출된다.

이것은 사회 문제의 좀 더 근원적 원인이라고 할 수 있는 이기심의 문제와 타인을 사랑과 포용의 대상이 아닌 배제와 경쟁의 대상으로 여기는 문제 등을 본질적으로 해결하지 않은 데서 나타나는 현상이다. 자본주의 사회에서 인간과 인간은 경쟁의 대상이다. 이 사회에서는 경쟁에서 승리한 자와 패배한 자의 삶의 양태가 다르게 나타나는 것을 자연스럽게 생각한다. 승리한 자가 누리는 혜택과 패배한 자가 감당해야 하는 괴로움의 차이는 크다. 사회의 흐름은 사회진화론의 논리가 깊게 투영되어 진행된다. 문제는 게을러서가 아니라, 사회구조적인 면 때문에 어쩔 수 없이 경쟁에서 밀려나야 하는 많은 사람의 삶의 구조를 개선할 방법이 제한적이라는 데 있다. 비록 시민들이 이러한 구조적인 면을 개선하려고 노력할지라도 근본적인 한계가 쉽게 해결되지는 않는다. 이 때문에 이러한 사회에서는 '빈익빈 부익부'의 양극화 현상이 비일비재하게 발생한다.

유학자들이 주장하는 군자관은 현실의 구체적인 문제를 해결하고자 할 때 시민들의 방법보다 덜 효율적인 경우가 있다. 그들에 따르면, 군자는 주로 구체적인 현실 문제에 대해 시민들이 즐겨 사용하는 법과 제도로 접근하지 않는다. 군자는 현상보다 현상의 배후에 있는 문제를 본질적으로 해결하려고 한다. 군자는 인간이란 무엇인가 하는 식의 근본 문제에 집중한다. 군자는 아무리 법과 제도 등 시스템이 잘 갖추어졌을지라도 그것을 운용하는 인간들이 인격적으로 준비되어 있지 않다면 그 시스템이 제대로 작동하지 않을 것이라고 생각한다. 공자가 형벌보다 도덕을 중시한 점, 맹자가 이익을 추구하는 양혜왕(梁惠王)에게 인의(仁義)의 중요성을 지적한 점, 조선 시대 조광조(趙光祖)가 도덕정치를 추구하다가 사형을 당한 점 등은 이러한 면을 잘 드러낸 예다.

유가에서 중시하는 군자는 사적인 소유보다 인민들과 함께 향유하는 것을 중시한다. 이 때문에 맹자는 군주가 혼자 즐기는 것이 중요한 게 아니라, 인민들과 더불어 즐기는 것(與民同樂)이 중요함을 역설했다. 이러한 관점은 기본적으로 인간을 계산적인 존재로 대하는 방식이 아니라 사랑의 대상으로 여기는 자세다. 유가에서 중시하는 인간관은 '친한 사람을 친하게 대하는' 혈연적인 정서를 인정하는 기초 위에서 성립한다. 유가는 처음에 내 부모와 자녀를 다른 사람의 부모와 자녀보다 더 사랑할 수밖에 없다고 주장한다. 그러나 유가는 여기에서 멈추지 않는다. 만약 여기에서 멈춘다면, 유가 사상은 많은 사람이 오해하듯이 연고주의에서 벗어나지 못하는 협소한 이론에 불과할 것이다. 유가는 내 부모와 자녀를 사랑하듯이 다른 사람의 부모와 자녀도 똑같이 사랑해야 한다고 주장한다. 곧 유가는 내 진실한 역할을 다한 후에, 그와 같은 정성으로 다른 사람에게도 동일하게 잘해야 한다고 주장한다. 이것이 유가에서 중시하는 개인과 사회의 유기적 관계에 관한 '충서'관이다.

맹자가 "나의 노인을 노인으로 대접하여 다른 사람의 노인에게 미치며, 나의 어린이를 어린이로 대접하여 다른 사람의 어린이에게 미치면, 세상을 손바닥 위에서 움직일 수 있다"라고 지적한 것,《대학》 '혈구지도(絜矩之道)'의 논리,《예기》 '대동(大同)' 사상의 논리 등은 모두 이러한 전통 유가의 이상적 인간관을 드러내는 내용이다.

유가는 이러한 인간관을 기초로 인간이 인간을 대할 때 경쟁이나 획일화의 대상이 아니라 '어울림(和)'의 대상으로 삼으라고 주장한다. 유가는 타인을 배제하고 자신만 존중하는 배타적인 경쟁(爭)의 논리나, 자신의 주체성이 타인에게 흡수되거나 타인의 주체성이 자신에게 흡수되는 형태의 동일화(同)의 논리를 비판적으로 바라본다. 유가는 마치 여러 재료가 섞여서 맛있는 국(羹)을 끓여내듯이, 자신과 타인의 주체성이 고르게 역할을 하며 건강한 공동체를 이루는 어울림의 방식을 존중한다. 유가에서 말하는 군자는 이러한 역할을 즐겁게 수행하는 자다.

현대 사회의 복잡한 문제를 해결하며 건강한 공동체 사회를 이루기 위해 오늘날 우리에게 필요한 인간상은, 삶의 원리적인 면에 지혜를 발휘하는 유가의 군자관과 현실적이고 구체적인 실천을 효율적으로 수행하는 시민 의식을 조화시킨 인간이 아닐까? 이러한 인간은 오늘날 사회에서 소외당한 적잖은 이들에게 희망이 될 뿐만 아니라, 본인도 모르는 사이에 타인의 인격을 침해하는 자들의 의식을 정화하는 역할을 할 수 있을 것이다. 또한 이러한 인간은 사회의 분열을 조장해 사적인 이익을 확대하고자 하는 이들이 기획을 수정하도록 영향을 미치며 구성원 모두가 함께 즐길 수 있는 사회를 이루도록 길잡이 역할을 할 수 있을 것이다.

《논어》

유교문화연구소 옮김. 성균관대학교 출판부. 2005.

《논어》는 공자와 그 제자들의 말과 행동이 자세하게 기록된 책이다. 우리는 이 책을 통해 공자의 사상을 엿볼 수 있는데, 그 가운데에서도 공자의 군자관에 대해 자세히 살펴볼 수 있다.

이 책에 따르면 공자는 인간을 도덕적 존재로 여긴다. 특히 그는 군자를 도덕의식이 충만한 상태에서 도덕적 내용을 현실에 투영하는 사람이라고 생각한다. 그는 인간이 만일 비도덕적으로 살아간다면 그러한 인간들이 구성하는 사회는 약육강식의 법칙이 통용되는 동물의 세계와 다르지 않을 것이라고 여긴다. 그는 이와 같이 비도덕적인 사회에 대해, 각자가 자신의 이익만을 추구할 뿐만 아니라 자신의 이익 확보에 필요한 경쟁 논리의 확산으로 인해 사회적 갈등이 팽배할 것이라고 생각한다. 그는 이러한 사회를 소인들이 지배하는 사회라고 생각한다. 그에 의하면 이러한 사회는 우리가 추구하는 바람직한 사회가 아니다. 공자는 이러한 이기심의 확산으로 인한 경쟁, 배타, 획일화, 분열, 양극화 등의 사회적 갈등 문제를 치유하기 위해 법이나 제도와 같은 대안을 본질적인 해결 방안이라고 생각하지 않는다. 그는 공적 의로움, 어울림, 사랑, 배려, 포용 등과 같은 정신을 갖출 때, 비로소 이러한 사회적인 문제가 해결될 수 있을 것이라고 생각한다. 그에 의하면 군자란 이러한 현실적인 문제를 본질적으로 해결할 수 있는 이상적 인간이다.

생각해볼 문제 //

1. 우리가 인간이라고 규정하는 인간이란 무엇인지 각자가 생각하는 인간관에 대해 토론해보자. 특히 종교나 가치관이 서로 다른 사람들끼리 토론해보자.
2. 군자가 중시하는 도덕적 인간, 도덕의 기원, 도덕의 내용 등에 대해 각자가 생각하는 도덕관과 비교해 토론해보자.

3. 시민과 민중 및 시민 운동과 민중운동 등의 공통점과 차이점에 대해 각자의 관점에서 토론해보자.

4. 현대 사회에서 군자와 시민의 역할에 대해 논하고, 군자와 시민이 조화롭게 만나기 위해 필요한 것이 무엇인지에 대해 토론해보자.

5. 여러분 각자가 생각하는 오늘날의 이상적 인간상에 대해 토론해보자.

참고문헌

강형기. 〈21세기의 군자가 되기 위한 반성〉. 《지방행정》. 대한지방행정공제회. 2005.

김시천. 〈군자는 과연 시민이 될 수 있을까〉. 《정의로운 사회는 가능할까? 세상 청바지》. 웅진지식하우스. 2005.

김호기. 〈국가로부터 자율적인 시민 사회는 가능할까〉. 《정의로운 사회는 가능할까? 세상 청바지》. 웅진지식하우스. 2005.

문병도·이명준. 〈공자의 교육목표와 교육방법-군자의 육성과 관련하여〉. 《공자학》. 한국공자학회. 2003.

박병기. 〈도덕교육의 목표로서의 군자(君子)와 시민〉. 《2007년 춘계학술대회 자료집》. 한국유교학회·동양윤리교육학회·교육과정평가원. 2007. 5. 19.

박정호. 〈민주주의와 국가〉. 《삶, 사회 그리고 과학》. 동녘. 1992.

안외순. 〈군자와 시민, 그리고 '시민의 군자화'〉. 《동방학》 제10집. 한서대학교 동양고전연구소. 2004.

이철승. 〈'세계화' 시대 '유교공동체주의'의 의의와 문제〉. 《시대와 철학》 제18권 3호. 한국철학사상연구회. 2007.

이철승. 〈유가철학에 나타난 충서(忠恕)관의 논리 구조와 현실적 의미〉. 《중국학연구》 제58집. 한국중국학회. 2008.

이철승. 《《논어》 속 군자관의 논리 구조와 정치의식》. 《동방학》 제29집. 한서대학교 동양고전연구소. 2013.

장현근. 〈군자와 세계시민〉. 《유럽연구》. 1997.

정인재·황경식. 〈군자와 시민〉. 《철학연구》. 1995.

가족에서 디지털 촌수까지
새로운 인간관계

연효숙

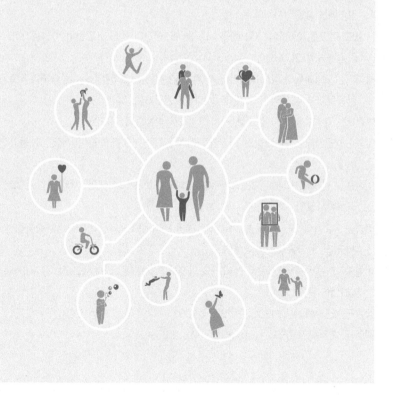

누가 가족인가?

가족에 대한 통념을 깨는 영화가 있다. 〈가족의 탄생〉이라는 영화다. 가출해 몇 년 만에 집에 돌아온 남동생이 스무 살 연상의 애인을 누나의 집에 두고 다시 가출을 한다. 누나와 남겨진 애인의 묘한 동거가 시작된다. 어색하기 짝이 없는 시누이와 올케가 한 지붕 아래 살게 되었는데, 올케가 데려온 전남편의 전처의 딸도 가족 구성원이 된다. 장면 그대로 피 한 방울 섞이지 않은 세 사람이 한 가족이 되어 살아간다. 또 정이 헤프기 그지없는 엄마가 유부남과 불륜으로 낳은 배다른 동생을, 엄마가 암으로 세상을 뜨자 한 가족으로 받아들여 살아가는 이야기도 있다. 이 영화에서 보이는 가족은 우리가 상식적으로 생각하는 정통 혈연으로 맺어진 가족이 아니다. 심지어 서로 전혀 모르는 남남이 모여 가족을 이루며 살아가기도 한다.

또 하나의 이야기가 있다. 유명 방송인인 허수경은 정자은행에서 정자를 기증받아 임신에 성공해 딸을 출산했다. 그녀는 이혼을 두 차례 경험한 후, "생물학적인 아빠의 존재는 중요하지 않다"라고 분명히 밝히면서, '싱글맘'으로서 당당히 살아갈 것을 선언했다. 출산 후 싱글맘으로 살아가는 그녀의 이야기는 텔레비전 다큐멘터리 프로그램에 소개되었는데, 이를 바라보는 세상의 시선은 결코 곱지만은 않았다. 물론 한국 남성의 가부장적인 모습에 질린 여성들이 그녀의 당찬 선택에 아낌없이 격려와 갈채를 보내기도 하고, 아빠 없이 커가야 하는 아이의 장래를 걱정하는 목소리도 있었다. 하지만 싱글맘이라는 낯선 존재의 출현에 많은 사람이 불편한 심경을 토로했다. 또 정상적인 가족제도의 위기와 해체를 걱정하는 다수의 목소리는 그녀를 자연스럽고 편안하게 우리의 가족 문화에 편입시키기를 거부했다.

이와 같은 두 이야기는 가족에 대해 우리에게 무엇을 말하는가? 영화 〈가족의 탄생〉은 우리가 당연하다고 생각하는, 핏줄로 끈끈하게 이어진 '혈연 가족'만이 가족의 범주에 들어가는 것이 아님을 이야기한다. "이웃사촌이 먼 친척보다 낫다"는 말도 있듯이, 가족이란 반드시 혈연의 끈으로 이어진 집단이기보다는 한 울타리에서 서로를 보듬어 안고 살아가는 작은 공동체도 된다는 말이다. 오히려 핏줄로 단단히 묶인 운명 공동체 같은 가족은 감정으로 똘똘 뭉쳐져서 흔히 지나친 '가족 이기주의'를 유발하기도 한다.

싱글맘의 이야기는 영화보다도 더 우리에게 충격적인 사건임에는 분명하다. 우리는 아빠, 엄마, 그리고 자식들, 이렇게 2세대로 형성된 핵가족이야말로 근대 자본주의 사회 이후 전형적인 가족의 모델로 생각하기 때문이다. 그러나 싱글맘은 전형적인 가족 모델에 심각한 도전장을 내밀었다. 집안의 대들보이자 가장인 아빠 없이도 충분히 가족이 형성될 수 있음을 보이고 싶어한 것이다. 싱글맘 가족은, 핵가족 모델의 핵심이 남자인 가장이 지주로 있을 때 정상적인 핵가족이며 이러한 핵가족이 가족의 유일한 모범 답안이라는 사실에 도전장을 던진 것이다.

그렇다면 가족의 울타리에 누가 들어가야 하는가? 정말 누가 가족인지 혼란스럽지 않은가? 또 가족은 도대체 무엇이라고 정의할 수 있는가? 가족에 대한 불변의 정의가 과연 있을까? 가족은 천년만년 영원히 건재할 것인가? 분명 그렇지만은 않은 듯하다. 흔히 보아온 가족이 위기를 맞이하기도 하고, 정녕 해체되기도 하는 경우를 주변에서 심심찮게 보기 때문이다. 그렇다고 가족이 없어질 것 같지는 않다. 변화하는 시대를 맞이해 가족도 참신한 새 옷으로 갈아입고 새로운 구성원들로 상큼하게 짜일 것이라는 희망을 아직도 버리지 않기 때문이다. 가족! 영원한 우리의 안식처이자 마지막 피난처일 수 있다는 통념은 잠시 접어두고 그 실체를 한번 파헤쳐 보기로 하자.

가족, 그 본질은 무엇일까?

그렇다면 정작 가족은 무엇이라고 정의할 수 있는가? 20세기의 인류학자인 머독(J. P. Murdock)은 "가족은 공동 거주, 경제적 협동, 그리고 재생산(출산)으로 특징되는 사회집단이다. 가족은 적어도 그 가운데 두 사람은 사회적으로 용인된 성 관계를 유지하는 양성의 성인들이고, 성적으로 동거하는 성인들이 낳았거나 입양한 하나 또는 그 이상의 자녀를 포함한다"라고 정의했다. 이 정의에 따르면, 자녀 양육을 하지 않는 동성애 부부나 자발적으로 아이를 갖지 않는 부부, 그리고 사별이나 이혼으로 인한 한 부모 가족은 가족이 아닌 셈이다.

가족에 대한 이러한 전형적인 정의는 가족 구성원 간의 긴밀한 협력 관계를 전제하는 것으로, 가족 간의 정서적 일체감을 강조한다. 가족 구성원들은 가족 내에서 서로를 독립된 존재이기보다는 정서적으로 매우 상호 의존적인 관계에 놓여 있는 운명 공동체임을 독려한다. 역사적으로 살펴보면 이러한 가족의 정의는 전형적으로 근대 자본주의 사회, 중산층의 핵가족을 지칭한다. 이 가족의 정의가 가족의 본질을 제대로 보여줄 수 있는가? 가족은 시대의 변화에도 변함없이 이러한 모습을 보편적으로 지켜왔는가? 답은 당연히 아니다. 가족 역시 역사적으로 수많은 변화 속에서 형성되어온 것이며, 앞으로도 많이 변화할 것이다. 그렇다면 가족이 원시시대 때부터 현재에 이르기까지 어떻게 형성되어 변화의 과정을 거쳤는지 한번 추적해보기로 하자.

우리가 알고 있는 전형적인 가족의 모습은 핵가족이다. 이 핵가족의 부부 관계는 일부일처제(monogamy)에 바탕을 둔다. 인류는 선사시대 때부터 이러한 일부일처제를 유지해왔을까? 이는 눈을 돌려 우리 주변을 조금만 살펴보아도 그렇지 않음을 쉽게 확인할 수 있다. 전쟁이 유달리 많았던 이슬람권에서는 남자들이 전쟁에서 많이 희생되어 한 남자가 여러 여자를 거느리는 일부다처제(polygamy)가 있었는데 그 풍습이 아직도 남아 있다. 한편, 인도의 토다(Toda)족에는 형제들이 한 부인을 공유하는 관습인 일처다부제(polyandry)가 아직도 존속되고 있다. 지구 곳곳에 지역적으로 다른 결혼제도와 가족제도가 있어왔듯이, 역사적으로도 가족제도는 변화해왔다.

가족제도가 인류 역사를 통해 변화해왔다고 주장하는 대표적인 인류학자는 19세기에 살았던 모건(L. H. Morgan)이다. 모건은 1877년에 저술한 《고대사회(Ancient Society)》에서 인류의 역사적 발전을 야만, 미개 및 문명의 시기로 구분하고, 결혼 형태의 변화를 '원시 난교 상태', '혈연 가족', '푸날루아 가족', '대우혼 가족', 그리고 '일부일처제 가족'의 다섯 단계로 설명했다. '원시 난교 상태'는 일종의 난

사진은 티벳에 사는 일처다부제 가족의 모습이다. 환경과 문화에 따라 다양한
가족제도가 가능하다.

혼·군혼의 형태로 배타적인 배우자 관계가 성립될 수 없는 상태를
말한다. 이후 세대 간 결혼, 즉 부모 자식 간의 결혼은 금지되지만,
세대 내 결혼, 즉 형제자매 간 결혼이 허용되는 혈연 가족이 출현했
다. 그 다음으로 형제자매 간 결혼이 금지되나 형제 혹은 자매가 배
우자를 공유하는 집단혼의 형태인 푸날루아 가족이 등장했다. 인류
사회가 더 발달할수록 혈족 간 결혼은 금지되고 집단혼이 금지되면
서 남녀가 짝을 이루는 대우혼이 등장했다. 모건은 인류가 미개 상태
를 벗어나 문명사회로 들어가면서 비로소 일부일처제가 나타났다고
보았다.

　　이렇게 보면 우리가 요즘 흔히 보는 핵가족은 문명사회에 와서
비로소 정착된 일부일처제로서, 인류 초기 선사시대 때부터 형성된
것이 아니라 오랜 시간에 걸쳐 정착된 가족제도임을 알 수 있다. 그

터키에 위치한 차탈회육(Çatalhöyük)
유적지에서 발견된 모신상은
인류 초기에 모권제가 있었다는
증거로서 제시된다.

럼에도 이 일부일처제에 변하지 않는 요소가 있다면, 가족은 혈연으로 맺어진 관계이며 아버지가 집의 수장이 되는 가부장제(patriarchy)라는 사실이다. 가부장제는 아버지(patri)가 지배(archy)한다는 두 단어의 결합이기 때문이다. 그런데 이러한 가부장제는 선사시대 때부터 있어왔던 것일까?

근대 자본주의 부르주아 가족제도를 비판해온 엥겔스(F. Engels)는《가족, 사적 소유, 국가의 기원》에서 다른 견해를 제시한다. 인류는 선사시대 집단혼에서 모권제를 유지하다가, 사유재산이 출현하면서 부권제의 일부일처제로 전환하게 되었다는 것이다. 이를 엥겔스는 '모권의 세계사적 패배'라고 했다. 핵가족과 일부일처제가 인류 처음부터 형성된 가족의 본질적인 모습이 아니듯, 가부장제 역시 역사적 산물이라는 것이다. 매우 드물기는 하지만 지금도 중국 오지의 소수 민족에는 '모권제'가 유지되고 있다. 그렇다면 이렇게 형성된 일부일처제의 가부장제 핵가족은 모권의 세계사적 패배 이후 승리를 구가하면서 영원히 건재할 것인가? 가부장제 핵가족은 가족의 모범적인 모델로 정착해 우리에게 가족상의 진실을 말하고 있을까?

가족에 대한 진실과 편견?

가족! 가슴 설레고 따뜻한 온기가 도는 말일까, 아니면 왠지 나를 얽매고 나의 숨통을 조이는 답답하고 구닥다리 같은 낡은 이미지로 다가오는 말일까? 나는 장차 사랑하는 나의 배우자와 그림 같은 집에서 사는 멋진 결혼을 꿈꾸고 가족 만들기에 적극 동참할 것인가? 이도 저도 다 귀찮아 자유로운 영혼의 삶을 누릴 수 있는 독신을 꿈꾸며 '화려한 싱글'로 남을 것인가? 그래도 기운 빠질 노년을 생각하면 쓸쓸한 독거노인이 되느니 차라리 결혼도 하고 자식도 낳아볼까? 그래, 전쟁터와 같은 이 사회에서 나를 반겨줄 곳은 가족밖에 없지 않을까? 이는 누구나 다 한번쯤 생각해봄 직한 낯익은 풍경이다.

가부장제 핵가족이 되었든 아니든 간에 우리가 가족에 대해 갖는 여전히 깨지지 않는 신화는 '가족은 삭막한 현실에서 도피할 수 있는 마지막 안식처요, 보루'라는 생각이다. 피곤한 가장의 무거운 어깨에 짊어진 삶의 멍에를 내려놓을 수 있는 곳, 나의 치명적인 허물과 실수를 무조건 덮어주는 따뜻하고 헌신적인 어머니의 사랑이 있는 곳, 그래서 '즐거운 나의 집'인 가족. 냉철한 머리와 논리가 가차 없이 지배하는 현실과 달리, 따뜻한 가슴과 감정이 흐르는 가족. 이러한 가족에 대한 우리의 생각은 과연 진실일까? 따뜻한 가족 속에서 가족 구성원들 각자는 다 행복한가? 혹시 이는 우리가 가족에 대해 갖는 지나친 편견에 불과한 것은 아닐까?

이제 우리는 다음과 같은 질문을 던질 수 있다. "우리 가족 안에서 각자는 동등한 발언권을 가지며, 가족 구성원들 간에는 평등한 관계가 유지되는가?" 가부장제 가족이 아버지(남성)가 지배하는 가족 구조를 말한다면, 이 속에서 가족 구성원 간에는 민주적이고 평등한 관계가 유지되는가? 이러한 의문을 품는 사람들은 지금의 가족 구조와 가족 관계에 무엇인가 문제가 있다고 생각하는 사람들일 것이다. 독재자 같고 독선적인 아버지나 남편을 가진 가족 구성원들에게 가족은 평등하고 민주적인 공간처럼 여겨지지 않을 것이기 때문이다. 그렇다고 가족을 다스리는 권력이 주어진 가장은 가족 속에서 행복하다고 느낄 것인가? 가족 부양의 무거운 책임을 진 가장의 힘없이 주저앉은 어깨를 종종 보지 않았던가? 그럼에도 여전히 우리가 선택할 수밖에 없는 가족과 결혼의 모델은 가부장제 가족제도가 아니던가?

가부장제 가족제도가 안고 있는 문제점을 그리스 사회에서는 그다지 심각하게 생각하지 않았던 것으로 보인다. 그리스 철학자 아리스토텔레스(Aristoteles)는 아내와 아이들, 그리고 노예가 남성 가장에게 예속되어 있는 당시 그리스 사회의 위계적 가족 질서를 그대로 수용했다. 아리스토텔레스는 가부장제 가족제도의 특성을 논리적으로 매우 잘 정당화했다. 남성과 여성은 생물학적 기능의 차이가 있는

데, 정자를 생산하는 남성은 이성적인 능력의 소유자다. 반면에 임신과 출산을 담당하는 여성은 열등한 능력의 소유자이기 때문에 남성에게 예속되는 것은 당연하다는 것이다. 남녀의 불평등한 관계는 그리스의 직접민주주의 제도와 사뭇 모순되는 모습이 아닐 수 없다. 남성과 여성의 능력 차이에 따라 정치의 영역인 도시국가의 공적 영역은 남성에게, 가정 경제의 영역인 사적 영역은 여성에게 할당하는 것은 자연스러운 논리적 귀결이었다. 아리스토텔레스의 위계적이고 불평등한 가부장제 가족 질서와 열등한 여성에 대한 생각은 이후 서구 사회에 오랫동안 막강한 영향력을 행사했다.

근대 시민 사회의 홉스(T. Hobbes)나 루소(J. J. Rousseau) 등과 같은 자연법사상가들은 근대적인 자유평등 사상을 외쳤지만, 이러한 권리의 주역은 역시 남성이었다. 홉스는 이기적인 남성 개인들의 집단적 동의로 탄생된 시민법의 일종인 결혼법에 의해 남성은 가족을 책임지는 대신에 여성은 이 대가로 남편에게 종속되어야 한다고 보았다. 루소 역시 근대 자유주의적 개인주의에 입각해 모든 시민의 평등을 주장했으나 성 평등에는 반대했다. 따라서 이들 자연법사상가들은 가부장적 위계에 따른 가족의 질서와 가정 내 성별 분업을 당연하게 받아들였다. 더욱이 근대 자본주의에서 나타난 사유재산제와 분업에 의한 생산양식은 가족 내 성별 분업과 잘 맞아떨어졌다.

근대 시민 사회의 개인주의적인 결혼관은 이기적인 개인을 전제로 한다. 근대의 가족 관계를 잘 들여다보면, 남성과 여성의 결혼이 상대방에 대한 존중과 인격적인 사랑으로 이뤄지기보다는 개인, 특히 남성의 이기심에 근거한 계약 관계에 불과했다. 헤겔(G. W. F. Hegel)은 무엇보다도 서양 근대 계몽주의의 자유주의적 계약 이론에 입각한 가족 관계를 비판했다. 헤겔은 사랑을 가족의 내적 통일성을 이루는 인륜적인 것으로 파악했으며, 건강한 사랑을 사랑의 변증법으로 승화시키고자 했다. 그러나 이러한 헤겔의 사랑의 변증법은 부부간의 애틋한 사랑으로 표현되기보다는 부부 관계의 합일에서 나오는 자녀 출산으로 결실을 맺는 것이었다. 또한 헤겔 역시 그 시대의 성별 분업적 가족관을 아무런 비판 의식 없이 받아들여 사랑에 기초한 온정적인 가부장제 가족으로 구체화시켰다.

아이러니하게도 근대 가족의 이기주의적이고 가부장제적인 표상에 대한 비판적인 생각을 고대 그리스 철학자인 플라톤(Platon)에게서 찾아볼 수 있다. 플라톤은 그가 이상으로 삼는 '공화국'의 관점에서 볼 때, 가족이 사적 소유와 개인적 이해관계의 전형이기 때문에 폐지할 것을 주장했다. 플라톤의 이념에 따라 가족이 폐지되면, 가족의 영역에서 행해지는 성별 분업도 자연스럽게 없어질 것이며, 남성과 여성 모두 '이상국가'의 통치자가 될 수 있다. 비록 플라톤이 현대적인 여성해방론의 관점에서 이러한 주장을 한 것은 아니지만, 그의 가족 폐지론은 철저한 사적 영역과 가족 이기주의에 기초한 가족 문화를 비판한 것으로 볼 수 있다. 그러나 플라톤의 다른 책에서는 사유재산과 가족제도를 다시 도입하자는 일관되지 않은 모습을 보이기도 했다.

마르크스와 엥겔스는 사유재산의 등장 이래 모권제에서 가부장제로 가족이 변한 이후, 특히 근대 자본주의 사회의 불평등한 가족 관계를 비판했다. 부르주아계급에서는 남편이 부인을 소유물로 여기고, 결혼을 사유재산의 축적 수단으로, 그리고 생산수단을 상속시킬 자식을 낳아주는 도구로 생각했다는 것이다. 따라서 마르크스와 엥겔스는 이러한 부르주아적인 결혼을 해체하고 공산주의 혁명을 통해 형성된 프롤레타리아적인 결혼만이 평등한 가족 관계를 유지할 수 있다고 주장했다. 이러한 마르크스주의적인 여성해방론이 20세기 전반 러시아의 볼셰비키 혁명 이후 소련에서 실행되기는 했으나, 소련 여성들은 여전히 가족 내에서 성별 분업의 이분법적 착취 구조에서 벗어나지 못했다.

위기의 가족, 해체될 것인가?

가부장제적 위계질서와 성별 분업에 기초한 가족 관계에 대한 비판은, 가족 내 가장 심한 예속을 경험할 수밖에 없는 여성의 입장에서 더 강도 높게 시도되었다. 많은 여성주의자가 가부장제 가족의 위선적이고 이중적인 규범을 비판하면서, 이러한 가족은 가족 구성원들의 강한 반발과 도전을 받을 것이므로 혈연 가족으로 끈끈하게 뭉친 가족은 위기에 직면할 수밖에 없다고 경고했다. 결국 가족 구성원들 간의 인간관계가 권위적이고 비민주적이며 건강하지 못하다면, 한 지붕 아래 사는 가족들은 밖으로 뛰쳐나갈 수밖에 없는 것 아니겠는가.

이처럼 가족 개념이 전통적이고 통념적인 범위를 넘어선다는 것은 무엇을 의미하는가? 더군다나 현대 사회에 들어올수록 '이혼율'이 증가한다. 최근 우리나라의 경우에도 이혼율이 증가할 뿐만 아니라, 이혼을 부정적인 시각으로 바라보면서 감추려고 했던 데서 벗어나, 이혼도 당당한 선택임을 인정하는 분위기로 바뀌어가는 추세다. 게다가 가족을 이루는 첫 관문인 결혼을 기피하는 젊은 층이 늘어나면서 가족의 구성 비율이 약화되는 것도 사실이다. 가족에 위기가 다가오고, 가족이 점차적으로 해체되는 것은 아닐까? 그렇다면 왜 현대 사회에 와서 부쩍 가족의 위기가 다가오는 것일까?

앞에서 우리는 가족 개념에 대한 일반적인 정의로 머독의 가족의 정의에 대해 살펴보았다. 그러나 근대 산업화된 자본주의 사회에서 가족의 개념과 범위는 이 정도에 한정되지 않는다. 어떻게 보면 동양 사회에서는 사회나 국가의 축소판이 가족이며, 가족은 산업 사회의 모든 사회제도에 내재해 있다고 해도 과언이 아니다. 그래서 사회 조직이 일종의 '가족과 같이 운영'되고 있으며, 과도한 가족주의가 가족 이기주의나 공사 영역 구분의 물타기로 이어진다. 또한 가족 개념을 세세히 해부해보면, 공동 거주, 출산, 경제적 협동, 배타적 성 관계(결혼) 이외에도, 남성과 여성 간의 권력관계, 어른과 아이 간의 권력관계, 가사 노동, 친족, 젠더, 종속 등이 복합적으로 포함되어 있음을 알 수 있다.

가족 구조의 종속적 관계를 가장 적나라하게 구현하는 것은 특히 근대 시민 사회 이후 남성의 활동 영역은 공적 영역인 일터에, 여성의 활동 영역은 사적 영역인 가정에 구획 지은 성별 분업의 이분법적 규칙이다. 남성이 일터에서 생산 노동을 활발하게 수행한다면, 여성은 가정에서 임신과 출산, 양육을 반복하면서 재생산 활동인 가사 노동에 매여 있게 된다. 여성의 임신, 출산 등과 가사 노동이 인류의 생명과 일상생활의 재충전에서 볼 때 매우 중요한 것임에도, 이러한 활동이 실질적으로는 가치를 생산하는 중요한 노동으로 평가되지 못한다는 사실은 어제오늘의 일이 아니다. 또한 여성의 경제활동이 활발하게 펼쳐지는 현대 사회에서 기혼 여성의 가사 노동에 대한 과중한 분담은 헌신과 희생의 '모성'과 '현모양처'의 미덕으로 여전히 과대 포장되어 줄어들지 않는다. 가족 내에 복잡하게 얽혀 있는 이해와 권력관계가 일종의 '가족 이데올로기'로 우리의 일상생활에 세밀하게 작동한다.

가족이 우리의 마지막 피난처이자 안식처이고 보루로서 권력의 무풍지대라고 생각하는 것 역시 가족에 대해 무비판적으로 갖는 안일한 통념에 불과하다. 그래서 근대 자본주의 사회의 부르주아 가족 개념을 비판한 마르크스주의자들에 이어 여성주의자들은 전통 가족 개념에 대해 정면으로 비판하고 도전한다. 특히 여성주의자들은 가부장제 이데올로기가 강하게 작동하는 핵가족 내의 위계적이고 비민주적인 인간관계를 비판한다. 남성과 여성의 '성차(sexual difference)'가 '성 차별(sexual discrimination)'로 교묘히 위장되어 있다는 것이다. 이러한 가족 이데올로기가 작동하는 가족의 영역을 내밀하게 살펴보면, 가족 내에는 가장인 남성이 아내와 아이를 지배하는 '파시즘'적인 질서가 통용되고 있음을 여성주의자들은 간파한다.

급진주의 여성주의자의 선구자격인 파이어스톤(S. Firestone)은 여성이 근본적으로 억압을 받는 것은 가족 만들기에서 '출산의 생물학이라는 폭군'의 뿌리를 끊어낼 수 없기 때문이라고 토로했다. 또한 여성과 아이들이 남성에게 경제적으로 의존하고 사회로부터 고립되는 것이 가족 내의 억압적인 경향을 유지시킨다고 보았다. 파이어스톤은 성 관계의 유무에 구애받지 않은 채 결혼하지 않고 '함께 사는'

다양한 방식을 제안해, 자녀 양육의 공유, 가사 노동의 공유 등 대규모 '가구' 체계를 중시했다. 물론 이러한 파격적인 제안을 현실적으로 수용하기는 어렵겠지만, 여성해방론적인 측면에서는 충분히 이해가 가는 대목이 아닐 수 없다.

최근 들어 우리 사회에서는 수십 년 동고동락한 후 맞이하는 노부부의 황혼 이혼, 매 맞는 아내의 당당한 이혼 요구 등이 부쩍 늘고 있다. 이를 두고 많은 사람이 가족이 위기를 맞았을 뿐만 아니라, 가족이 완전히 해체되기에 이르지 않겠느냐고 우려한다. 그러나 진실은 그게 아니다. 가족의 위기와 해체에 대한 우려와 징후는 강력한 여성주의자들의 극성스러운 출현 때문이 아니다. 여성주의자들은 비민주적이고 파시즘적인 가부장제 지배 이데올로기를 해체할 것을 강력하게 주장하는 것이다.

이러한 가부장제 이데올로기는 남성들 또한 고통받게 한다. 우리 주변에는 기러기 아빠, 길거리에서 헤매는 노숙자 아빠가 그 예다. 한편으로는 결혼의 올가미에 얽히지 않으려고 하는, '고독하지만 우아한 싱글'을 꿈꾸는 독신자들도 늘고 있다. 독신자들은 혈연으로 맺어진 아날로그식 결혼과 가족을 선택하기보다는 산뜻한 온라인식 접속으로 인간관계를 맺으며 고독을 즐긴다. 이른바 첨단 기술과학의 시대, 디지털 시대가 도래하면서 가족에 대한 생각도 변하고 있다. 그래서 다음과 같은 의문이 그리 이상해 보이지 않는다. 이 시대에 가족은 아날로그 시대에나 필요했던 구시대의 유물인가? 디지털 시대에 인간관계가 전적으로 달라지고 있다면, 가족은 점차 해체되고 사라질 것인가?

디지털 시대, 새로운 가족 관계는 출현할까?

후기 산업 사회, 정보화 사회로 갈수록 가족의 모습은 훨씬 더 다양해지고 있다. 이제 우리는 가족의 모델에 어떤 전형적인 모습이 있다는 것을 별로 인정하지 않는다. 우리 주변에 다양한 유형의 가족이 벌써 출현하고 있기 때문이다. 한 부모 가족, 기러기 가족, 새터민 가족, 다문화 가족, 혼외 동거 가족 등등 얼마나 많은 다양한 유형의 가족이 있는가. 또 트랜스젠더로 활발한 연예 활동을 하는 하리수는 동성애 가족을 꾸린 경우다. 최근에는 홀로 사는 독신 가정도 가족의 한 유형으로 분류된다. 게다가 요즘 인터넷 사용이 급증하면서 온라인상에서 친족 관계를 맺는 이른바 '사이버 팸(cyber family)', 즉 '가상 가족'도 출현하고 있다. 나아가 디지털 시대에 가족의 성적 기능은 '사이버 섹스'가 담당해 성적 충족을 가능하게 하고, 자식은 유전공학으로 낳을 수 있다. 그래서 굳이 가족을 유지할 필요가 있는가 하는 질문이 나오게 된다.

미래 첨단 정보화 사회에서는 새로운 인간관계가 출현할 것이다. 한 울타리에서 한솥밥을 먹고 같이 잠을 자는 끈끈한 오프라인의 공간을 많은 사람이 답답해 뛰쳐나올 것이다. 그 대신 '전자 공간'을 매개로 한 온라인 인간관계가 확대될 것이라는 예측이 그리 틀리지 않는다. 우리 주변에 인터넷을 매개로 한 얼마나 많은 '커뮤니티'가 있던가. 물론 이러한 커뮤니티가 가족을 대체할 수는 없겠지만, 많은 사람이 정서적으로 이러한 커뮤니티에 더 공감을 느끼고 동참하고

후기 산업 사회로 갈수록 결혼의 풍속도 달라진다. 이성애 결혼의 틀을 넘어선 동성애 결혼도 이제 우리에게 그리 낯설지 않다.

수시로 들락거리면서 접속하고 소통하며 위안을 받는다. 전자 공동체에서 등장한 순수 관계, 즉 가깝기는 해도 영속성이 없고 깊이 사귀지만 충성의 맹세가 없는 새로운 형태의 원초적 관계가 직장·가족·학교에서도 나타날 것이다. 따라서 끈적끈적하고 몰입적이고 지속적인 인간관계보다는 자유롭고 가벼우면서도 단기적인 인간관계가 지배할 것이고, 사회관계도 느슨하면서 자율적인 형태로 변할 것이다.

그에 따라 가족 간의 관계 맺음도 달라질 수 있다. 동양 사회, 특히 한국 사회에서는 '가족'과 '촌수'는 필수적인 관계에 있다. 심지어 우리는 선후배 사이도 언니, 오빠 하면서 넓은 의미의 친족 관계를 맺어, 인간관계가 친족 관계, 촌수가 되어버린 사회 속에 살아 간다.

그래서 핏줄로 이어진 진짜 혈육의 친척 관계가 더 확대되어 오프라인이 아닌 온라인상의 가상 가족 관계를 흔히 '디지털 촌수'라고 일컫기도 한다.

'디지털 촌수'를 좀 더 엄밀하게 정의해보자. 디지털 촌수란 '디지털 및 모바일에 의존해 변화하는 인간관계를 파악해 체계적으로 정리하고, 점차 유비쿼터스 환경으로 전환하는 오늘날의 인간관계'를 말한다. 오늘날 개인들은 한곳에 정착하지 않고 자유롭게 흘러 다니는 유목민과 같은 '노마드(nomad)'로 살기를 원한다. 노마드 시대를 맞이해, '호모 노마드(homo nomad)'로서 각자가 스스로 네트워크의 중심(허브: hub)이 되고 있다. 나아가 호모 노마드는 디지털 시대 사이버 노마드로 변신하고 있다. 새로운 인간형인 '사이버 노마드(cyber nomad)'는 누구일까? 사이버 노마드는 제도화되고 고정되고 선형화된 공간에 정착하지 않고 자유롭게, 창조적인 삶과 인간관계를 추구한다. 유비쿼터스 시대에는 더 빠른 변화를 요구하고, 새로운 노마드형 인간이 사회의 주류로 등장함에 따라 인간관계 또한 노마드식으로 전개될 것이다. 복잡한 관계망에 얽혀 있지만 스스로는 홀로 서 있고 또 주체로 서야만 한다.

디지털 시대 유비쿼터스 환경 아래에서는 일회적인 인간관계가 성행한다. 즉 관계망이 더 복잡할수록 쉽게 만나고 산뜻하게 헤어지는 수많은 단기적 인간관계가 이뤄지는 것이다. 그러다 보니 우리는 예전의 감성적이고 원초적인 끈끈한 인간관계를 다시 그리워할지도 모른다. 그러나 나이스비트(J. Naisbitt)가 주창한 "하이테크, 하이터치 (high tech, high touch)"같이 고도의 기술로 인해 관계망이 강화될 수도 있다. 즉, 앞으로는 물리적인 한계를 초월한 통신 기술의 발전이 사람들 사이의 소통을 훨씬 더 활발하게 할 것이라는 전망이다. 무엇보다도 이러한 인간관계의 가장 큰 장점이자 매력은 수직적 인간관계에서 벗어나 '수평적 인간관계'를 가능하게 한다는 점이다. 학력·나이·계층·성별에 관계없이 자유로운 인간관계가 가능하다는 것이다. 이러한 디지털 촌수에서는 일방향적인 수직적 의사소통 체계에서 벗어나 '쌍방향적·다방향적(multi-directional)인 수평적' 인간관계가 생성된다. 이에 따라 예전의 혈연·권위·연고·파벌 등의 낡은 '인연' 관계에서 벗어나 '사회적 관계망으로서의 네트워크'가 더 강화될 것이다.

미래에는 디지털 촌수에서 맺어지는 사이버 가족 관계가 현실의 진짜 가족에게도 생산적으로 확산되는 효과를 볼 수 있을 것이다. 성별·나이·세대 간의 차별, 서열·격차를 넘어설 것이다. 남성/여성 간의 상호 독립성도 증대될 것이다. 여성은 산업 사회에서보다 경제활동에 훨씬 더 활발히 참여할 것이고, 또한 남성도 가사활동에 적극적으로 참여할 것을 기대해봄 직하다. 또 세대 간 독립 의식이 증대하면서 부모와 자녀 간의 현격한 세대 차이에 따른 갈등이 많이 해소될 것이고, 부모의 자녀에 대한 권위도 감소할 것이다. 그에 따라 예전보다는 가족 간의 유대 관계가 훨씬 느슨해지면서 가족 구성원들의 자율성도 보장될 가능성이 커졌다.

어떤 사람은 미래 정보화 시대에는 디지털 촌수가 현실화되어 '열린 가족제도'가 정착될 수 있을 것이라고 예측한다. 자녀를 공동 양육하는 것이다. 과거의 아버지들은 '아저씨'가 되어 수많은 아이들에게 재정적·정서적 도움을 주고, 어머니들은 좀 더 자유롭게 가사노동에서 해방되면서 남녀 차별이 극복될 수 있다는 것이다. 또한 새로운 환경에 새로운 유전인자를 갖고 태어나는 아이는 변화된 가족의 모습에 잘 적응할 것이라고 예측한다. 또 성적 충족을 위한 배우자로 사이버 부인을 두면 되고, 배우자가 마음에 들지 않으면 새로운 상대를 인터넷에서 찾으면 된다. 자식을 갖고 싶으면 원하는 모습을 주문해 자신의 유전인자를 담아 복제할 수도 있을 것이다. 이른바 '맞춤 가족'의 시대가 도래할 수도 있다는 이야기다. 물론 혈연 가족의 통념에서 보면 이러한 이야기는 황당하기 짝이 없는 백일몽에 불과할 수도 있다. 그러나 과연 그럴까?

　우리는 미래에 어떤 새로운 가족제도와 인간관계를 꿈꿀 수 있을까? 미래의 가족은 가족 구성원들 간에 차별과 억압이 없는 민주적이고 수평적이며 열린 가족 관계로 거듭날 것인가? 내가 그린 미래의 가족 청사진에 나는 누구를 어떻게 담을 것인가? 분명한 점은, 미래의 가족 청사진에 담긴 중요한 메시지는 가족 구성원 누구나 자유로운 인간관계를 원한다는 점이다.

〈가족의 탄생〉

김태용 감독. 2006.

한 가족 이야기. 미라는 분식집을 운영하며 혼자 살고 있다. 동생 형철은 군대를 갔다 온 뒤 5년간 연락이 없다가 갑자기 나타난다. 미라는 형철을 반갑게 맞이하지만, 형철은 나이가 스무 살이나 연상인 무신을 애인으로 데리고 온다. 이들의 묘한 동거 관계가 시작된다. 그러다가 형철이 온데간데없이 사라져버리고 돌아오지 않는다. 갈 곳 없는 무신은 미라의 집을 차마 떠나지 못한다. 게다가 이혼한 전남편의 전처의 딸인 채현이 찾아와서 한 지붕 아래 살게 된다. 가족으로 묶어줄 하등의 끈이 없는 데도 그들은 오랜 세월 한 가족으로 지낸다.

다른 가족 이야기. 지극히 현실적인 선경은 우유부단한 남자 친구와 헤어진다. 선경의 엄마는 유부남을 사랑하여 아들을 낳아 기른다. 선경은 정에 유독 약한 로맨티스트 엄마를 경멸하지만, 엄마 곁을 떠나지 못하고 맴돈다. 선경은 암에 걸려 숨을 거둔 엄마가 남긴 가방 속에 어린 시절 자신의 물건들이 고이 담겨 있음을 보고 눈물을 흘린다. 선경은 아버지가 다른 남동생 경석을 내치지 못하고 한 가족으로 받아들인다. 어른이 된 경석과 채현은 기차 여행에서 우연히 옆 자리에 앉아 사귀게 된다. 경석은 누구에게나 상냥하고 친절한 채현이 불만이다. 결국 경석은 채현에게 이별을 통보한다. 하지만 또다시 이들 만남의 끈은 이어진다.

이상이 〈가족의 탄생〉이라는 영화의 줄거리다. 이 영화는 '가족'에 대해 다시 한번 생각하게 한다. 이들 '가족의 탄생'은 남녀가 사랑하고 결혼한 뒤 아기가 태어나는 식의 평범한 가족의 탄생 과정과는 사뭇 거리가 있다. 피 한 방울 섞이지 않은 사람들이 우연찮게 만나 한 지붕 아래 살면서 새로운 가족이 탄생한 것이다. 이 영화에서는 전혀 가족으로 얽힐 수 없는 사람들이 모여서 서로 의지하고 사는데, 행복한 감정이 자연스럽게 묻어난다. 세월의 흐름 속에 이들의 관계도 연륜이 쌓여 진짜 가족 이상의 가족이 된 풍경을 잔잔하게 보여주는 영화다.

1. 가족은 반드시 핏줄로 맺어진 혈연 가족이어야만 할까?
2. 이성애 중심의 가부장제 핵가족이 지금까지 이렇게 견고하게 지켜진 이유는 무엇일까?
3. 가족이 우리의 마지막 안식처이자 보루라는 생각은 여전히 유효한 것일까? 가족이
   라는 이름으로 다른 식구들을 힘들게 한 적은 없었을까?
4. 가부장제 핵가족 제도가 여성뿐만 아니라 남성에게도 부담스럽고 힘든 제도라면,
   이러한 가족제도는 해체되어도 무방하지 않을까?
5. 온라인 공간에서 맺어진 가상 가족(사이버팸)이 미래 정보사회에서 새로운 가족의
   모델로 등장할 수 있을까?

참고문헌 ///

강선미 외.《가족철학-남성 철학과 여성 경험의 만남》. 이화여자대학교 출판부. 1997.
기틴스, 다이애너.《가족은 없다-가족 이데올로기의 해부》. 일신사. 1997.
김유정.《디지털 촌수- 변화하는 인간관계》. 삼성경제연구소. 2007.
나이스비트, 존.《하이테크 하이터치》. 안진환 옮김. 한국경제신문. 2000.
머독, 조지 피터.《사회구조-친족 인류학의 이해》. 조승연 옮김. 서경문화사. 2004.
모건, 루이스.《고대사회-인류 역사 연구의 고전》. 최달곤 외 옮김. 문화문고. 2005.
바렛, 미셸 외.《가족은 반사회적인가》. 김혜경 옮김. 여성사. 1994.
박창호.《사이버 공간의 사회학-정보혁명이 문화를 바꾼다》. 정림사. 2001.
엥겔스, 프리드리히.《가족, 사적 소유, 국가의 기원》. 김경미 옮김. 책세상. 2007.
조정문 외.《가족사회학-현대 사회에서 가족은 무엇인가》. 아카넷. 2001.
파이어스톤, 슐라미스.《성의 변증법》. 김예숙 옮김. 풀빛. 1983.
페이트만, 캐롤 외.《페미니즘 정치사상사》. 이남석 외 옮김. 이후. 2004.

제2의 성에서 사이보그 선언까지
성 차별과 페미니즘

현남숙

여성, 여전히 제2의 성인가?

알파걸과 펫보이? 알파걸은 여성으로 살아가면서도 어떤 제약도 받지 않아 스스로 페미니스트가 될 필요를 느끼지 않는 여성들을 말한다. 한편 펫보이는 일본 만화에서 유래한 개념인데 20대 여성들의 로망을 자극하며 대중문화 안에 안착한 캐릭터로, 능력을 가진 연상의 여성에게 사랑을 바치는 연하의 꽃미남을 의미한다. 남성들보다 더 똑똑한 여성인 알파걸과 그런 여성들과 대비되는 펫보이는 남녀를 차별하는 무형의 장벽을 뜻하는 '유리천장'이 지나간 과거임을 보여주는 듯하다. 더 이상 여성이 제2의 성이 아니라고 보고 여성 운동은 시대에 뒤떨어진 가치쯤으로 치부하게 한다.

하지만 알파걸은 여성의 일반적 상황이 아닌 특정 계층의 산물이고, 펫보이는 우리 사회의 남녀 관계를 대표하지 못한다. 알파걸은 대부분 아버지는 물론이고 어머니도 자기 일을 갖고 있고, 그런 만큼 어머니가 자기주장이 강한 중산층의 안정된 가정 출신인 경우가 많다. 하지만 이 세상에는 이런 배경을 가진 여성들만 있는 것은 아니다. 오빠나 남동생에 비해 차별을 받으며 자란 여학생, 지하철에서 성희롱을 경험한 여성, 명절마다 남자들이 고스톱을 칠 때 부엌에서 설거지를 하면서 명절증후군에 시달리는 며느리, 아이를 가지면 간접적으로 퇴직을 종용당하는 직장 여성들이 더 많다.

잘 알려져 있듯이, 가부장제란 "남성이 여성을 배제하고 억압하고 착취하는 사회구조와 관습의 체계"를 말한다. 하지만 지금 우리가 전적으로 가부장적인 환경에서 산다고 하기에는 시대착오적인 면이 있다. 그렇다면 오늘날 성 차별은 더 이상 존재하지 않는가? 아니면 과거와는 다른 방식이지만 여전히 성 차별이 잔존하는가? 이러한 혼란스러운 상황에서 여성학자 월비(S. Walby)의 가부장제 분석은 현실을 들여다보는 데 도움이 된다. 월비에 따르면, 가부장제는 남편 또는 아버지의 지위에 있는 남성이 여성을 개인적·직접적으로 억압하는 사적 가부장제와 성 차별이 개인이 아닌 집합적으로 수행되는 공적 가부장제로 구분되는데 지금은 공적 가부장제의 시대라고 한다. 즉, 남성과 여성 간에 이루어지는 차별에서 사적 관계에서의 차별은 줄어들었지만 문화와 제도 속에서 이루어지는 구조적 차별은 여전하다.

한국 사회는 남녀 간의 취학률·문맹률·평균수명 등의 차이를 고려한 '남녀평등지수' 면에서는 우등생이지만 여성의 경제적·정치적 참여, 의사결정 등 양성평등 정도를 나타내는 '여성권한척도'에서는 열등생을 면하지 못하는 상태다. 여성을 여전히 제2의 성으로 만드는 기제는 모세혈관처럼 제도적으로 교묘하게 작동한다. 예컨대 노동 시장에서 여성은 배제되지는 않아도 요직에서는 여성이라는 이유로 분리된다. 또한 여성의 본분이 아이 낳는 것에 한정되지는 않더라도 여전히 여성은 남성에 비해 양육에 더 많은 육체적·정신적 노동을 한다. 여성에 대한 왜곡된 표상을 창출하는 대중문화가 만연하고, 여성의 자유가 신장된 듯해도 성적 자기결정권 같은 세부적인 영역으로 들어가면 여전히 미미하다. 여성을 존중하는 듯해도 성폭력과 성희롱에 대한 처벌은 아직 약하고, 피해자인 여성의 행실을 문제 삼기도 한다. 이 모든 상황은 노골적인 가부장제는 아닐지라도 여성의 주체적 삶을 방해하는 은밀한 가부장제가 여전히 지속되고 있음을 보여준다.

　가부장제는 기독교나 자본주의보다 오래되었고 이러한 오랜 무의식과 관행을 하루아침에 변화시킬 수는 없다. 또한 가부장제의 상징 질서에 상당 부분 익숙해져 있어 성 차별적 문제들이 구조적 경쟁의 결과나 당사자들 간의 개인적인 문제로 해소되기도 한다. 여성이어서가 아니라 경쟁이 심해서 혹은 능력이 부족해서와 같은 '다른' 이유로 여성 차별을 정당화하는 것이다. 눈에 보이는 억압은 약화되었을지 몰라도 눈에 보이지 않는 억압은 여전히 존재하고, 이는 여성에게는 물론이고 남성에게도 과도한 책임을 지워 결국 모두를 고통스럽게 한다. 여성해방운동 혹은 여성주의를 의미하는 페미니즘은 표현상 여성이 전면에 대두하기는 하지만 여성 집단만의 권익 찾기가 아니라 여성과 남성이 함께 잘 살아나가고자 하는 공존의 가치를 지향한다. 여성과 남성의 공존을 방해하는 원인을 찾으려면 여성을 제2의 성으로 만들어온 성 차별의 과정 및 그것을 바로잡으려고 고군분투해온, 성을 둘러싼 논의들을 살펴보아야 한다.

섹스·젠더·섹슈얼리티

　여성과 남성은 매우 다르다는 것이 일반적인 통념이다. 성차는 그야말로 객관적 차이인 것처럼 기술되지만, 실제로 우리 사회의 남성 우위에 입각한 가치 평가를 반영한다. 많은 여성학자가 여성은 한 번도 적극적으로 규정된 적이 없고 남성의 잉여로 정의되었다고 말한다. 먼저 남성에게 좋은 속성을 할당하고 그것의 이항대립인 나쁜 속성을 여성에게 할당하는 방식으로 여성을 '발명'해냈다는 것이다. 남성=독립=정신=문명=이성=논리=공적 영역, 여성=의존=육체=자연=감정=히스테리=사적 영역 등과 같은 이항대립이 그것이다. 남성은 주도적인 위치에서 자기주장을 하는 존재로 보고 여성은 수동적인 위치에서 배려하는 존재로 보는 것이 통념이라면, 이 통념은 어디에 근거를 두는가? 여성과 남성에 관한 이러한 통념은 어떻게 생겨난 것인가? 섹스·젠더·섹슈얼리티와 같은 용어는 이러한 논쟁 과정에서 생겨난 설명 장치들로 성차에 부과된 성 차별의 관념과 그것을 넘어서려는 노력을 보여준다.

먼저 남녀의 차이를 몸의 차이에서 비롯되는 것으로 보고 이를 설명하는 용어로 생물학적 성을 의미하는 섹스(sex)가 있다. 남녀의 차이는 원래 그렇게 타고난 몸에서 비롯된다는 것이다. 실제로 남녀 간에는 생물학적인 차이가 존재한다. 남성과 여성은 염색체, 호르몬, 생식기, 생식 능력 등이 다르다. 물론 자연 자체도 변하듯이 인간의 생물학적 성과 관련된 요소들도 자연사의 관점에서 보자면 문화와의 상호 연관 속에서 변화해왔다. 하지만 눈에 보이는 남녀 간의 자연적 차이까지 부정할 수는 없다. 남자가 아이를 낳는 것이 '자연'스러운 것이 아닌 한 지금 우리가 아는 자연적 성이 우리의 타고난 자연이다. 몸은 우리가 좋든 싫든 죽음처럼 유기체가 받아들이고 출발해야 하는 존재의 조건이다.

생물학적으로 성차를 설명하는 문제는 자연성 자체가 아니라 자연성을 가부장적으로 해석하는 차원에서 생겨난다. 고대 철학에서는 여성이 남성보다 육체에 더 가까워—생리·임신·출산 등의 경험을 염두에 둔 것으로 보인다—여성이 이성적 판단을 하기 어렵다고 보았다. 또한 19세기의 골상학에서는 여성의 뇌가 남성의 뇌보다 크기가 작아서 지능이 떨어진다는 가설이 수용되었다. 유사하게 그 무렵 생리학에서는 남성 세포는 서로 떨어지려는 이화작용이 강하고 여성 세포는 서로 응집되려는 동화작용이 강해서 남성은 적극적이고 여성은 소극적이라는 가설까지 등장했다. 이러한 논의는 오래전의 철학과 과학 담론에서만 나타나는 것이 아니다. 현대로 오면 뇌신경 과학의 좌·우뇌 논쟁에서 여성은 우뇌, 즉 감정이 발달하고 남성은 좌뇌, 즉 이성이 발달해서 여성은 감정적으로 휘둘리기 쉽고 남성보다 히스테리나 우울증에 걸리기 쉽다는 연구로 이어진다. 이러한 '과학적' 담론은 구체적 내용은 달라도 모두 남성은 독립적이고 주체적이고 이성적이어서 자신의 일을 잘 처리하는 능력을 가진 반면, 여성은 의존적이어서 배려하거나 배려받는 데서 삶의 의미를 찾고 감정에 좌우되는 존재로 보는 것을 뒷받침하는 근거로 활용된다.

하지만 몸에 대한 가부장적 해석을 전제하는 과학으로 성차를 설명할 수 있을까? 여성성(femininity)과 남성성(masculinity)은 이미 타고난 성에 따라 결정된다는 가설은 신뢰할 만한가? 이 가설이 맞는다면 인류의 성 역할은 언제나 같아야 했는데 인류학적 연구들은 그렇지 않음을 보여준다. 인류학자 미드(M. Mead)는 부족 간 성 역할의 차이를 밝혀내어 성차가 생물학적으로 결정됨을 반박하는 연구를 한바 있다. 남녀 모두 여성성 혹은 남성성만을 나타내는 부족도 있었고, 여성성과 남성성이 전도된 부족도 있었다. 이러한 연구는 우리가 알고 있는 여성 혹은 남성에 관한 통념이 자연적으로 결정된 결과가 아님을 보여준다. 성차가 뇌와 호르몬과 같이 자연적으로 결정된 것이라면 같은 성차를 가진 부족에서 성 역할이 다르게 나타날 리 없기 때문이다. 이는 남녀가 생물학적 기능은 다르게 타고나지만 심리적 성향과 사회적 성 역할은 생물학적 조건에서 비롯되는 것이 아니라 사회적 조건에서 만들어진 것임을 시사한다.

성차에서 사회화 과정을 중시하는 용어로 사회적 성을 의미하는 젠더(gender)가 있다. 철학자 보부아르(S. Beauvoir)는 "여성은 태어나는 것이 아니라 만들어지는 것"이라는 말로 여성을 여성으로 만들어온 것은 문화 안에서의 사회화 과정임을 보여주고자 했다. 젠더는 섹스와의 대비 속에서 등장한 개념인데, 섹스가 생물학적 성을 의미한다면 젠더는 문화적·사회적으로 형성된 성을 말한다. 여성이 여성으로 존재하게 된 것은 생물학적 요인들 때문이 아니라 문화적 조건, 특히 남녀가 사회화되는 과정 때문이라는 것이다. 남성은 주로 이성적이고 원칙적이고 독립적이고 능동적이고 단호하며 두려워하지 않는 성향을 갖고, 여성은 감정이입을 잘하고 공감을 잘하며 상황에 따라 판단이 달라지고 관계적이고 수동적이며 두려움을 느끼는 성향을 갖는다는 것이다. 이는 뇌나 호르몬 작용과 같이 원래 그렇게 타고나서가 아니라 그러한 문화에서 그렇게 교육받은 결과라는 것이다.

정신분석학자 초도로우(N. Chodorow)는 왜 남성과 여성이 각각 독특한 젠더를 갖게 되었는지를 양육 과정과 연관해 분석한다. 그녀에 따르면, 인간의 성 정체성은 생후 2년 안의 사회화 과정을 통해 형성되는데 이 시기 동안 주 양육자와의 관계가 중요하다. 그런데 주로 주 양육자는 여성, 특히 엄마이므로 아이는 엄마와의 관계에서 주요한 성격이 형성된다는 것이다. 즉, 여아는 엄마와 성이 같아서 친밀감을 느끼므로 타인과의 관계성이 발달하고, 남아는 엄마와 성이 달라서 분리감을 느끼면서 독립성이 발달한다는 것이다. 자기를 보살펴 주는 존재인 엄마와 잘 통하는 여아는 관계성이 발달해 상황에 민감하고 다른 이의 기분을 잘 살피는 사람으로 성장하지만, 그렇지 못한 남아는 자기 세계가 발달해 자기 일을 양보하지 않고 자기주장이 강한 사람으로 성장한다는 것이다.

　　양육 과정에서 획득되는 이러한 젠더는 성차에 관한 생물학적 결정론을 반박하는 대안적 범주로 각광 받았다. 하지만 젠더 역시 성차에 관한 논의를 전체적으로 조명하기에는 부족하다는 비판이 있다. 젠더는 가부장제에서 왜곡된 여성에 관한 관념이 사회화 과정에서 만들어진 것임을 보여줌으로써 여성과 남성의 성 역할이 생물학적으로 결정된 것이 아님을 드러낸다. 하지만 여성적 젠더와 남성적 젠더는 각각 가부장적 양육 구조 안에서 만들어진 것이므로, 그 양육 과정을 결정짓는 생물학적 성차와 단절하지 못하고 여성·여성성, 남성·남성성의 연계를 답습한다는 한계를 가진다. 이는 가부장제를 토대로 하는 젠더 개념만으로는 여성을 '대문자' 여성으로서만 취급해 여성들이 놓여 있는 다양한 삶의 맥락을 놓쳐버린다는 문제로 이어진다. 여성 안에도 성적 지향성·인종·계층·민족·국가에 따른 차이가 존재하는데 젠더만으로는 성차와 관련된 다른 배제의 문제들을 섬세하게 포착할 수 없다는 것이다.

　　이러한 맥락에서 생물학적 성인 섹스와 사회화된 성인 젠더를 포함하면서도 그것들이 가진 한계를 넘어서려는 의도로 섹슈얼리티(sexuality)라는 용어가 사용되기도 한다. 섹슈얼리티는 성 정치로 번역되기도 하는데 성을 단일한 실체가 아닌 나누어지고 중층화되고 지배와 저항이 동시에 일어나는 자리로 본다는 함의가 있다. 즉, 성을 섹스처럼 생물학적으로 고정된 실체로 본다거나 혹은 젠더처럼 양육 과정에서 형성되고 고착된 심리적 성향으로 보지 않고, 몸도 심리적 성향도 담론 안에서 만들어지는 권력의 효과로 볼 뿐만 아니라 성이 논의되는 장 자체를 성적 지향성·인종·계층·국적 등으로 중층화한다. 철학자 버틀러(J. Butler)는 젠더만이 아니라 몸과 관련된 섹스도 반복적 실천의 결과로 보고 성을 여성·동성애·계층·인종 등의 문제와 연계해 논의한다. 이러한 입장은 몸마저도 가부장제 문화 안에서 만들어진 것으로 보는 반자연주의를 토대로 하므로 일견 거부감을 주기도 한다. 하지만 그럼에도 여성 젠더 안에 존재하는 차이들을 고려해 여성 문제가 놓인 지배와 저항의 복잡한 지형을 설명할 수 있게 했다는 점에서 페미니즘 성 정치학에 실천적 힘을 불어넣었다.

여성으로 사는 것을 둘러싼 논쟁들

섹스·젠더·섹슈얼리티를 둘러싼 논쟁은 페미니즘이 여성과 남성에 관한 가부장적 해석과 여성 집단 내부의 차이에 대한 무관심 및 또 다른 여성인 동성애자들에 관한 배제를 극복하는 것임을 보여준다. 이러한 논의들 가운데 여성 문제와 관련해 특히 주목할 만한 것은 '여성으로 사는 것'과 관련된 논의다. 이때 여성으로 산다는 것은 여성의 몸으로 사는 것을 의미하기도 하고, 다른 한편으로는 여성의 젠더로 살아가는 것을 의미하기도 한다. 페미니즘은 남성이 어떻게 살아야 하느냐보다는 여성으로 살아가는 것에 관심을 갖고 논의해왔는데, 이는 배제당하는 당사자인 여성에 대한 일차적 관심에서 비롯된다. 가부장제 문화 안에서 자기실현은 주로 남성적 삶의 방식에 맞추어져 왔기 때문에 기존의 여성과 남성의 관계를 바로잡을 대안적 삶을 원한다. 이 대안적 삶은 기존의 여성성을 버리는 방식으로 이루어야 할까 혹은 역설적으로 여성성을 통해서 이루어야 할까?

먼저 여성으로 사는 것, 특히 몸의 '분업'에 따라 여성이 하던 성역할을 수행하는 것은 여성을 가부장제에 종속시키는 원천이라 보는 입장이 있다. 여성은 남성과 달리 생리·임신·출산의 능력을 갖는데 이것이 가부장제라는 가족제도 안에서 실현될 경우 여성을 결혼과 가족에 묶어두어 사회에서 여성이 자기실현을 하는 것을 방해할 뿐 아니라 이러한 핵가족은 여성과 남성의 성 역할을 제조하는 원천으로 기능을 한다는 것이다. 이러한 문제는 여성이 결혼하지 않거나 결혼 후에 아이를 갖지 않는 식으로 개인적 선택을 하거나 혹은 사회가 나서서 여성 복지를 통해 출산과 육아를 도와서 해결해볼 수도 있을 것이다. 또한 몸의 '분업'에 기초해 이루어지는 기존의 가족제도 안에서 답습되는 성 역할도 여성과 남성의 공동 육아나 더 폭넓은 의미에서의 성 평등 의식의 전환으로 보충할 수도 있을 것이다. 하지만 생식과 관련된 여성의 성 역할을 거부하는 이러한 입장에서는 좀 더 근본적인 해결책을 추구한다. 즉, 임신 및 출산을 여성의 몸과 분리시켜 기술의 도움을 받는 것이다.

생물학자 해러웨이(D. Haraway)는 생식 기술의 도움으로 생식과 가족제도를 별개로 볼 수 있는 사이보그 논의를 펼쳤다. 사이보그(cyborg)란 사이버네틱스(cybernetics)와 유기체(organism)의 합성어로, 좁게는 로보캅 같은 기계 인간을 말하지만 넓게는 기계의 도움을 받고 살아가는 사람들을 의미하기도 한다. 생식과 관련된 사이보그 논의는 인간의 생식 과정을 생식 기술에 부분적으로 혹은 가능하다면 전적으로 위탁하는 것을 말한다. 기존의 자연 생식이 일부일처제에 기초한 가부장적 핵가족 안에서 이루어지고 반드시 임신한 어머니를 필요로 했다면, 생식 기술의 도움을 받으면 결혼 제도 밖에서 자녀의 출산이 가능해지고 생물학적 엄마와 양육하는 엄마의 분리도 가능해진다. 이러한 조건하에서는 어떤 여성으로 어떤 어머니로 어떤 가족을 이루고 살아갈 것인가는 타고난 몸에 종속된 것이 아니라 개인의 선택에 맡겨진다.

여성과 생식을 분리하려는 생각은 공상적인 듯 보이지만 이를 통해 가고자 하는 목적지가 어디였는지를 살펴보면 나름대로 설득력이 있다. 생식의 '의무'를 하지 말자는 어머니의 자유 확보 정도가 아니라 이러한 변화를 통해 기존의 가부장적 핵가족 자체를 변화시키자는 것이다. 여성이 생식에서 기술과학의 도움을 받거나 아예 난자의 제공 이외에 나머지는 기술에 맡겨버리면, 가부장제의 일부일처제 가족 내의 아버지·어머니 역할 모델을 대신하는 새로운 주체를 만들어내는 데 기여할 수 있다는 것이다. 가부장적 가족은 페미니즘에서 주요 비판 대상이 되는데 가족이야말로 아이가 장차 가부장제를 답습하는 원천이 된다고 보기 때문이다. 아이들은 가정에서 가장인 아버지와 그에 종속된 위치에 있는 어머니를 모방하게 되므로, 진정한 여성해방은 이러한 생물학적 가족을 변형해 새로운 방식으로 가족을 창출하는 방향으로 이루어져야 하다는 것이다. 그리고 남녀가 결혼·출산·양육과 같은 전통적 방식을 그만두고 다른 방식으로 '가족'을 형성하는 것이야말로, 여성에게는 몸의 자유를, 아이에게는 새로운 주체를 형성할 기회를 준다고 보는 것이다.

하지만 임신과 출산을 육체적인 장애로 보고 과학기술의 도움으로 생식 능력을 대신하게 하려는 것이 최선인가? 사회제도가 가부장적인 환경인데 출산과 양육 방식만 바꾼다고 달라지는가? 여성의 출산과 양육을 도울 사회적 보완 장치를 모색하는 갈 만한 길을 두고 여성의 자연적인 능력을 과학기술에 대행시키자는 어려운 길을 가려는 것은 설득력이 있는가? 여성의 사회참여가 많아지는데도 출산과 육아를 보조할 제도가 따라주지 못하는 현실을 감안하면, 이러한 주장도 무시할 수만은 없다. 하지만 이러한 시각은 남성의 신체적 능력을 표준으로 보고 여성의 신체를 과학기술로 보완해야 할 결함으로 본다는 점에서 비판받기도 한다. 여성으로 살아가는 어려움은 여성에게 더 많은 수고를 돌리는 가부장적인 성 역할 분담에서 오는 것이지 남녀의 생식 차이에서만 비롯되는 것은 아니기 때문이다. 즉, 여성의 생물학적 능력을 신체적 장애로 본다는 점에서 이는 여성을 결핍된 존재로 보는 기존의 남성적 시각과 다르지 않다는 한계를 가진다.

다른 한편에서는 여성이 여성으로 사는 것, 특히 여성의 관계적 특성을 발휘하며 사는 것은 여성 자신에게 가치 있는 경험이자 이 세계를 더 낫게 만들기 위해서도 필요하다는 입장이 있다. 가부장제 문화 안에서 여성이 약자의 위치에서 갖게 된 타자를 지배하지 않는 태도야말로 가부장제를 극복할 윤리적 토대라고 보는 것이다. 앞서 살펴본 것처럼 여성은 주 양육자인 엄마와의 관계에서 친밀감에 기초한 타인과의 관계성을 획득한다. 물론 엄마가 키우지 않아도 대부분 엄마의 대리자 역할을 하므로 여성은 관계성에서 비롯된 여성적 성향이 발달한다. 추상적 원칙보다는 관계 중심적인 상황의 고려, 이성적 판단보다는 감정에 기초한 공감, 형식에 치우친 결단보다는 세심한 배려 등이 그것이다.

심리학자 길리건(C. Gilligan)은 여성의 이러한 특성이야말로 새로운 윤리의 초석이 되어야 한다고 보았다. 길리건은 하인즈의 딜레마로 불리는 심리학 실험에서 유래하는 성별에 따른 도덕성 논의에서 기존에 남성적 도덕의 우위를 여성적 도덕의 우위로 대치한다. 통상 남성은 도덕성을 자율성·공평·원칙에 두는 데 반해 여성은 도덕성을 타인과의 상호 관계·공감·배려에 우위를 둔다고 알려져 왔고, 둘 중 남성적 특성이 세계를 더욱 정의롭게 만드는 데 기여한다고 간주되어왔다. 하지만 길리건은 관계를 고려하지 않는 자율의 추상성, 공감에 기초하지 않은 공평의 형식성, 배려에 민감하지 않은 규칙의 공허함이 갖는 문제들을 비판한다. 그리고 이러한 남성적 윤리를 대신할 여성적 윤리, 즉 보살핌의 윤리가 인간관계의 주요한 패러다임으로 자리매김해야 한다고 주장한다.

이러한 여성적 윤리는 가부장제가 일으킨 성 차별 및 이와 연계된 남성 중심의 타자를 고려하지 않는 이 세계를 예를 들어 자본주의, 환경오염 및 전쟁의 위험성이 만연한 세계를 치유할 대안적 가치로도 확장된다. 철학자 러딕(S. Ruddick)은 이러한 사유를 '모성적 사유'라고 부르면서 여성적 특질이 젠더를 넘어선 세계에 필요한 공적

페미니스트들은 모성이 자연스러운 본능이 아니라 만들어진 것이라고 말한다.
사진은 집착적인 모성을 주제로 한 영화 <마더>의 한 장면이다.

윤리라고 말한다. 모성적 사유란 아이와 어머니의 관계에서 어머니
가 아이를 대하는 기본 태도에서 착안한 것으로, 타자와 갈등하는 것
이 아니라 상호 연관되어 있고 공감하고 배려하는 관계 중심의 사유
를 일컫는다. 러딕은 이러한 모성적 사유는 그 관계의 전형을 생물
학적 어머니에게서 가져오는 것일 뿐 여성만이 가지는 가치는 아니
라고 본다. 이처럼 여성적 가치에서 생물학적 가치를 분리해내어 모
성적 사유를 여성적 젠더를 넘어 하나의 인간적 윤리로 정립하려 하
는 것이다. 주체·권리·이성·경쟁과 달리 관계성·책임·공감·보살
핌을 중시하는 모성적 사유는 그동안 남성 중심의 문화가 만들어낸
폭력에 반대하는 반전운동과 같은 사회운동으로 확장되어야 한다는
것이다.

　여성으로 혹은 남성이지만 페미니즘적 가치에 따라 살고자 하

는 것이 세상을 더 평등하게 하고 각자의 자기실현을 도울 것이라는 이러한 입장은 여성을 결핍으로 보는 시도보다는 '자연스럽지만' 여성성을 하나의 집합적 특성으로 일반화해 여성들 간에 존재하는 여러 가지 차이를 보지 못한다는 비판에 직면한다. 어떤 여성에게는 보살피는 것이 자기실현이 될 수 있지만 어떤 여성에게는 자신을 희생하는 '노예의 도덕'이 될 수 있다. 여성적 가치를 강조하다 보면 직장에서 자신의 일에 열중하는 여성이면서 좋은 엄마이고자 하는 경우 그 여성이 어떤 가치를 우선시해야 할지 난감해진다. 보살핌의 윤리나 모성적 사유를 기초로 하는 관계성이 여성 자신의 자기 보살핌을 무시하는 가부장적 이데올로기로 전용될 수도 있다는 것이다. 따라서 여성성 자체도 그 여성이 처한 구체적 맥락을 고려하지 않으면 공론이 되고 만다. 이에 따라 여성들 간의 차이를 고려하는 구체적 맥락을 가진 페미니즘적 실천의 방향으로 나아가게 된다.

페미니즘, 어디로 갈 것인가?

여성을 섹스나 젠더만으로 구분하기에는 여성들이 가부장제로부터 겪는 억압의 정도가 다르다. 성 차별의 문제와 그것을 극복하기 위해서 섹스나 젠더 연구에서 성을 이분법적으로 구분해서 접근하면, 각 여성들이 처한 구체적인 상황을 보지 못하는 문제에 부딪힌다. 가부장제를 넘어서기 위해서 여성이 살던 방식을 완전히 버려야 할지 혹은 되레 여성에게 체화된 관계 맺음의 방식을 남성들도 공유해 더 나은 사회로 나아가야 할지는, 이것 혹은 저것의 간단한 문제일 수 없다. 따라서 앞서 성차와 관련해 섹슈얼리티 논의에서 살펴보았듯이, 여성의 어떤 본질을 미리 가정하지 말고 그 여성이 놓여 있는 구체적 맥락, 즉 성적 지향성·인종·계층·민족·국가 등의 관계에서 그 여성이 어떤 위치에 놓여 있는지를 고려해야 한다.

영화〈크래쉬〉는 페미니즘 영화는 아니지만 이 세계의 여성들이 얼마나 다른 맥락에서 존재하는지 보여준다. 이 영화에는 자신을 돕는 멕시코계 가정부를 무시하는 백인 중산층 여성, 성공한 흑인이지만 백인 경찰에게 성희롱을 당하는 흑인 여성, 대학 교육을 받았지만 이민자라는 이유로 위협을 느끼는 페르시아계 이민자 여성, 범죄자인 아들을 기다리며 알코올중독으로 살아가는 흑인 여성 등이 등장한다. 그냥 여성이 아니라 성적 지향성·인종·계층·민족·국가 등이 복잡하게 얽혀 갈등 양상을 드러내는 것이다. 영화에서만이 아니라 현실에서도 중산층 여성과 노동계급 여성, 백인 여성과 유색인 여성, 제1세계 여성과 제3세계 여성, 시민권을 가진 여성과 불법 체류자 여성, 이성애자인 여성과 동성애자 여성, 매춘 여성과 그렇지 않은 여성 등이 존재한다. 어떤 여성은 '이성애자·백인·중산층·제1세계·시민권자'처럼 유리한 조합의 정체성을 가질 것이고, 다른 여성은 '동성애자·흑인·노동계급·제3세계·불법 체류자'와 같이 취약한 조합을 가질 것이다. 이러한 다양한 여성을 여성이라는 이름으로 묶을 끈을 찾기란 쉽지 않아 보인다.

하지만 여성들 간의 차이만 보다가 여성이 겪는 공통된 차별의 토대를 간과해서도 안 된다. 앞서 살펴보았듯이, 공적 가부장제는 얼

블랙페미니즘은 여성들 간의 차이에
주목하기 시작한다.

굴을 접하고 행해지지는 않지만 구조적으로 작동하는 성희롱에 관대
한 법, 승진에서의 성 차별, 여성의 아름다움을 강조하는 문화 등의
양상으로 존재한다. 이는 '백인 · 이성애자 · 중산층 · 제1세계 · 시민권
자'에게나 '흑인 · 동성애자 · 노동계급 · 제3세계 · 불법 체류자'에게나
마찬가지로 존재한다는 점에서 여성에게 공통적이다. 아무리 개인적
인 차별이 사라지고 제도가 보완되어도 아직까지는 우리의 머릿속에
잔존하다가 불쑥불쑥 남성에게 유리한 판단, 여성을 비하하는 농담,
데이트에서의 남성 주도와 같은 차별의 모습으로 나타나는 것이다.

　　이러한 맥락에서 여성들 간의 차이와 연대에 주목해온 철학자
브라이도티(R. Braidotti)의 '유목적 주체'는 장차 페미니즘이 나아가
야 할 방향을 보여준다. 유목적 주체는 정체성이 고정된 것이 아니라
변화하는 열린 접속점임을 의미하기 위해 고안된 용어다. 계층 · 인

종·성적 지향성 등과 같은 여성들 간의 차이를 인정하면서도 그 차이를 가로지르는 여성으로서의 연대는 인정하자는 것이다. 여성으로서 개인의 정체성은 변화하는 것이지만 그 변화 과정에 이런저런 삶의 국면에서 굴곡진 배제의 경험이 모여 여성 운동의 공통 토대를 제공한다는 것이다. 이론적 차원에서 여성은 그 자연적 토대를 사이보그화할 수도 모성을 신화화할 수도 있다. 하지만 여성에 관한 가치 평가를 내리기 전에 여성은 이 세계에 여성으로 태어나는 순간 하나의 사실로 떠맡아야 한다는 점에서 여성 운동의 공통 토대를 제공한다. 여성해방과 양성평등을 위한 이론과 실천은 그로부터 여러 길을 갈 수 있지만, 삶의 결은 달라도 공동으로 처해 있는 여성으로서 겪는 억압의 경험에서 그 출발점을 찾아야 한다. 이러한 여성 혹은 여성성은 강한 의미의 본질이 아니라 억압의 유사성 정도의 약한 본질로, 이는 성적 지향성·인종·계층·민족·국가를 넘어선 전략적 제휴를 위한 실천적 토대가 된다.

페미니즘은 20세기 최대의 사회 담론으로 여러 철학적·사회적 담론에 영향을 받고 또 영향을 주면서 발전해왔다. 이 과정에서 어떤 페미니스트들 여성이 남성과 같은 동등한 권리를 갖는 것을 급선무로 보았고, 어떤 페미니스트는 여성 운동에서 여성적 본성이야말로 세계를 변화시킬 수 있다고 보아 여성의 원리를 강조했으며, 어떤 페미니스트는 여성 집단 안의 차이에 주목해 부르주아 여성학의 한계를 비판하며 좀 더 주변화된 집단의 여성들에게로 눈을 돌렸다. 이러한 정황에서 21세기의 페미니즘이 어디로 갈 것인지는 아직 열려 있지만, 여성들 간의 차이에 주목하고 그 여성들을 묶는 연대를 모색해야 한다는 데는 이견이 없어 보인다. 나아가 여성 운동의 성역에만

간히지 말고 불평등에 처한 주변화된 다른 집단들의 사회운동과도 연계해나가야 한다. 모든 사회변혁 운동이 그 운동이 불필요해질 때를 목적으로 하듯이, 페미니즘도 양성평등을 실현해 그 운동이 역사의 뒤안길로 사라질 때까지 부단히 자기 행보를 내디뎌야 할 것이다.

〈낮은 목소리 2〉

변영주 감독. 1997.

〈낮은 목소리 2〉는 그간 아시아 여성들의 이야기를 담아온 변영주 감독의 일련의 작품 중 하나이다. '일상적 슬픔'이란 부제가 붙어있는 이 다큐멘터리는 일제 강점하에서 고통의 삶을 살았던 종군위안부 여성들의 기억과 상흔에 관한 것이다. 이는 식민지 강점하에서 피식민 국가의 가장 주변부에 처한 여성들이 식민 국가의 남성들로부터 겪은 폭력과 해방 이후 이들의 존재를 모른 체하고 살아온 우리 사회의 위선을 드러낸다.

이 이야기는 과거 종군위안부였던 할머니들이 모여 사는 경기도의 한 농촌에 있는 '나눔의 집'에서 시작한다. 카메라는 이곳에서 할머니들이 함께 논밭을 가꾸고 밥상을 준비하고 투닥거리면서도 우정을 나누는 일상의 장면들을 담아낸다. 하지만 그러한 과정에서 청춘을 짓밟힌 과거의 아픔과 이루지 못한 꿈들 또한 여실히 드러난다. 특히 종군위안부 문제의 정당한 해결을 보지 못하고 죽음을 맞이하는 강덕경 할머니의 이야기가 눈물겹다.

이 다큐멘터리는 역사 속에서 여성, 특히 주변부 집단에 속한 여성이 받아온 차별의 무게를 체감하게 한다. 피식민 국가의 가난한 딸들은 정치적, 경제적 착취 이외에 성적 착취까지 당한다. 같은 여성이라도 당시 일본 여성이나 조선 내 기득권을 가진 계층의 여성이었다면 겪지 않았을 일이다. 이는 여성이 단일 범주가 아니라 그 안에서 여러 차이를 가진다는 점을 보여주고, 아울러 여성주의가 지향해야 할 미래가 어떤 관점에서 그려져야 하는가에 관한 질문을 던진다.

1. 오늘날 우리 사회가 여전히 가부장적인지 논의해보자.
2. 여성으로 혹은 남성으로 사는 것에 만족하는지 자신의 생각을 말해보자.

3. 페미니즘의 궁극적 목적이 가부장적 문화를 넘어서는 것이라면 그 이후에 섹스와 젠더 체계는 변화할지, 변한다면 어떻게 변화할지 상상해보자.
4. 동성애자들 간에도 여성 역할과 남성 역할이 존재한다. 이러한 성 역할 모방이 성 이분법을 답습하는 것은 아닌지 논의해보자.
5. 페미니즘이 다른 소수자 운동과 연대할 수 있는 지점을 찾아보자.

참고문헌

길리건, 캐롤. 《다른 목소리로》. 허란주 옮김. 동녘. 1997.
러딕, 사라. 《모성적 사유-전쟁과 평화의 정치학》. 이혜정 옮김. 철학과현실사. 2002.
미드, 마가렛. 《세 부족사회에서의 성과 기질》. 조혜정 옮김. 이화여자대학교출판부. 1994.
버틀러, 쥬디스. 《의미를 체현하는 육체-"성"의 담론적 한계들에 대하여》. 김윤상 옮김. 인간사랑. 2003.
브라이도티, 로지. 《유목적 주체》. 박미선 옮김. 여이연. 2004.
오조영란·홍성욱 엮음. 《남성의 과학을 넘어서- 페미니즘의 시각으로 본 과학 기술 의료》. 창비. 1999.
월비, 실비아. 《가부장제 이론》. 유희정 옮김. 이화여자대학교출판부. 1996.
파이어스톤, 슐라미스. 《性의 변증법》. 김예숙 옮김. 풀빛. 1983.
해러웨이, 다나. 《유인원, 사이보그, 그리고 여자-자연의 재발명》. 민경숙 옮김. 동문선, 2002.
현남숙 외. 《철학의 눈으로 읽는 여성》. 철학과현실사. 2001.

단일 민족 신화에서
결혼이주여성까지
다문화 사회의 한국

이정은

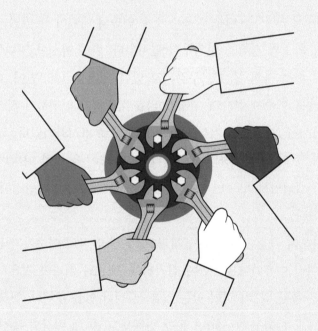

다문화 사회로 변한 한국

길거리를 조금만 걸어도 어디서나 외국인을 만나게 된다. 예전에는 상상도 하지 못했던 다양한 인종의 외국인을 골목골목에서 만날 수 있다. 강의실에서, 교정에서, 귀가 길에서, 내가 거주하는 다세대 주택에서, 어디서든 만날 수 있는 이들은 내 삶의 이웃으로 살아가고 있다. 단지 서울만의 현상일까? 안산을 가도, 대전을 가도, 부산을 가도 마찬가지다.

이미 몇 년 전부터 한국의 외국인 수가 140만(2011년 기준)을 넘어섰다. 서구에서는 다수 인종과 소수 인종의 대립이 늘 있었기 때문에 다문화주의 정책을 일찍부터 펼쳐왔다. 반면 아시아 지역에서는 근래에 와서 사회 문제로 부각되고 있다. 일본은 1988년에, 대만은 1998년에 '이주자 권리'에 관한 논의를 심각하게 진행하기 시작했고, 한국에서는 2005년을 기점으로 정치 문제로 가시화되었다. 국내 이주자의 '권리를 개선'하려는 의지와 '상호 공존'을 위한 다방면의 노력이 누적되면서 2006년 노무현 정부는 '다문화 가정 지원정책'을 펼치게 된다.

다문화 가정 정책이 시급하다고 할 만큼 국내 이주자가 많아진 데는 여러 이유가 있다. 한때 길거리에 '베트남 처녀와 결혼하세요'와 같은 플랜카드가 걸려 있는 것을 본 적이 있을 것이다. 한국의 결혼 풍속도는 최근 20~30년 동안 변해왔고, 30대 이상의 독신자 수(2010년에 배우자 사망까지 포함해 남자는 대략 70만, 여자는 대략 200만)도 계

동남아시아 지역 여성과의 결혼을 주선하는 광고를 주변에서 쉽게 찾아볼 수 있다.

속 늘어왔다. 특히 40~50대가 되어도 결혼하지 못하는 농촌 총각들이 대거 양산된다. 이로 인해 동남아시아 지역의 외국 여성을 농촌 총각과 연결해주는 회사들이 우후죽순으로 생겨났다. 1990년대 중반을 기점으로 '결혼이주여성'이 많아진 이유다.

통계청 자료에 따르면 결혼이주여성을 제외하더라도 합법적으로 조사 가능한 외국인 노동자가 2010년 기준으로 대략 60만에 이른다. 1997년 법무부 출입관리소 집계로 산업기술연수생이 80만, 전문기술자 중 합법 취업자가 16만, 불법 체류자가 13만이다. 이미 1997년에 여러 유형의 외국인 노동자 수가 100만에 육박했다. 그 뒤로 들쑥날쑥하기는 하지만 100만이라는 숫자는, 이러한 추세에 따라 외국인 노동자에 대한 태도를 바꿔야 한다는 요구의 상징이 되었다.

영어 교육 때문에 들어온 서유럽의 전문 노동자도 있지만, 외국인 노동자 대부분은 저개발국인 동남아시아 지역 출신이다. 어떤 경우에는 산업연수생 비자로 들어왔다가, 연수가 끝난 뒤에 본국으로 돌아가지 않고 기업체에 취직하거나 불법 노동자가 되는 사례도 있다. 3D업종 공장주들은, 한국인이 취업을 꺼려서 생기는 공백을 외국인 노동자나 불법 체류자로 채워왔다. 그러다 보니 심각하게 권리를 침해당해도, 상황을 개선하기 힘든 '인권사각지대'에 놓이는 외국인 노동자가 생겨났다.

외국인 노동자의 수가 늘어난 것은, 한국의 경제력이 몇십 년간 알게 모르게 상승했기 때문이다. 게다가 우리 문화재가 유네스코 세계문화유산으로 등재되고, 이와 더불어 반기문이 유엔 사무총장으로 활동하게 된 것도 한국의 인지도 상승에 기여했다. 이 모두가 어우러져, 한국의 외국인 수가 지속적으로 늘어났다.

이와 달리 한국인에게 '아메리칸 드림'이 관심 주제가 된 적이 있다. 미국으로 이민 가면 성공한다는 '아메리칸 성공 신화'가 만들어지고, 미국 시민권을 획득하려고 다각도로 노력한 한국인도 있었다. 물론 결혼이주여성, 합법적 외국인 노동자, 일시적 이주자, 불법 체류자의 면면을 고려하면, 이제는 한국 시민권을 향한 '코리안 드림'이 생겨났음을 알 수 있다. 이렇게 해서 외국인 이주자가 많아지다 보니, 문화가 달라서 갈등이 생기고, 이것들이 소소하게 누적되어 정치와 경제에 파급 효과를 낳는다. 문화 차이가 정치 갈등으로 번지는 상황이라면, 개방적 태도를 견지하면서 다문화 사회를 실현하기 위해 노력해야 하지 않겠는가?

그러나 현행법에 따르면, 외국인이 한국 국적을 취득하거나 한국 사회에 동화되기는 쉽지 않다. 그러므로 이미 한국 사회의 구성원이 되어, 우리와 더불어 살아가는 사람들에게 더욱 더 관심을 갖고 새로운 통일 문화를 창출하려는 노력과 혜안이 필요하다. 그리고 다문화주의 정책을 일찍부터 펼친 서양의 사례와 이론도 참고해 평화로운 공존을 모색해보자.

과거의 우리, 단일 문화 사회였나?

세계사를 살펴보면, 어디서나 서로 다른 문화를 지닌 사람들이 공존해왔다. 그런데 왜 유독 우리는 다문화 사회를 부담스럽게 느끼는 걸까? 다문화주의 정책을 펼쳐야 한다고 '큰 목소리'로 외쳐야 귀를 기울이는 걸까?

한국은 5천 년 역사에도 불구하고 외국인이 많지 않았고 단일 민족이라는 자부심도 있었기 때문에, 외국인과 외국 문화에 대해 다소 폐쇄적이었다. 한국인은 수천 년 역사동안 단일 민족 국가였고, 자연스럽게 단일 문화 사회를 이루며 살아왔다. 서로 다른 국가이면서 차이나는 문화를 지닌 삼국시대(고구려, 백제, 신라)도 있었지만, 그럼에도 모아지는 공통성이 있었다. 그 공통성이 우리의 정체성을 형성해 자부심의 근간이 되어왔다. 서양에서 이루어지는 인구 이동과 비교하면, 한국인의 이동은 민족 대립을 고려할 만큼 심각하지 않았다. 그래서 외국인의 한국 이주가 낯설고 외국 문화도 생경하게 느껴진다.

서양으로 유학이나 이민을 가면 그곳에 동화되어 그곳 정체성을 수용한다. 그렇듯이 한국으로 이주한 외국인에게 한국 문화에 동

동화 정책의 한 일환으로, 지방자치단체나 각종 기관에서는 결혼이주여성을 대상으로 한국 문화를 가르치는 교육을 하는 경우가 많다.

화해 우리네 정체성을 갖기를 요구하는 것은 당연한 일이다. 그러나 요즘의 변화를 살펴보면, 동화만을 주장하기에는 너무 많은 외국인이 한국 사회 구성원이 되고 있다. 지방 초등학교에는 국제결혼 가족에서 탄생하는 혼혈 2세가 50퍼센트를 넘는 곳도 있다. 외국인과 혼혈 2세의 수가 늘어 가는데 언제까지 한국 문화로의 동화만을 요구할 수 있겠는가?

남미로 유학을 다녀온 선생님이 이런 이야기를 한 적이 있다. 남미에서 생활하는 동안 자기는 한 번도 외국인이라고 생각한 적이 없었다고. 너무나 다양한 인종의 사람들이 살아서 누가 원래 주민이고 누가 외국인인지를 구별할 수 없었고, 그 나라 주민들도 그런 태도를 견지한다고. 그에 반해 한국에서는 뚜렷한 구분과 차별이 나타난다. 단일 민족이라서 그러한 것일까? 5천 년 역사를 거슬러가면, 한반도는 중국의 침략과 간섭을 지속적으로 받아왔고 오랜 기간 중국에 조공도 바쳤다. 조공 목록에 때로는 젊은 여성도 있었다. 게다가 소소한 지역 전쟁으로 일본과도 자주 부딪쳐왔다. 그러다 보니 한국, 중국, 일본은 알게 모르게 인종 결합을 해왔다. 단지 황인종이라서 피부색과 모양이 비슷하고 유교 문화를 공유해서, 종족 결합이 그다지 눈에 띄지 않았을 뿐이다.

한반도를 거점으로, 이렇듯 여러 나라가 문화 접변과 교류를 반복해왔다. 각자 독창적 문화를 창출했기 때문에 서로가 달라 보이지만, 우리의 고유한 정체성도 사실은 문화 접변을 하는 가운데 우리만의 문화를 창출한 것이다. 한국의 과거 역사를 이렇게 조명한다면, 이제 와서 새삼스럽게 다문화를 위한 개방성을 강조할 필요도 없다. 우리는—자의적이든 타의적이든—어떤 의미에서는 지속적으로 중국 내지 일본과 접변하고 서로를 개방하는 역사적 삶을 꾸려왔다. 한민족이 단일 민족이라는 주장의 배후에 은폐되어 있는 면을 살펴보면, 우리의 단일 문화는 다양한 문화를 내적으로 체화해 창의적으로 통합한 문화다. '다양성'을 체화한 '단일 문화'고, '다양한 민족'이 알게 모르게 통합된 '단일 민족'이라는 점에서 '다양성'을 부각시킬 수 있다.

이런 측면에 주목해 단일 민족 내지 단일 문화라는 자부심 때문에 부당하게 형성되는 '배타성'이나 '이주자 인권에 대한 무관심'을 반성하는 길로 삼아보자. 이주자의 인권을 고려하는 것은 그들이 한국인과 똑같은 자유와 평등을 누리면서 존엄한 대우를 받도록 하는 것뿐만 아니라, 그들의 문화와 언어를 펼치고 활용하는 선택권을 인정하는 것도 포함된다. 다문화적 개방성은 이주자의 존엄성을 실현하는 것이며, 달리 말하면 그들 문화를 누리는 문화 선택권을 인정하는 것과도 맞물려 있다. 그렇게 되면 '인권사각지대'에 놓여서 법적 보호를 받지 못하는 이주자의 삶을 개선하는 문제도 탄력을 받을 수 있다. 한국에서 가정을 꾸리고 아이를 낳아도 시민권을 얻지 못한 체류자들, 자녀를 낳고도 출생 신고를 할 수 없는 상황, 육아와 교육 혜택에서의 소외 등 '권리 박탈'의 상황들을 극복할 수 있다.

그렇다면 이러한 문제를 개선하기 위해, 다른 나라의 대처 방법과 정책을 살펴보자. 가까운 중국은 일찍부터 다문화주의적 삶을 살아왔다. 천하통일을 꿈꾸는 황제들은 사분오열된 나라를 통폐합하고, 통합한 나라가 다시 분열되어 또 통합하는 과정에서, 다양한 종족과 문화의 이합집산을 반복한다. 그 과정에서 다양한 민족의 정체성을 하나로 만들고, 다양한 문화를 공존하게 하는 것이 중요하다고 깨닫는다. 천하통일에 관한 중국 소설《삼국지》는 비록 소설이지만—통합된 민족들의 저항성을 약화시키고 굴복시키는 과정에서 다문화 정책을 도출하기 때문에—소설 이상의 의미를 지닌다. 사회주의 국가로 변신하면서 다문화 정책이 다소 약화되긴 하지만, 중국은 다문화주의 정책을 일찍부터 체화해왔다. 그러면 일본의 경우는 어떠한가? 일본에는 유구족과 아이누족 같은 원주민 내지 소수 민족이 존재한다. 그러나 그 목소리가 밖으로 번져 나오지 않도록 누르고 있어서 일본 안에 소수 민족이 존재한다는 것조차 모를 정도다.

서양에서는 특히 1960년대에 북아메리카를 중심으로 다문화주의 정책을 본격적으로 구축해 이론과 제도를 긴밀하게 연결하고 실천적 삶에 반영하려고 노력했다. 미국, 캐나다, 호주 같은 나라들은 '다문화주의 선진국'이라는 자부심을 가지고 있다. 그런데 이 나라들은 '외부 침입자'가 영토를 장악해 원주민을 억압했다는 점에서 공통점을 지닌다. 침입자가 이주하고 정착하는 과정에서 원주민을 집단적으로 학살하고 거주지 제한을 감행한 나라들이다. 아메리카를 지배한 서양인이 펼쳤던 종족 말살 정책은 세계사에서 이미 익숙한 이야기가 되었다. 영국이 북아메리카와 호주의 원주민에게 가했던 말살 정책은 과거의 잔인함 때문에, 오히려 다문화주의 정책을 더욱 강력하게 도입하는 기반이 되었다고 해석할 수도 있다.

영국 자체만을 보자. 영국은 아일랜드인, 웨일즈인, 스코틀랜드인을 흡수해 대영제국을 건설했다. 그래서 대영제국의 종족들은 지속적으로 분리 독립을 요구하면서 소소한 분쟁을 일으켜왔다. 대영제국으로 통합된 종족들은 정치 문제가 아니더라도 언어와 문화에서 알게 모르게 무시당하기도 한다. 가령 18세기 철학자 데이비드 흄(D. Hume)은 영국이 자랑하는 경험론 완성자다. 그러나 스코틀랜드 출신이라서 스코틀랜드 발음이 영국 사교계에서 웃음거리가 되곤 했다. 그 때문에 흄이 공적인 자리에서 수줍어서 말을 제대로 하지 못했다는 일화가 전해진다. 통합된 종족들은 이러한 상황까지 포함해 모든 문제를 해결하려면 정치적 독립을 이루어야 한다고 생각했다. 특히 아일랜드의 독립 요구는 거세기로 유명했다. 그래서 엘리자베스 여왕이 아일랜드를 마지막으로 방문할 때, 아일랜드 독립을 인정하는 발언을 하느냐가 초미의 관심사가 되기도 했다.

종족 말살 정책을 통해 형성된 나라들이 이제는 부유한 선진국이면서 동시에 다문화주의 선진국으로서 개방 정책을 펼치기 때문에, 타국인이 선호하는 이민 국가가 되었다. 다문화주의 선진국의 정책은 한국인에게 타산지석(他山之石)의 의미를 지닌다. 한국은 종족 말살 정책을 펼친 나라는 아니지만, 이주자에 대한 폐쇄적 태도 내지 인권 침해는 심각하기 때문이다. 인권과 선택권 문제를 개선하려면, 이들 선진국의 다문화주의 이론을 참고할 필요가 있다.

물론 선진국의 다문화주의 정책도 1960년대에 주안점을 둔 '동화'보다는—이제는—'통합'으로 초점이 바뀌고 있다. 왜냐하면 아직도 '통합'이 어렵기 때문이다. 대표적으로, 캐나다의 퀘벡주를 보자. 캐나다의 공용어는 영어이지만 퀘벡주는 프랑스어 사용자가 많아서 근래에도 프랑스어를 공용어로 해달라고 요구하여 물의를 빚은 적이 있다.

퀘벡주에 비추어보면, 다문화 사회의 논쟁에서 '언어'가 중요하다는 것을 쉽게 감지할 수 있다. 일반적으로 같은 민족인지 아닌지를 가늠하는 기준은 혈통, 문화, 언어다. 다문화주의 선진국은 애초부터 혈통의 동일성을 주장할 수 없었기에, 정체성을 만드는 요인으로 문화가 중요했다. 그런데 동일한 문화라고 해도, 통합을 이루려면 언어의 동일성을 전제해야 한다. 왜 언어인가? 학교 교육, 졸업 후 취직과 사회 활동에서 다수 집단의 언어로 공적 활동이 이루어지기 때문이다. 의사소통이 불가능하면, 문화 차이를 극복할 가능성도 약해지기 때문이다. 언어 장벽의 해소는 나머지 문제들을 극복하는 시발점이다. 그래서 다문화 사회에서 소수 집단의 권리를 인정하는 바로미터는 소수 집단의 '문화'뿐만 아니라 '언어'도 허용하는가다. 다수 집단의 언어와는 다른 언어로 선택할 자유를 허용하는가가 관건이다.

그렇다면 한국의 언어 상황은 어떠한가? 그동안 한국 사회는 단일 민족 국가이면서 단일 문화 사회였기 때문에, 단일 언어를 고수했다. 당연히 결혼이주여성, 외국인 노동자가 한국어를 배우는 것이 문제가 되어왔다. 이주자가 한국어를 배우고는 있지만, 한국어 실력이 향상되기까지 많은 시간이 걸리기 때문이다.

그에 반해 혼혈 2세는 자연스럽게 '이중언어교육'을 받을 수 있는 환경에서 태어난다. 그러나 이주여성의 면면을 살펴보면, 한국어를 전혀 모르는 상태에서 한국인 남편과 결혼하는 경우가 많다. 한국어가 능숙하지 않다는 데서 생겨나는 스트레스 때문에, 결혼이주여성은 출산 후 아이에게—한국어로도, 자국어로도—언어접촉 기회를 제대로 제공하지 못하는 상황에 놓이게 된다. 신생아 때부터 진행되는 '원활한 언어 습득 기회'를 놓친 아이는 지능 발달이 더디게 되고, 결과적으로 초등학교에서 학력 저하를 보이게 된다. 농촌에서 태어난 혼혈 2세가 학습 장애를 일으키는 것도 언어와 연결해 생각할 수 있다. 구조적으로 혼혈 2세는 약자의 위치에 놓이면서 가난을 대물림할 가능성이 높아진다.

한국어를 잘 모르는 상태에서 농촌 총각과 결혼한 이주여성이 남편과 갈등을 일으키는 경우도, 시어머니가 며느리를 도둑으로 의심해 신고하는 경우도 의사소통의 어려움과 연관된다. 결혼이주여성과 외국인 노동자는, 그들의 문화와 언어가 몸에 배어 있기 때문에 한국에서 살아도 한국 문화가 익숙하지 않다. 그런 부모 밑에서 자라는 아이 또한 영향을 받게 된다. 그러므로 혼혈 2세까지 아울러서 다문화 교육이 필요하다. 궁극적으로 한국인 모두에게 다문화에 대한 감각을 지니면서 이주자의 문화와 언어를 이해시키는 교육을 기울여야 한다. 언어 장벽을 해소하고 의사소통 가능성을 높일 때 새로운 문화를 창출하는 창의력이 발휘된다.

다문화 사회의 3대 소수 집단들

한국의 현실을 둘러봐도, 다양한 민족이 어울려 사는 곳에서는 언어 접근성과 개방성이 중요하다. 언어 문제는—서양 근대 역사를 거슬러 올라가면—다문화주의에서 나타나는 '소수 집단'과 관련지어 이해할 수 있다. 1960년대에 다문화주의 정책을 주도한 나라를 거슬러서 근대 민족 국가(국민 국가) 시기로까지 올라가면, 민족 이념을 확산시킨 나폴레옹을 만날 수 있다. 18세기에 나폴레옹은 정복 전쟁을 펼치면서 동시에 자주성과 자립성을 지니는 민족 국가의 중요성을 전파한다. 나폴레옹의 민족 국가 이념은 그의 정복 전쟁과 더불어 각국에 이식되었고, 그래서 정복된 나라가 민족 국가 이념에 기초해 오히려 나폴레옹에게 저항하는 역설을 야기한다. 그 이념은 인권을 존중하는 프랑스 혁명과 맞물려서 공화제적 법에 기초하는 국민 국가의 형성을 가속화한다.

국민 국가를 굳건하게 만들려면, 구성원을 하나의 기치 아래 모아야 한다. 이를 위해 '집단 교육'이 방법적으로 도입된다. 다문화주의 연구자인 킴리카(W. Kymlicka)는 《자국어정치학》에서 공적 목표를 위한 학교 교육이 도입되면서 교육 현장에서 사용하는 공용어가 필요해졌다고 한다. 권력을 잡은 다수 집단의 언어가 자연스럽게 공용어가 되었다. 학교 교육이 다수 집단의 언어로 진행되면서 나머지 소수 집단의 언어는 배제된다. 다수 집단을 차지하는 사람들의 혈통과 문화가 국민 국가의 정체성을 형성하고, 소수 집단은 다수 집단의 문화와 언어에 동화될 것을 요구받는다.

다문화 사회는 이전에도 있었는데, 왜 국민 국가에서 유독 언어 문제가 제기되는가? 로마 시대 이래로, 서양 유럽의 공식어는 라틴어였다. 유럽의 각 나라들은 정치나 출판 같은 공식 활동에서 라틴어를 사용했다. 자국어가 있음에도 불구하고, 공식어는 라틴어였기 때문에, '다수 집단 언어'와 '소수 집단 언어'가 공식 활동에서 갈등 요인이 될 수 없었다. 그러나 근대에 들어 민족 이념을 배태한 국민 국가가 출범하고 '학교 교육'이 변수로 작용하면서 자국어를 공식어 내지 공용어로 바꾸는 시도를 하게 된다. 그래서 언어 차이는 민족 차이, 종족 차이를 드러내는 장치가 된다. 오늘날 단일 언어를 사용하는 나라는 전 세계적으로 아이슬란드와 대한민국뿐이다. 이것만 봐도, 얼마나 많은 나라들이 그동안 언어 각축전을 벌였을지는 능히 짐작할 만하다.

다문화주의 선진국은 외부 침입자가 원주민을 학살하는 역사에서 출발했기 때문에, 침입자의 언어가 공용어가 된다. 침입자는 유럽의 여러 나라에서 왔고 서로 다른 문화를 지닌 유럽인은 원주민을 밀어내는 과정에서 합심한다. 그러나 원주민을 밀어낸 후에, 외부 침입자들끼리 주도권 싸움을 하게 된다. 주도권 싸움에서 밀려난 소수 민족은 패배 후에 불만을 토로하면서 저항을 시도한다.

이에 기초해 같은 지역에 살면서 역사와 문화를 공유하는 '다수 집단'과 '권력 싸움에서 밀려난 소수 집단'을 염두에 둘 때, 대표적인 3대 소수 집단은 원주민, 소수 민족, 이주민(이민자) 집단으로 나눌 수 있다. 그 외에 '흑인 집단'이나 '자발적인 종교적 고립 집단'도 있다.

원주민은 외부인의 침입을 받기 이전부터 그 땅에 살던 사람들이며, 침입자에 의해 학살되면서 소수 집단이 된다. 널리 알려진 아메리카 인디언, 뉴질랜드의 마오리족, 사모스섬의 사모스족, 일본의 아이누족을 예로 들 수 있다. 침입자에 의해 본토를 뺏긴 것이나 마찬가지라서, 원주민은 침입자와 분리되는 독립 국가를 세우거나 자치 정부를 형성하려고 한다. 그럼에도 원주민 수는 계속 줄어들고 많은 언어가 사어(死語)가 되어간다.

소수 민족은 주도권 싸움에서 패배한 집단이거나, 주도권 싸움을 하지 않았어도 다수 민족이 되지 못한 소수 집단이다. 벨기에의 플랑드르인, 캐나다의 퀘백인, 중국의 만주족, 몽골인, 티벳인을 예로 들 수 있다. 중국 내 한국인인 조선족도 일종의 소수 민족이다. 쿠르드족은 세 나라(터키, 이란, 이라크)의 국경 지대에 걸쳐 있어서 세계적으로 유명한 분쟁 지역 민족이다. 이들 소수 민족들은 다수 민족으로부터 독립하거나 연방 정부를 구성하고 싶어 한다. 원주민만큼은 아니지만, 독립 국가를 만들어 자치를 실현하려고 하기 때문에 분쟁의 불씨가 된다.

원주민과 소수 민족은 종족의 자존심을 걸고서 정체성을 회복하려고 한다. 자치 국가나 자치 정부를 형성하고 싶은 욕망은 소소한 분쟁에 그치지 않고 심각한 전쟁과 폭력을 낳기도 한다. 유엔을 비롯한 국제 사회가 원주민과 소수 민족의 권리를 신장하려고 다각도로 노력하는 과정에서 2천 년 결의를 낳기도 했다. 그러나 해당 국가의 내부로 들어가면, 소수 민족의 권리를 옹호하는 것은 예민한 정치 문제와 연루되기 때문에, 국제 사회가 국가 내부로까지 들어가서 강력하게 개입하지는 못 한다. 그래서 유엔의 노력은 주로 권고에 그치는 경우가 많다.

이들과 성격이 다른 소수 집단으로는 '이주자 집단'이 있다. 안정된 단일 국가가 형성된 뒤에, 그 국가의 이민자로 받아들여지기를 원하는 사람들의 집단이다. 이들은 침입자도, 원주민도 아니다. 단지 그 국가의 구성원으로 인정받기를 바라는 '이민자들'이다. 그래서 당연히 자치 독립도 원치 않는다. 오히려 다수 집단의 문화와 역사를 '적극적으로' 배우고 언어를 습득해 시민권을 획득하는 데 주력한다. 물론 특정 나라에서 온 이민자가 한 지역에 많아지면, 이민자의 이전 문화를 존중하는 정책을 요구할 수는 있다. 가령 미국에서 한국인 이민자가 많은 LA 지역을 떠올려 보라.

서양의 3대 소수 집단에 비추어 한국 내 소수 집단에 관한 얘기로 넘어가보자. 한국은 국내 이주자가 많아지면서 다문화주의가 부각되었기 때문에, 논의를 이주자 집단으로 압축할 수 있다. 한국은 단일 민족 국가이기 때문에 대부분의 사람들이 원주민이다. 지금까지 한민족으로 살아왔기 때문에 외부 침입자 개념도, 다수 민족과 소수 민족의 주도권 싸움도 특별히 없었다. 원주민, 다수 민족, 소수 민족이라는 구분 자체가 불가능했다. 그에 반해 20세기 후반부에 결혼 이주여성, 취직을 목표로 한국에 들어온 외국인 노동자, 다양한 나라에서 온 유학생 등 한국 사회에 동화되어 시민권을 얻기를 바라는 이주자 집단이 늘어났다. 반기문이 유엔 사무총장으로 취임하면서 늘어난 국제 난민까지 포함하면, 한국에서 부각되는 대표적 소수 집단은 이주자 집단이다.

이주자들은 한국어와 한국 문화를 적극적으로 배우면서 우리네 삶의 이웃으로 동화되려고 노력한다. 그러나 가사 노동이나 고된 직장 노동에 시달리면서 한국어를 제대로 배울 시간조차 없는 사람들도 있다. 의사소통의 장벽은 문화 갈등을 극복하는 것에서도 어려움을 낳는다. 다문화주의 선진국에서 다수 집단의 언어가 공용어라서 학교 교육, 공직 활동, 취업, 법적 문제에서 소수 집단이 어려움을 겪듯이, 한국 내 이주자 집단도—한국어를 제대로 구사할 수 없기 때문에—어려움을 겪거나 불이익을 받을 수 있다. 이들에게는 한국어 이외의 자국 언어를 사용하거나 그들 문화나 관습대로 행동해도 된다는 '언어문화 선택권'이 거의 주어지지 않았다. 그렇기 때문에 여러 어려움을 감수해야만 한다. 그런데 이러한 문제가 때로는 그들의 법적 권리를 제한하는 데까지 이어지기도 한다. 인권사각지대로 떨어지기 쉽거나, 불법이주자 내지 불법 노동자의 상황을 개선할 여지를 약화시키기도 한다.

다문화주의를 일찍부터 체화한 중국이나 북미 나라들은 이 상황을 타개하기 위해, 같은 지역에서 같은 역사를 만드는 사람들을—종족 여부와 관계없이—공동체로 인정하는 '속지주의' 정책을 펼친다. 그러나 한국은 같은 지역에서 같은 역사를 나누어도 혈통이 같지 않으면 낯설게 여기는 '혈통주의'를 채택해왔다. 혈통의 동일성을 지역과 문화의 동일성보다 우위에 두게 되면, 이주자에게 불이익을 주는 정책을 개선하기가 어려워진다.

외국인 노동자나 결혼이주여성의 문제는 한국뿐만 아니라 한반도 주변국에서 유사한 시기에 가시화되었다. 이주 노동자 현상이 한국에서는 1980~90년대, 일본에서는 1970~80년대부터 심각하게 나타난다. 결혼이주여성 문제는 일본은 1980년대, 대만은 1990년대 초반, 한국은 1990년대 후반에 부상한다. 동북아시아 지역에서 결혼이주여성이 많은 나라를 살펴보면, 가부장제가 강하다는 공통점을 지닌다. 혈통주의와 긴밀하게 연관된 가부장제는 가난한 남자들의 결혼을 어렵게 만들며, 게다가 국제결혼을 통해 만난 부인들을 억압하는 요인이 되기도 한다. 그러므로 개방적인 다문화주의 정책을 실현하려면, 혈통주의와 가부장제를 모두 극복해야 한다는 자각과 태도가 필요하다.

다문화주의 이론의 허와 실

그러면 이제 다수 집단과 소수 집단 사이에서 생기는 갈등을 해결하기 위해, 서양에서는 어떤 노력을 기울이는지를 살펴보자. 다문화주의 선진국에서 갈등을 해결하는 과정에서 만든 이론적 대안은 크게 '개인주의적 다문화주의'와 '공동체주의적 다문화주의'로 구별할 수 있다. 개인주의는 자유주의와 긴밀하게 연결되기 때문에, 전자를 자유주의적 다문화주의로 바꿀 수 있다. 자유주의적 다문화주의는 다문화 사회를 다각도로 연구해온 킴리카의 글을 참고하면 좋다. 공동체주의적 다문화주의는 헤겔학자인 테일러(C. Taylor)의 '독자적 사회'를 예로 들 수 있다. 개인과 공동체의 관계를 설정하는 방식에서 차이가 있지만, 이들 모두는 지리와 역사를 공유하는 사람들 사이에서 언어 갈등과 문화 차이를 어떻게 정치, 제도, 실천적 분야와 연계해 복합적 대안을 만들 수 있을지에 대해 고민한다.

자유주의는 개인의 인권을 철저히 존중하면서 개인의 권리와 선택권을 구체적으로 확대하는 방법을 강구한다. 다수 집단과 소수 집단의 대립, 공동체와 개인의 충돌을 하나로 뭉뚱그려 해결하기보다는 '개인별 사례'에 비추어서 맨투맨으로 접근한다. 개인이 지닌 상황과 특수성을 고려해 선택권과 자유권을 최대한 확대하려고 한다. 특정 지역에서 소수 집단의 문화와 언어를 선택할 자유를 인정한다.

똑같은 상황에서 테일러도 개인의 권리와 선택권을 확대하려고 하지만, 다수 집단과 소수 집단이 대립할 때 소수 집단의 선택이 '공동체의 선'을 실현하는가 아니면 위배되는가에 먼저 초점을 맞춘다. 맥락적 접근, 사례별 접근을 하는 것은 자유주의와 동일하지만, 소수 집단의 선택이 '공공선'을 침해하는지를 먼저 타진한다는 점에서 차이가 있다. 공공선을 침해하지 않는다면, 특정 문화의 공동체를 독자 사회로 발전시키는 것을 허용한다. 개인의 선택권이 중요하지만 공동체가 요구하는 '집단권'을 배제하고서는 공동체가 안정적으로 유지될 수 없기 때문이다.

다문화 사회로 나아가려면, 공동체가 다양성을 포용하는 문제를―자유주의적 다문화주의나 공동체주의적 다문화주의나―모두 고려해야 하고 맥락적 접근을 전제해야 한다. 이런 배경 아래서 다문화 이론을 제시하는 킴리카는 다수 집단과 소수 집단의 갈등을 잘 해결해 상호 공존이 이루어지는 대표국이 캐나다라고 주장한다. 개인이 처한 상황을 고려해 그들의 문화를 다양하게 선택할 수 있는 권리를 준다. 언어를 선택할 수 있는 권리도 주려고 하다 보니, 퀘백주와 같은 문제가 야기된 것이다.

그러나 퀘백주 주민들이 프랑스어를 선택하게 해달라고 요구한 것에 대해 캐나다는 다소 소극적으로 대응했고, 설령 적극적으로 프랑스어를 인정한다고 해도, 이것이 어떤 파장을 낳을지에 대해서는 세심하게 살펴볼 필요가 있다. 오히려 국가의 공용어와 다른 언어를 선택할 수 있도록 하는 것이 궁극적으로 개인의 권리를 박탈하고 게토화할 수 있기 때문이다.

자유주의적 다문화주의는 자유로운 선택권을 허용하기 때문에, 소수 집단이 각자의 언어와 문화를 선택할 수 있다. 그런데 그 파급 효과를 지켜 본 골드버그(D. T. Goldberg)는 자유주의적 다문화주의가 결과적으로 소수 집단을 더 고립시키고, 사회적 약자의 상황을 벗어날 수 없는 악순환 구조를 만들어낸다고 비판한다. 영어를 공용어로 한다면, 결국 영어를 배워야만 '국가 내 다른 지역'으로 진출해 교육, 취업, 공직 활동에서 기회를 얻게 된다. 그런데 자유로운 선택권에 따라서 영어 대신 다른 언어만 배운다면, 공적 활동을 위해 필요한 능력을 기르지 못하는 셈이 된다. 공동체의 전체 구조를 고려하지 않고 개인의 선택권과 자유만을 강조하는 자유주의적 다문화주의는—골드버그가 보기에는—소수 집단을 더 무력하게 만드는 허구적 정책이다.

골드버그의 비판에 귀를 기울이면, 다문화주의가 자유에 기초해 선택권만 확장하면 소수 집단의 입지가 더 좁아진다는 것을 알 수 있다. 그러므로 다문화주의 정책의 허구적 이면을 반성적으로 성찰할 필요가 있다. 게다가 다문화주의는 '다수 집단'을 대화의 중심에 놓고서 출발하기 때문에, 모든 준거점이 '다수 집단'이 된다. 그것은 소수 집단에게 다수 집단의 틀을 수용하든가 아니면 그 틀에서 튕겨져 나가든가 식의 양자택일을 강요하는 것처럼 보인다.

새로운 통일 문화
상호문화주의?

　다문화주의 정책은—그 의도의 순수성과 의미있는 효과에도 불구하고—소수 집단을 더 고립시키고, 양자택일 이외의 새로운 대안 도입을 어렵게 만든다. 다수와 소수의 구분, 주체 집단과 객체 집단이라는 구분 가운데서 '정책 주도권'은 다수 집단이 갖게 된다. 결국 다수 집단이 중심축이고, 소수 집단은 선택의 기로에 서게 된다.

　이런 문제를 근본적으로 해결하려면, '이원적 구분'과 '주도 집단이라는 의식'을 해체할 필요가 있다. 그에 걸맞게 등장한 이론이 상호문화주의다. 상호문화주의는 이원적 구분을 버리고, 집단 모두가 동등한 축이 되는 방법을 강구한다.

　다문화주의 국가에서, 가령 영어가 공용어이고 다수 집단이 영어를 쓴다면 불어, 독일어, 한국어를 사용하는 집단은 다수 집단과 대립하는 소수 집단이 된다. 그러나 상호문화주의는 영어, 불어, 독일어, 한국어를 사용하는 4개 집단 모두를 동등한 집단으로 간주한다. 영어 집단이 다수 집단이라는 발상을 깨고, 동등한 위치에서 대화의 장으로 나오게 한다. 영어 집단이 주체(다수 집단)고, 나머지 3개 집단은 객체(소수 집단)가 되는 것이 아니라, 모두가 '주체 집단'이 된다. 여기에서 다수라는 점은 큰 의미가 없으며 더 높은 비중을 지니지도 않는다. 다문화주의는 양자 간 대립구도로 환원되지만, 상호문화주의는 양자로 환원되지 않는 '다자간 대립구도'를 견지한다.

그리고 다문화주의는 한 국가 안에서의 다수 집단과 소수 집단의 갈등에 초점을 맞추지만, 상호문화주의는 국가라는 단위까지도 해체해서 바라본다. 국가 내 다수 집단이라는 틀을 벗어난다. 다수인가 소수인가와 관계없이, 서로 다른 언어와 문화를 지닌 집단이 동시에 '원탁의 자리'로 나와서 동등하게 '다자간 대화방식'을 취한다. 다자간 대화이기 때문에, 대화 집단이 몇 개인지는 지역과 시간에 따라서 다양하게 달라질 수 있다.

다문화주의에서 소수 집단은 '다수 집단의 언어' 아니면 '소수 집단의 언어'를 선택하는 양자택일에 놓인다. 문화적 선택 또한 그럴 가능성이 높다. 그러나 집단의 대소를 막론하고, 모든 집단이 주체가 되는 상호문화주의는 '다자간 열린 대화'의 방식을 취하기 때문에 양자택일로 떨어지지 않는다. 동등한 위치와 동등한 가치를 지닌 사람들이 대화 가운데서 '새로운 문화를 창출'하는 데로 나아가기가 더 용이해진다. 참여한 모든 집단이 의미 있는 변형을 이루어서 새로운 통일 문화를 만들고 하나의 정체성을 창출하기를 바란다.

그렇다면 다문화 사회를 지향하는 한국은 어떤 이론과 정책을 만들어야 할까? 결혼이주여성은 다양한 국가에서 왔다. 비록 상대적으로 중국, 일본, 필리핀 출신의 여성이 많지만, 동남아 지역의 다양한 국적의 여성들이 한국 내 이주여성으로 살고 있다. 게다가 외국인 노동자까지 포함하면, 대화 주체가 되는 집단은 열 손가락도 넘는다.

다문화주의 선진국을 보면, 다문화주의 이론은 콜럼부스의 신대륙 발견과 더불어 개척된 아메리카를 중심으로 발전했다. 그에 반해 상호문화주의는 서유럽 내부에서, 특히 독일과 오스트리아 그리고 스위스를 중심으로 만들어진다. 다문화주의 국가나 상호문화주의 국

이주민들의 모습. 유엔에 따르면 선진국을 비롯한 세계 곳곳의 이주민들에 대한 논쟁은 여전히 가열되고 있다. 특히 어린이와 여성을 대상으로 한 인신매매 등의 범죄로부터 그들의 인권을 보호해야 한다는 목소리가 높다.

가 모두 이주자가 많은 나라들이지만, 다문화주의 국가는 일찍부터 이민 국가임을 인정하고 다문화 정책을 개발해왔다. 그러나 상호문화주의 국가는 많은 이주자에도 불구하고 이민 국가로 불리기를 거부하는 폐쇄적 태도를 취했었다. 폐쇄적 태도를 견지할 수 없을 정도로 사태가 심각해지자, 상호문화주의를 만들게 된다. 이들은 혈통의 중요성을 강조하는 히틀러의 영향권 아래 있었던 나라들이다.

독일은 제2차 세계대전으로 인구가 현저하게 줄어들었기 때문에, 전후 재건 과정에서 많은 외국인 노동자, 특히 터키의 도움을 받게 된다. 재건을 위해 외국인 노동력이 절대적으로 필요했음에도 불구하고, 독일법은 외국인 노동자를 이민자로 받아들이지 않는 내용을 첨가한다. 외국인 노동자를 '손님'으로 규정한다. 손님은 일정 시간이 지나면 자기 집으로 돌아가는 사람을 의미한다. 외국인 노동자는 손님들이기 때문에, 손님이 끝까지 자국으로 돌아가지 않는 것을 방지하기 위해, 로테이션과 송환 제도를 만든다.

그럼에도 독일 내 외국인 노동자의 수는 계속 늘어났고, 그 자녀들이 학교 교육을 받아야 하는 시점에 이르자, 곤란은 더 커진다. 독일은 내외국인을 불문하고, 아이가 일정 나이에 이르면 학교 교육을 받아야 하는 교육법이 있다. 손님 노동자의 자녀도 본국으로 돌아갈 때까지 독일의 학교 교육을 받아야 한다. 어떤 내용으로 교육을 시켜야 하나? 고민 과정에서 독일의 '외국인 교육법과 교육학'은 이중 교육을 고안해낸다. 자국으로 돌아가야 한다면, 손님 노동자의 2세는 자국의 언어와 역사와 문화를 익히는 교육을 받아야 한다. 그러나 독일에서 살고 있으니 교육은 독일어로 진행되며, 독일 역사와 문화를 가르치지 않을 수도 없는 노릇이다. 그래서 이중 교육이 이루어진다.

이때 손님 노동자의 2세를 어떤 정체성을 지닌 아이로 교육시켜야 하는가? 고민만큼이나 교육 과정에서 여러 문제가 발생한다. 이것에 대해 천착한 독일의 비판적 지식인들은 자국에서 발생하는 문제들이 단지 교육학의 문제가 아니라 사회 전반의 문제, 정치 전반의 문제라고 진단하게 된다. 그래서 시야를 확장해 이주민에 대한 총체적 대안이 필요하다는 운동을 벌이게 된다. 1980년대에 '외국인지원 사업단체협회'를 중심으로 실천적 행동이 진행되는 와중에 《정치를 교육으로 대체하는 것의 불가능성에 대해》(1981)라는 공저가 나온다. 이로 인해 '외국인 교육학'에서 '상호문화 교육학'으로 교육 시스템이 바뀌게 된다.

'이중 교육'이나 '독일식 정체성을 형성하는 교육'이 아니라 '상호문화 교육'을 실현하는 방법을 강구한다. 그렇다면 구체적으로 어떤 방법인가? 그들은 만남의 장을 자꾸 마련하고, 서로를 인정하는 감수성을 키워 나가고, 다자간 대화방식을 주장하면서 새로운 것을 창출하는 교육을 강조한다. 이를 위해 '외국인 자녀와 학부모'뿐만 아니라 '독일인 자녀와 학부모'까지 그리고 이들을 가르치는 '선생님'들까지, 궁극적으로 '독일 국민 모두'가 그런 감수성을 기르기 위한 '전면적 다문화 교육'을 실시해야 한다는 데까지 이르게 된다.

이렇듯 상호문화주의를 주도한 독일의 사례가 왜 중요한가? 독일은 혈통주의를 고수했고 동서대립으로 고통을 받은 분단국이었다. 독일의 이런 측면은 한국과 비슷하다. 한국은 단일 민족으로서 단일어를 사용한다는 자부심을 지녀왔고, 심한 가부장제까지 겹쳐서 다른 민족과 다른 문화에 대해 폐쇄적이었다. 그래서 다문화주의보다는 상호문화주의가 한국에 더 적절한 대안이라고 진단하는 학자들도 많다. 한국철학계에서는 상호문화학회, 상호문화철학회를 만들고, 2011년에 국제상호문화 학술대회를 유치했다. 이런 학문적 행보 또한 독일과 한국의 유사성에 주목해 문제를 해결하려는 지식인들의 노력의 소산이다.

한국인은 다른 집단을 차별하는 역사를 갖고 있다. 혼혈 2세, 특히 흑인 혼혈에 대한 차별은 너무 심해 차별 자체가 가시화되지도 않을 정도였다. 그래서 유엔 인권위원회에서 한국 정부에게 1997년에 흑인 혼혈 차별금지를 요구하기도 했다. 한국계 흑인 혼혈인 하인즈 워드가 미식축구 선수로 성공해 2005년에 한국을 방문했을 때, 그의 어머니는 흑인 혼혈 2세의 어머니로 살면서 겪은 고통을 토로했다.

이것 이외에도 여러 가지가 있지만, 급격히 늘어난 난민의 상황에 초점을 맞춰보자. 《한겨레21》의 〈'1호 난민'은 한국에 없다〉는 기사에서 난민들의 한국살이에 대해 다루었다. 아프리카 출신인 ㄷ씨가 우리나라에 난민 신청을 해 난민인정실무협의회가 그를 제1호 난민(2001년 2월 13일)으로 받아들였다. 그런데 '막막한 생계' 탓에 결국 그는 이탈리아로 떠났다. 한국인 난민 1호가 보여준 결과는—난민으로 인정받아도—생존이 해결되지 않는 법적-경제적 구조로는 난민들이 마음 놓고 살아갈 수 없다는 점을 시사한다.

새롭게 우리의 구성원이 된 이주자와 그들의 혼혈 2세가 생존의 위협 없이 인권과 선택권을 존중받으면서 사는 사회, 소수 집단이 차별을 받지 않는 공존 사회, 이런 다문화 사회를 실현하기 위해 끊임없는 고민과 의식 전환이 필요하다. 의식 전환이 법과 정치 제도들을 개선하려는 노력으로 이어질 때 모두가 행복한 공존 사회가 가능해진다.

〈방가? 방가!〉

육상효 감독. 2010.

한국의 경제력이 높아지면서 노동 강도나 생명 위험도가 높은 3D 업종을 기피하는 현상이 생겨났고, 인력난에 시달리는 사주들은 외국인 노동자를 대거 고용한다. 외국인 노동자는 우리의 생존과 뗄 수 없는 경제 주체가 되었다. 그러나 그들의 사회적 지위를 보장하는 법이 제대로 마련되지 않다보니 외국인 불법 노동자가 양산되었다.

영화 〈방가? 방가!〉는 불법 노동자의 애환을, 그들의 약점을 이용하는 관리자의 치졸한 행태를 보여준다. 고발성 내용은 다소 무거워질 수 있기 때문에, 이 영화는 억지스런 웃음으로 반전을 시도한다. 가장 억지스러운 것은, 주인공이 한국인임에도 불구하고 외국인 노동자를 모집하는 회사에 부탄 출신 외국인 노동자로 속여 위장취업을 한다는 것이다.

한국인이 한국 공장에 취직하기 위해 외국인이라고 속인다는 발상 자체가 외국인 노동자에 대한 '부당한 처우'를 우회적으로 암시한다. 영화 속 설정이 보여주듯 사주에게는 한국인 취업이 달가울 리 없다. 그래서 백수 상태의 주인공은 궁여지책으로 외국인으로 가장한다.

같은 공간에서 같은 시간 일을 해도 외국인 노동자의 월급이 적었고, 사주가 월급의 일부를 떼어간다거나 인격을 모독하고 성희롱을 하는 일도 생긴다. 불법 체류 상태이기 때문에, 들키면 추방될까봐 부당함을 신고하지도 못 한다. 저항을 심하게 하는 노동자를 때로는 사주가 경찰에 신고할 수도 있다.

이런 악조건에서 등장하는 주인공의 이름은 '방가'이다. 외국인 노동자와 이주민에게 '방가방가'를 외친다. 그들을 반기면서 더불어 살아가자는 의지가 상징적으로 담긴 이름이다.

1. 현재의 노동 현실에 비추어볼 때, 외국인 노동자는 한국 경제의 주요 부분을 차지한다. 그럼에도 왜 많은 외국인 노동자가 불법 노동자로 전락하는지에 대해 이야기해보자.
2. 한국 국적을 취득하지 못한 상태에서 한국인과 결혼하고 아이를 낳았을 경우에, 혼혈 2세가 법의 사각지대에 놓이는 사례를 찾아보고, 어떻게 문제를 해결할지를 이야기해보자.

참고문헌 //

김영천.《가장 검은 눈동자-한국 다문화 아동의 슬픈 자화상》. 아카데미프레스. 2011.
김정현 편.《상호문화철학의 논리와 실천》. 시와 진실. 2010.
박경태.《한국에서의 다문화주의》. 후마니타스. 2008.
박병섭.《이주민과 다문화가정과 함께 하는 다문화주의 철학》. 실크로드. 2008.
박병섭. 〈다문화주의 정치철학〉.《다문화와 철학》. 성신여자대학 사범대학 편집 자료집. 2012.
오경석 외.《한국에서의 다문화주의》. 한울. 2007.
이삼열 외.《세계화시대의 국제이해교육》. 한울아카데미. 2003.
이정은. 〈헤겔의 동양과 여성이해 그리고 다문화주의의 가능성〉.《한국여성철학》 8. 2007.
이정은. 〈헤겔철학에서 다문화주의〉.《다문화와 철학》. 성신여자대학교 사범대학 편집 자료집. 2012.
정병호 외.《한국의 다문화공간-우리사회 다문화 이주민들의 삶의 공간을 찾아서》. 현암사. 2011.
정영근. 〈학교 상호문화교육 프로그램 개발의 준거와 실례〉.《한독교육학회 한독교육연구》 14(2). 2009.
정창호. 〈상호문화철학과 독일의 상호문화교육〉.《다문화와 철학》. 성신여자대학교 사범대학 편집 자료집. 2012.
테일러, 찰스.《세속화와 현대문명》. 김선욱 외 옮김. 철학과 현실사. 2003.

전국다문화가족 지원센터 홈페이지.

김성환. 〈'1호 난민'은 한국에 없다〉.《한겨레21》. 2013년 10월 3일자 기사.

W. Kymlicka, Politics in the vernacular-Nationalism, Multiculturalism and
  Citizenship, Oxford University Press, 2001.

W. Kymlicka, Finding Our Way-Rethinking Ethnocultural Relations in Canada.
  Oxford University Press, 1998.

소외된 노동에서 잉여인간까지
현대 사회의 노동, 여가, 놀이

박민미

현대의 고민, 노동에서 놀이로

그르니에(J.Grenier)는 《일상적인 삶》에서 잠에 대해 이렇게 묻는다. '수면은 기껏, 깨어남을 위한 준비 기간일 뿐인가?', '수면에 플러스 기호를 붙일 것인가 아니면 마이너스 기호를……?' 그르니에는 잠과 떼려야 뗄 수 없는 '밤의 삶'에 대해 이렇게 결론 내린다.

"태양 아래에서 우리는 우리의 자리를 선택하는 데 그치지만 밤이 되면 우리는 그것을 창조해낼 수가 있는 것이다."

잠은 게으름의 상징이었고, 산업 사회는 게으름을 적대시한다. 그르니에는 수면에 플러스 기호를 붙일 것인가 아니면 마이너스 기호를 붙일 것인가 망설이지만 산업 사회는 태생적으로 잠에 마이너스 기호를 붙이는 사회다. '산업 사회'라는 말을 만들어낸 사람은 생시몽(Henri de Saint-Simon)이다. '산업, 즉 industry'의 라틴어 어원은 '부지런함'을 뜻하는 '인두스트리아(industria)'다. 이 개념이 만들어질 당시 이 말은 비생산적인 귀족에 맞서서 산업 노동자의 자부심을 고취하고자한 투쟁적 개념이었다. 그러나 산업 사회는 노동자를 생산 라인의 부속품으로 만들어버렸다. 생산성을 높이기 위한 수단으로 '근면과 성실'을 소리 높이기 시작했고, 노동자의 밤 시간까지 통제하기 시작했다.

그러나 이제 근면과 성실보다는 창의성이 요구되는 산업 현장과 노동이 부상하고 있다. 가령 꿈의 직장이라 불리는 구글은 '20퍼센트 법칙'을 유지한다. 구글러가 근무하는 시간의 20퍼센트는 회사를 위해서가 아니라 자기 자신을 위해 쓸 수 있다는 규칙이다. 상사는 사원을 통제할 시간에 아이디어에 몰두할 수 있고 사원은 상사의 눈치를 보지 않고 자율적으로 자신의 시간을 채워나갈 수 있다.

구글은 왜 이러한 방침을 세운 것일까? 놀이의 시간, 게으름의 시간, 소통의 시간 속에서 창의성이 나온다는 사실을 알기 때문이다. 컨베이어벨트가 한 바퀴 도는 동안 자동차가 한 대 생산되는 산업 노동 시대에는 컨베이어벨트의 속도를 높이면서 노동자의 손발을 통제하는 것이 주요 관심이었다. 그러나 정보화 사회는 창의적인 아이디어가 생겨날 여백의 시간, 창의성을 향한 열정의 시간을 필요로 한다.

오늘날 '정보화 사회'라는 거대한 흐름 속에서 주요한 노동의 모습은 '비물질적 노동'이다. '비물질적 노동'이란 네그리(A. Negri)의 개념으로서, 네그리는《제국》과《다중》에서 서비스와 정보가 지배하는 현대 사회에서는 산업 노동의 헤게모니는 저물고, '비물질 노동(immaterial labor)의 헤게모니'가 출현한다는 것을 간파했다. 비물질적 노동은 특히《다중》에서 두 가지 형태로 분류된다. 첫 번째는 '지적 혹은 언어적 노동(intellectual or linguistic labor)'이다. 가령 언론이나 미디어가 하는 언어적 정보 전달 노동이 그 사례다. 둘째는 '정동적 노동(affective labor)'이다. '정동적 노동'은 '인간적 상호 작용과 소통의 계기들 속에 심어진 서비스 산업 전체에 걸쳐 일정한 역할을 수행하는 노동'을 가리키는 개념이다. 지적 혹은 언어적 노동이나 정동적 노동은 '상징, 언어적 형상, 이미지, 안심, 행복, 만족, 흥분, 정열'처럼 이 노동으로 생산된 생산품을 '만질 수 없다'는 의미에서 '비물질적

(immaterial)'이다. 정동적 노동 중에 오늘날 문제로 부각되는 '감정 노동(emotional labor)'이 있다. 가사나 서비스업에서 다른 사람의 감정을 위해 자신의 감정을 규제하는 노동이다.

기억해 둘 것은 지적 혹은 언어적 노동이나 정동적 노동은 실제 직업들에서 서로 결합되어 있다는 점이다. 가령 언론인과 미디어는 지적이고 언어적인 정보를 보도할 뿐만 아니라 감동적이며 바람직한 뉴스를 만들어내야 한다는 식이다. 더욱이 비물질적 노동의 헤게모니 시대에는 비물질적 노동과 물질적 노동 또한 서로 얽혀 있다. 예를 들어, 건강관리 노동자들은 인지적·언어적 업무와 함께 정동적 업무, 그리고 더불어 붕대 교환 같은 물질적 업무를 수행한다.

이러한 비물질적 노동의 헤게모니 시대에 여가 시간은 현대의 가장 중요한 요소인 저마다의 차이를 만들어내는 시간이다. 밤의 시간, 잠의 시간은 낮의 에너지를 준비하는 정지된 시간이 아니라 낮의 에너지를 버무리고 소화해 각자의 역능을 만들어내는 시간이다.

그런데 하나의 문제가 발생했다. 역능은 탁월하지만, 그 역능을 펼칠 장을 갖지 못하는 사람들이 넘쳐나기 시작한 것이다. 예전에는 '노동에 있어서의 소외'가 문제였다면, 이제 아예 노동의 세계로 진입하지 못하는 '노동으로부터의 소외/배제'가 발생한 것이다. 이런 상황에서 바로 이 역능을 어떻게 할 것인가 하는 문제가 발생한다. 한정된 일자리를 얻기 위한 경쟁에 내몰릴 것인가, 아니면 다른 세계를 만들어낼 것인가.

소외된 노동에서 노동 시장 양극화로

우리는 노동에 대해 말할 때, 흔히 찰리 채플린의 영화 〈모던 타임즈〉를 떠올린다. 컨베이어벨트 시스템에서 노동자가 자율적인 주체가 되지 못하고 하나의 부속품으로 전락한 산업 노동의 모습이다. 근대에는 '소외된 노동'을 문제시했다. 소외를 뜻하는 영어 단어 'alienation'은 라틴어 'alienatio(어떤 사물에 대한 소유권을 다른 사람에게 양도함)'와 'alienare(낯선 힘에 종속시키다)'에서 유래해, '나의 삶이 나의 통제력을 벗어나 다른 어떤 낯선 힘의 지배를 받는다'는 뜻을 담는다. 마르크스(K. Marx)는 '소외된 노동' 개념을 통해 우리 인간의 삶을 지탱하는 노동이 나의 통제력을 벗어나 낯선 힘의 지배를 받는다는 사실을 최초로 문제시했다.

과거에 노동은 '기예(技藝)', 즉 'art'였다. 인간의 노동은 장인에 의해 수행된 예술의 경지에 달한 것으로 '숙련'과 '마스터'를 필요로 하는 창조 작업이었다. 그러나 근대의 '공장' 속에서 이루어지는 '기술(技術, 즉 technology)'로서의 노동은 노동자의 통제 범위를 벗어난 영역과 결부되어 있다. 게다가 인간이 만들어낸 기계의 속도를 거꾸로 인간이 따라잡아야 하는 현상이 빚어졌다.

소외된 노동은 '시시포스(Sisyphos) 상황', '비숙련 단순 노동', '일의 전 과정을 모르는 채 부분만을 담당하는 것'의 세 측면을 띤다. 시시포스 상황이란 시시포스 신화에서 신에 도전한 징벌로 바위를 산 꼭대기에 굴려 올리면 바위는 다시 땅으로 내려오고, 이를 다시 산으

공장의 부품이 되어버린 소외된 노동자의 모습을 찰리 채플린의 영화〈모던 타임즈〉에서 우스꽝스럽게 묘사한다.

로 굴려 올리는 상황, 즉 노력이 수포로 돌아가나 이러한 노력을 무한히 반복해야 하는 무의미한 상황을 뜻한다. 새로운 능력이나 새로운 결과가 전혀 만들어지지 않는 노동 상황이라고 할 수 있다. 비숙련 단순 노동 상황은 하는 일의 성격이 단순화되어 있어서 언제든지 그 사람을 대체할 수 있는 사람이 넘쳐나는 상황을 뜻한다. 일의 전과정을 모르는 상황은 비숙련 단순 노동과 연관되어 있는 것으로 노동자 한 사람이 세분화된 일의 한 과정만 담당했기에 냉장고 생산에 평생 종사했는데도 끝내 혼자서는 냉장고를 만들어낼 수 없는 상황을 뜻한다.

그런데 근대 사회에서부터 문제시된 소외된 노동이라는 현상이 현대 사회에서 더욱 심각한 문제가 될 수 있다. 특히 비물질적 노동의 영역에서 더욱 그러하다. 가령 연극 무대에 오른 배우가 극의 전체 흐름을 모른 채 제 역할만 할 경우, 그는 사실상 맡은 배역을 제대로 소화해낼 수 없게 된다. 비물질적 노동에서는 시시포스 상황, 비숙련 단순 노동 상황, 그리고 일의 일부분만을 알 수밖에 없도록 통제되는 상황이 더욱 지옥처럼 다가오는 것이다.

그리고 또 하나, 비물질적 노동의 헤게모니 시대에는 균질적인 노동자가 아니라 여러 다른 역능을 가진 사람들의 차이 속에서 새로운 것이 만들어지기 때문에 사람들 간의 차이와 개성이 더욱 중요해진다. 사람들의 개성을 만들어내는 시간은 자신의 자리에서 요구되는 과업을 수행하는 낮의 시간이 아니라, 자고 노는 밤의 시간이라는 점에서 자고 노는 밤의 시간은 소중하다.

그런데도 비정규직 노동자를 양산함으로써 자본의 이익을 극대화하려는 힘에 밀린 결과, 오늘날은 '많은 노동에 시달려야 하는 정규직 노동자' 대 '언제 해고될지 모르는 위기감 속에서 적은 급여와 강한 노동 강도에 시달리는 비정규직 노동자' 및 '탁월한 문화적 능력에도 불구하고 아예 노동 시장에 진입하지 못한 잉여 세대'로 분열되고 말았다. 한국은 OECD 32개 회원국 중 임금 노동자 1인당 연간 노동 시간 2,092시간(2012년 기준)으로 독보적으로 노동 시간 1위를 차지한다. OECD 국가 평균을 420시간 상회했다. 반면 근로 시간당 노동 생산성은 2011년 기준 29.75달러로 OECD 국가 평균(44.56달러)의 65.5퍼센트 수준에 불과했다. 우리나라보다 근로 시간이 훨씬 짧은 네덜란드는 59.73달러로 시간당 생산성이 현저하게 높았다.

오늘날 우리의 노동과 여가에 대해 다음과 같은 의문을 품어본다. 첫째, '우리 주변에서 노동 시장 속에 편입되어 있는 사람들에게 온전한 여가 시간이 있는가?', 둘째, '노동 시장 속에 편입되어 있지 않은 사람들에게 여가 시간이 창조의 기쁨을 주는 시간이 되기 위한 조건은 무엇인가?', 셋째, '우리의 일과 여가 시간은 어떻게 재배치되어야 하는가?'

노동력에서 잉여력으로

문화체육관광부에서는 매년 《여가 백서》(정식 명칭은 '국민여가활동조사')를 발간한다. 《2012 여가백서》에 따르면 한국인의 여가 활동은 텔레비전 시청이 압도적인 1위이며, 2위 산책, 3위 낮잠, 4위 인터넷 검색, 채팅 및 SNS, 5위 영화보기, 6위 등산, 7위 음주, 8위 잡담, 통화 및 문자, 9위 게임, 그리고 10위가 보디빌딩이었다. 앞으로 하고 싶은 여가 활동 1위는 영화보기, 2위는 여행이었다. 평범한 우리의 삶은 이렇게 다양한 문화 콘텐츠 소비 활동을 중심으로 이루어지고 여기에 더해 좀 더 능동적인 여가 활동인 여행을 바라는 상황이다. 개성보다는 내일의 활력을 준비하는 활동으로 여가 시간을 채워간다. 여가 시간이 소비문화에 장악된 모양새다.

한국 사회의 고질적인 생산 효율성 저조 상황은 다름 아니라 획일적인 기업 문화 및 획일적인 여가 문화와 무관하지 않다. 사람들을 직장에 붙들어놓아야만 더 많은 일이 이루어질 수 있다는 믿음은 소위 '몰컴질'을 낳았다. 직장인들은 어차피 야근을 하게 될 것이고 정시 퇴근은 어려울 것이 뻔하므로 상사 몰래 컴퓨터 서핑을 하는 등 개인 시간을 쓴다는 것이다. 회사에서 진을 빼고 와서 여력이 없는 사람들은 소파에 누워 텔레비전을 보며 일과를 마무리한다.

산업 노동의 헤게모니 시대에는 소외된 노동이 노동 영역의 커다란 이슈였다. 그렇다면 지금은 어떨까? 세상의 한 귀퉁이에서 조그맣게 만들어진 '잉여'라는 말을 여기저기서 수근거리기 시작하더니, 이제는 왁자지껄 '내가 잉여!'라고 외치거나 노래한다. 아직 세상에 들어가지 못하고 남아도는 무리가 스스로를 '잉여세대'로 선포하고 나섰다. 우리 사회의 20대와 30대의 세대 의식이 된 것이다.

우리가 '잉여'라고 아는 말은 부정적인 뉘앙스가 깔려 있다. 영화 〈말죽거리 잔혹사〉에서는 만날 학교에서 말썽을 피우는 아들에게 아버지가 이렇게 말한다. "잉여인간이야, 잉여인간. 알어? 인간 떨거지 되는 거야." '떨거지'라는 말 속에는 밀려나고 도태되었다는 뜻이 담겨 있다. '잉여세대'라는 자조는 직업을 '얻지 못한 세대'라는 부정적인 진단을 담는다. 그리고 직업을 얻지 못한 상황으로 전락하지 않기 위해 오늘날 대학생들은 소위 '호모 잡 사피엔스(Home Job Sapience)'가 되어 있다.

그러나 이들의 잉여성은 무능 탓이 아니다. 이들은 상당 수준의 문화적 역량을 가진다. 그러나 이들에게는 일자리가 허락되지 않았다. 성장주의 사회에서 비정규직을 원하는 자본의 힘에 밀린 결과다. 그러나 잉여세대는 이러한 조건에 굴종하지 않았다. '잉여력'이라는 말을 만들어내고, '잉여로움'이라는 것에 대한 의미 부여를 하기 시작했다. 어떤 대가를 바라지 않고, 기성의 것을 소비하는 대신 '스스로 만들어내는 활동 능력'이 곧 잉여력의 의미로 공감된다. '잉여력'

을 줄인 '잉력'은 '창잉력(창조하는 잉여력)', '장잉력(장인 수준의 잉여력)' 등의 말로 변주된다. 비록 만든 결과물이 보잘 것 없을지라도 서로 아이디어를 봐주고 공감해주는 활동이 '잉여로움'이라는 어휘 아래 이루어지고 소통된다. 병맛은 '병신 같은 맛 나는'을 뜻하는 인터넷 신조어다. '맥락 없고 어이없음'을 뜻하기도 하며 '형편없지만 매력적인' 콘텐츠를 가리키는 말로도 쓰인다. '병맛의 조상'이라는 별명을 가진 웹툰 작가 이말년은 휴학 중 'DC 인사이드', '루리웹' 등에 하루 7시간 이상을 머무르며 잉여로운 생활을 했다. 그러던 중 재미 삼아 올린 만화가 독자로부터 폭발적인 반응을 일으키며 웹툰 작가로 등단했다. 기성 문화가 만들어놓은 결과물을 수동적으로 소비하며 남아도는 시간을 보낼 것이 아니라 무언가를 능동적으로 만들고, 길을 내며 보내는 시간, 창조의 시간을 보여주는 좋은 사례다.

'열정 노동' 즉, 창작에 대한 열정을 요하는 문화 산업 영역에서 특히 그곳에서 일하는 이들의 열정과 창의력이 은근슬쩍 착취당하는 구조가 확고하게 자리 잡았다.《열정은 어떻게 노동이 되는가?》에서는 시나리오 작가, 만화가, 영화인 등 꿈에 대한 열정을 이유로, 즉 '저 좋아서 하는 일'이라는 이유로 저임금으로, 장시간 노동하게 하는 현장이 우리 앞에 여기 저기 가로놓여 있다고 말한다. 이런 상황에서 이미 만들어진 길이나 이미 만들어진 스타일을 따르는 것이 아니라 자기만의 목소리와 길을 내는 것, 그것이 잉여력이 주는 다른 하나의 가능성일 것이다.

잉여의 시간은 문화적 자양분을 학습해 새로운 문화 생산을 준비하는 시간이기도 하다. '프로슈머(prosumer)'라는 말이 있다. 토플러 (A. Toffler)가《제3의 물결》에서 '소비자이면서 생산 활동에 참여하는 미래형 사람'이라고 정의한 존재 유형이다. 생산자(producer)와 소비자(consumer)가 결합되었다는 것은 소비자이기는 하지만 제품 생산에도 기여한다는 의미로서, 'DIY(Do It Yourself)' 제품을 소비하거나 자신이 구매한 물건에 대해 비판함으로써 제품개발과 유통과정에 직간접적으로 참여하는 존재를 뜻하는 말로 출발했다. 여기에서 나아가 '디지털 프로슈머'는 보다 적극적으로 온라인과 오프라인을 넘나들며 자신의 의견을 유포하고, 사회적으로 영향력을 행사하는 사람이다. 디지털 프로슈머는 인터넷상에서 자신이 직접 만든 음악이나 동영상, 뉴스, 정보 등을 유통시키거나 인터넷 방송이나 개인 홈페이지, 블로그 등의 개인 미디어를 적극 활용해 자신의 의견을 알리고, 여론과 문화를 이끄는 역할을 한다.

'잉여'만큼이나 회자되는 '덕질'은 '무언가에 마니아 이상으로 심취한 사람'을 뜻하는 '오타쿠'를 '오덕후'라고 칭하는 데서 유래한 것으로 '마니아적 행태의 반복'을 빗대는 말이다. 여기에서 파생된 '덕력'은 '마니아적 행태를 반복하는 강도'에 따라 '삼덕', '오덕', '십덕' 등의 지표로 표현된다. '덕력'이 곧 현재는 프로슈머이지만, 생산자(프로듀서)로 전환될 수 있는 문화적 잠재력이라고 할 수 있다.

문화란 다르기 때문에 소통되는 것이다. 그리고 문화라는 자산은 나만 가질 수 있는 것이 아니라 나도 가지고 남도 가질 수 있는 성격을 띤다. 현실 속에서 그리고 인터넷상에서 폭발하는 잉여력이 곧 디지털 프로슈머, 더 나아가 문화 생산자의 모판인 것이다. 문화란 공유함으로써 두 배가 되는 자산이다. 인터넷이라는 직접적인 소통의 도구를 가진 우리 사회의 조건 속에서 문화적 생산력이 움튼다는 점은 우리 사회의 새로운 희망일 것이다. 그리고 영화 〈26년〉, 〈또 하나의 가족)이 시민의 힘을 빌려 '크라우드 펀딩'으로 세상의 빛을 본 사례인 것처럼 창의적인 아이디어에 대한 두레 제작 환경이 더 모색되어야 한다. 그리고 제품 아이디어가 있을 때 시제품을 만들어볼 수 있는 '테크숍'을 본뜬 '팹랩 서울'과 같은 환경이 문화적 생산력을 좌절시키지 않을 발전소로 더 다양하게 모색되어야 한다.

호모 루덴스

잉여력의 원천은 무엇인가? 왜 사람들은 여유로운 시간에 죽은 듯 정체되어 있지 않고 무언가를 하는가? '노느니 장독 깬다'라는 속담처럼 심심하게 있느니 뭐가라도 저지른다. 그런데 뭔가 이미 있는 것 안에서, 허락된 것 안에서만 시도하는 것이 아니라 낯선 것으로, 허락되지 않은 것으로 넘어가 봄으로써 기존 질서에 조그마한 균열을 일으키는 시도가 인간 본성 중에 있지 않은가?

자의식이 발달한 우리 인간은 스스로를 규정하는 많은 말을 생산해왔다. '생각하는 인간(호모 사피엔스)', '물건을 만들어내는 인간(호모 파베르)' 등 하나의 시대가 무엇을 지향하는가에 따라 인간을 수식하는 특정한 말이 시대의 전면에 나선다.

그렇다면 현재는 호모 루덴스의 시대라 불릴 만하다. 《중세의 가을》로 유명한 네덜란드 역사학자 하위징아(J. Huizinga)는 《호모 루덴스》라는 저서에서 인간을 말 그대로 '놀이하는 인간'으로 정의한다. 문명이 놀이 속에서, 놀이로서 생겨났다고 주장하는 이 책은 노동이 문명을 만든 것이 아니라 놀이가 문명을 만들었다는 주장을 담는다. 인간의 문화가 모두 놀이로 환원된다는 주장이 아니라, 모든 문화가 '놀이 속에서(in play)', 그리고 '놀이로서(as play)' 생겨났다는 주장이다.

하위징아가 말하는 놀이의 특징은 첫째, '자발적이고 독립되어 있는 자유로운 행위'다. 명령에 의한 행위를 우리는 놀이라고 하지 않는다. 둘째, 놀이는 '일상에서 벗어난, 진지하지 않은' 성격의 행위이나 놀이하는 사람을 완벽하게 몰두하게 만든다. 물질적인 이해관계와 상관없는 행위이고 아무런 이득도 제공하지 않는다. 셋째, 놀이는 '특정한 시간과 공간의 한계를 가진 놀이터 안에서, 고정된 규칙에 따라 일정한 방식으로' 이루어진다. 넷째, 경쟁이라는 요소 안에서 문제 해결을 둘러싼 '긴장과 치열함이 있다. 그러면서도 규칙을 파괴해서는 안 된다는 암묵적인 윤리적 가치가 형성'된다. 다섯째, '사회적 집단 형성을 촉진하고 그들은 자신들이 하나의 집단이라는 것을 감추면서 평범한 세상으로부터 벗어나 있음'을 강조한다.

인간은 생존과 직접적인 관련이 없는 다양한 활동을 한다. 이러한 활동의 정제된 형태가 바로 예술이며, 이러한 활동의 평범한 형태가 우리를 둘러싼 다양한 오락, 대중문화 활동이다. 청소년들은 누가 시키지 않았는데도, 그리고 아무런 물질적 이해관계가 없는 데도 인터넷상에 다양한 패러디물을 만들어서 띄워놓는다. 그럼으로써 그들만의 또래 문화, 하위문화를 만들어나간다.

인간을 '놀이의 존재'라고 파악한 그의 통찰은 나치즘이 광폭한 발톱을 드러내던 1938년에 발표되었다. 패권을 향한 전쟁이라는 광

놀이 원리	아곤 (경쟁)	알레아 (운)	미미크리 (모의)	일링크스 (현기증)
파이디아 (유치함) ↑				
야단법석 소란 폭소	규칙 없는 경주, 격투기 등	술래 결정 위한 가위바위보	어린이의 흉내 공상놀이 인형, 장난감 무구 가면 가장복	뱅뱅돌기 회전목마 그네 왈츠
	육상 경기	손바닥 앞뒤 뒤집어 편가르기		
연날리기 솔리테르 카드점 퍼즐	권투, 당구 펜싱, 체커 축구, 체스 스포츠 경기 전반	내기 룰렛	연극 공연예술 전반	볼라도레스 장터에서 타고 노는 장치 스키 등산 곡예
↓ **루두스 (시합·경쟁)** 크로스워드		복권		

기 속에 있는 사람들에게 '놀이하는 순수한 상태로 돌아가자!'라는 메시지를 던진 것이다. 우리는 오늘날 신자유주의라는 질서의 횡포 속에서 다시 한번 그의 생각을 끄집어든다. '놀이하는 순수한 상태로 돌아가자'고 함께 어우러져 '놀자'고.

하위징아의 사상을 이어받은 프랑스 사회학자 카이와(R. Caillois)는 《놀이와 인간》에서 놀이를 더욱 정교하게 분류하고 정의한다. 카이와는 놀이가 미래의 노동을 준비하는 과정이라는 주장에 반기를 든다. 놀이는 노동을 준비하는 과정이 아니라, 인간이 살면서 겪을 고통을 견디는 능력을 키우는 과정이라고 주장한다.

카이와가 제시한 놀이의 분류는 우리에게 훌륭한 아이디어의 원천이 된다. 인간은 유치한 놀이부터 경쟁의 요소가 강한 놀이까지 다양한 놀이를 즐긴다. 그중에는 경쟁과 모의라는 규칙적 속성이 강한 놀이 방식도 있고, 운에 의한 놀이, 그리고 아찔함을 즐기는 놀이처럼 불규칙적 속성이 강한 놀이 방식도 있다. 놀이에 이러한 다양한 속성이 있다는 사실을 깨닫는 것은 중요하다. 새로운 문화 콘텐츠를 개발하고자 하는 사람이라면 이러한 분석이 시사점을 줄 수 있다.

우리가 컴퓨터 게임을 즐겁게 할 때, 재미있다고 느껴지는 게임을 구성하는 요소를 들여다보면 몰두할 만한 특징들을 잘 갖춘다. 가령 모바일 게임인 '쿠키런'을 떠올려보자. 아곤(경쟁) 요소는 '스코어'다. 스코어로 다른 친구와 경쟁을 한다. '레벨업'은 좋은 스코어를 얻기 위해, 경쟁에서 이기기 위해 나의 모자람을 채우는 과정이다. 그런데 만일 이러한 노력이 전적으로 투입한 시간에 비례한다면 현실의 고통과 다를 바 없기에 게임이 재미없어진다. '알레아(운)'라는 요소로서 쿠키런에는 '선물 뽑기'와 '펫'이 있어서 내가 한 노력으로 인해 예측할 수 있는 값보다 더 큰 보상이 올 때 현실이 채워주지 못하는 공백을 게임이 채워주는 재미를 누릴 수 있다. '좀비맛 쿠키'나 '용감한 쿠키군' 같이 선택할 수 있는 캐릭터는 '미미크리(모의)'의 요소다. 그리고 이단 점프로 장애물을 피하거나 장애물과 부딪치고 추락하는 상황들이 '일링크스(현기증)'의 요소다.

인간은 놀이 속에서 성취하고 좌절하고 갈등하고 협력하면서 성장한다. 영화나 드라마를 보며 미래에 다가올 사랑과 죽음을 상상하고 준비한다. 축구 경기를 하면서 혹은 '피파온라인'을 하면서 팀플레이의 중요성을 배운다. 롤러코스터를 타면서 평소에는 허락되지 않은 속도를 체험하고, 얄미운 상사에 대한 울분을 '두더쥐 잡기'로 달랜다.

인간은 놀이의 존재이기도 하고, 사회적 존재이기도 하다. 카이와의 주장대로, 인간은 놀이를 통해 실제 사회 속에서 벌어지는 경쟁에서 낙오되었을 때 그 고통을 견디는 법을 배울지도 모른다. 게임에서 패하면 스스로를 위안하는 활동을 통해서 현실에서 패했을 때 스스로 그것을 딛고 일어설 방법을 배우며, 게임에서 이겼을 때 현실의 패배를 위안할 수 있는 것이다. 사회에서, 현실에서 승승장구하면 물론 좋겠지만, 삶을 돌이켜볼 때 삶의 모든 국면에서 승승장구하는 사람은 없다. 이러한 현실을 견디는 힘이 바로 놀이의 공간, 상상의 공간이 아니겠는가. 더 나아가 나와 맞지 않는 질서에 끼워 맞추는 것이 아니라 새로운 질서를 빚어낼 수 있는 힘을 훈련하는 활동, 그것이 놀이가 아니겠는가. 이것이 다름 아니라 밤의 시간의 가치, 여가의 진정한 가치일 것이다.

삶을 위한 노동과 놀이

우리들의 삶의 목표는 '삶이라는 긴 여정의 행복한 마침표'일 것이다. 삶은 제법 긴 시간으로 이루어져 있다. 그런데 이 삶을 채우는 것은 매일매일의 일상이다. 이 일상이 어떤 성격이냐가 그 사람의 삶을 좌우한다. 물론 이 일상 중에 느닷없는 사건이 끼어든다. 그것이 많은 영화나 소설의 소재가 된다. 그러나 보통 사람의 삶은 느닷없는 사건으로 흐트러지기보다는 반복되는 일상의 와중에 예측 가능했던 귀결 중 가장 나은 귀결로 흘러가서 이렇게 저렇게 엮인 예측 가능한 결말이 되기 바란다. 영화 〈매트릭스〉의 네오가 처한 상황처럼 갑자기 모험에 대한 요청이 와서 '빨간 약을 택할래, 파란 약을 택할래?'라는 극적인 선택 상황에 놓이길 바라지 않는다. 대신 그런 극적 모험에 대한 갈증을 놀이 속에서, 상상 속에서 달랜다.

우리는 산업 사회와 정보화 사회, 두 사회가 중첩된 지대에 살고 있다. 덕분에 산업을 중심으로 짜였던 노동 패러다임에서 노동 대 휴식, 혹은 여가라는 구도가 해체된 사회, 따라서 놀이와 노동이 중첩된 노동의 세계 속에 산다. 우리는 휴식 시간마저도 노동력의 향상을 위해 바쳐야 하고, 퇴근한 시간마저도 스마트 기기를 통해 회사와 연결된 상황에 놓여 있다. 여가가 전무한 삶 속에 던져져 있는 삶의 양식이 있다. 또 다른 삶의 양식은 이렇게 똑같은 상황에 처해 있음에도 불구하고 노동자로서의 지위는 비정규직이어서 여가 시간에 소비할 돈마저 턱없이 모자란 삶이다. 나머지 하나는 그나마의 일이라도 얻고자 고군분투하는 삶의 방식이다.

누구도 행복하지 못한 삶의 방식이 노동과 여가의 세계 속에 터 잡는다. 한편으로는 노동의 현장에 파열을 일으켜야 한다. 우리 사회에 절박하게 필요한 것은 생산된 결과물의 분배뿐만 아니라 노동 시간의 분배, 여가와 놀이 시간의 분배이기도 하다. 삶 전체가 저당 잡힌 노동은 그를 금세 낡고 지치게 만든다. 삶 없는 노동이기 때문이다. 노동 없는 삶 또한 소득 없는 삶이라는 의미에서 답답하다. 기본소득의 보장과 같은 사회적 대비책이 확보되지 않는 한 노동 없는 삶 또한 피폐한 삶이 될 것이다. 잉여력은 청년 세대에게만 고유한 역능이 아니다. 모든 사람은 잉여력을 쌓을 권리가 있다. 무언가를 새로 만들 힘, 여유의 시간을 더 많은 사람이 나눌 때 문화의 생태계는 더 다양해지고, 더 풍부해질 것이다. 그럼으로써 우리의 삶 전체가 더욱 비옥하고 살만한 것이 되리라.

〈잉여들의 히치하이킹〉

이호재 감독. 2013.

독립 영화 〈잉여들의 히치하이킹〉은 스스로를 'surplus(잉여)'라고 칭한 네 명의 젊은이가 배낭과 카메라 한 대를 들고 유럽으로 떠나 호스텔 광고 영상을 만들어주며 유럽에서 1년 간 살아남은 과정을 담은 다큐멘터리다. 호재, 휘, 하비, 현학, 이렇게 네 명의 영화과 동기는 아르바이트를 해서 학비를 벌려고 했으나, 목표에 반도 못 미치자 학교를 그만두고 아르바이트로 모은 돈을 가지고 유럽 여행을 하기로 한다.

유럽의 민박집 홍보 동영상을 제작해 물물교환 형태로 숙식을 해결하며 함께 1년간 머물자는 아이디어를 낸다. 그리고 영국에는 비틀즈를 꿈꾸는 음악인이 많을 것이므로 그런 음악인을 발굴해 뮤직비디오를 만들자는 계획을 세운다. 또한 이렇게 살아남은 과정을 다큐멘터리로 제작하자는 원대한 꿈을 품고, 수중에 80만 원의 돈을 들고 유럽으로 출발한다. 허나 현실은 녹록치 않았다. 그들은 노숙을 하며 '춥배졸(춥고 배고프고 졸리다)' 상태에 놓인다. 아무도 이들의 광고를 원하지 않는 암담한 현실을 견디고 의미 있는 결실을 얻은 과정에 대한 다큐멘터리가 바로 이 영화다.

이호재 감독은 이 영화가 성공담으로 비춰지는 걸 원하지 않았기에 이들이 유럽에서 호응을 얻은 광고 영상을 영화에 일일이 늘어놓지 않았다. 이 영화에 그려진 이들의 시도가 신선한 것은 이미 만들어진 기성의 질서에 따르지 않고 스스로의 길을 만든 점이다. 매우 평범한 네 명의 청년이 '히치하이킹', 즉 필요할 때 남의 도움을 조금씩 얻으면서 무모한 도전을 한 끝에 작은 기적을 만들어낸 과정을 보여줌으로써 '시작'하면 '결말'을 낼 수 있다는 메시지를 주고자 했다고 이호재 감독은 말한다. 시작하라고. 무모하라고. 고통스러우면 엄지손가락을 들라고. 그러면 길이 만들어지고, 어느덧 그 길엔 끝이 있다고. 이들은 두 번째 프로젝트를 기획하면서 프로젝트를 이어가고 있다. 삶이 이어지는 한!

생각해볼 문제

1. 노동 소외가 산업 사회에서 문제되는 면과, 정보화 사회에 문제되는 면은 어떤 점에서 공통되고, 어떤 점에서 차이를 보이는가?
2. 비물질적 노동의 종류에 대해 알아보고 이것이 우리의 구체적인 현실 속에서 드러나는 양상에 대해 생각해보자.
3. 잉여, 잉여력에 대해 평소 생각하던 것을 자유롭게 논하면서 잉여력의 긍정적 의미에 대해 꼽아보자.
4. 호모 루덴스의 의미와 인간 삶에 있어서 놀이가 가지는 의미를 되새겨보자.
5. 놀이의 원리에 대한 카이와의 표를 바탕으로 우리 주변의 문화 콘텐츠, 특히 게임의 재미 요소를 분석해보고 새로운 문화 콘텐츠에 대한 아이디어를 생각해보자.
6. 노동과 놀이가 인생에서 갖는 의미와 노동과 놀이를 둘러싼 우리 사회의 문제 상황과 대안을 생각해보자.

참고문헌

문화체육관광부. 《국민여가활동조사》. 2012.
박민미 외. 《열여덟을 위한 철학캠프》. 알렙. 2012.
엄기호 외. 《잉여의 시선으로 본 공공성의 인문학》. 이파르. 2011.
한국철학사상연구회. 《다시 쓰는 맑스주의 사상사》. 오월의 봄. 2013.
한윤형 외. 《열정은 어떻게 노동이 되는가》. 웅진하우스. 2013.
〈휴가도 못 쓰는 야근 지옥–생산성은 꼴찌〉. 《연합뉴스》. 2014년 2월 18일자 기사.
그르니에, 장. 《일상적인 삶》. 김용기 옮김. 민음사. 2001.
네그리, 안토니오 외. 《제국》. 윤수종 옮김. 이학사. 2001.
네그리, 안토니오. 《다중》. 조정환 외 옮김. 세종서적. 2008.
벡, 울리히. 《아름답고 새로운 노동세계》. 홍윤기 옮김. 생각의 나무. 1999. 40~41쪽.
카이와, 로제. 《놀이와 인간》. 이상률 옮김. 문예출판사. 1994. 70쪽.
토플러, 앨빈. 《제3의 물결》. 한국경제신문사. 1989.
하위징아, 요한. 《호모 루덴스》. 이종인 옮김. 연암서가. 2010. 2장. 하위징아는 라틴어 '루두스(ludus)'가 영어 단어 '놀이(play)'의 포괄적인 의미와 가장 상응한다고 보아 '호모 루덴스'라는 용어를 택했다.

통기타에서 컴퓨터 음악까지
대중음악

박영욱

음악은 만국 공통의 보편적 언어다?

미국의 고전음악 수준을 한 단계 끌어올렸다는 평가를 받았던 음악가 번스타인(L. Bernstein)은 인간의 언어와 마찬가지로 음악 역시 궁극적으로는 보편적 구조를 가진다고 확신했다. 언어의 예를 들자면 우리말의 '어머니'에 해당하는 영어의 마더, 이탈리아어의 마드레, 독일어의 무터 등을 보더라도 일종의 유사성을 띤다. 이렇게 발음상 공통성을 띠는 것은 다른 어족의 언어와 무관하게 생성한 언어라 할지라도 근원적으로는 동일한 보편적 구조가 있기 때문이라고 추측할 수 있다. 어휘보다 문장의 구조를 보면 이러한 추측이 타당하다는 것을 더욱 잘 알 수 있다. 우리말이나 영어, 중국어는 서로 제각기 다른 어족에 속한다. 하지만 우리말이나 영어, 중국어는 동일하지는 않지만 유사한 문법 구조를 가진다. 우리말과 달리 의문문을 만들 때 영어의 경우에는 주어와 동사를 도치시키며, 동사와 목적어의 위치도 다르다. 하지만 이러한 차이는 사소한 것에 불과하다. 위치나 형태는 차이가 나지만 어떤 언어의 경우에도 예외 없이 주어와 술어의 결합이 문장을 만든다.

모든 언어는 외관상으로는 엄청난 차이가 있지만 그 근본 구조에서 볼 때는 동일하다고 할 수 있다. 촘스키(N. Chomsky)라는 언어학자는 세상에 존재했고 지금도 존재하는 모든 언어가 가지는 이러한 공통적인 보편 구조를 언어의 심층구조라고 불렀다. 번스타인은 언어의 심층구조와 마찬가지로 음악에도 이러한 심층구조가 존재한다고 생각했다.

이러한 심층구조가 어떤 것인지는 데카르트(R. Descartes)의 사상을 생각해보면 훨씬 쉽게 알 수 있다. 데카르트는 인간이라면 누구나 태어날 때부터 지닌 선천적인 능력이 있다고 주장했다. 그는 그 선천적인 능력을 인간의 이성이라고 생각했는데, 데카르트가 말하는 이성이란 수학적 추리력이나 논리적 판단력이다. 예를 들어, '2+2=4'라는 수식을 보자. 동물을 아무리 오랜 시간 학습시킨다 하더라도 이러한 연산을 수행할 수 있으리라고 믿는 사람은 없다. 언어가 보편적인 심층구조를 바탕으로 이루어지는 것도 우리의 선천적인 언어능력을 바탕으로 한 것이다.

이러한 생각을 음악에 적용해보면, 음악에서 사용되는 음이나 그러한 음을 배열하는 질서(선율이나 화상, 리듬 등)도 보편적인 구조를 가진다고 믿어야 할 것이다. 서양의 7음계나 우리의 5음계는 한 옥타브를 형성하는 음의 숫자가 다르지만, 그 심층구조를 해명해보면 공통의 보편적인 구조를 지닌다는 것이다. 우리의 음은 곧잘 서양 음계에서 도레미솔라 음으로 나타낼 수 있다는 사실만 봐도 이러한 생각을 쉽게 지지할 수 있을 것이다.

그런데 이러한 생각은 데카르트의 사상 자체가 서구의 합리주의를 대변하듯이, 서구의 음악관을 합리화하는 측면이 있다. 음악에 관한 한 최초의 이론가는 그리스의 피타고라스인데, 그는 이미 데카르트보다 2천여 년이나 앞서서 데카르트가 하고 싶었던 음악 이론을 주장한 적이 있다. 그는 음악이 '수의 비례'에 따라 이루어진다고 설명했다. 오늘날 가장 친숙한 악기 가운데 하나가 된 피아노를 예로 들어보자. 피아니스트가 손가락으로 건반을 튕기면 건반의 해머가 현을 두드린다. 현은 제각기 다른 길이로 되어 있다. 길이가 길수록 저음을 내며, 길이가 짧을수록 고음을 낸다. 그리고 그러한 각 음의 간격은 일정하다. 일정한 비례로 음이 높아지거나 낮아진다. 이렇게 보면 음은 정확하게 수학적인 비례관계로 이루어져 있는 것이다.

데카르트가 보기에 수학은 인간이라면 누구나 선천적으로 지닌 능력에 속한다. 마찬가지로 음악 역시 수학적 질서를 갖는 것이며, 그래서 보편적인 것이라고 할 수 있다. 철저하게 데카르트의 원칙을 음악에서도 적용하려 했던 장 필립 라모와 같은 이론가는 음악이 수학적 법칙과 동일한 법칙을 갖고 있으며, 수학의 도움 없이는 음악을 이해할 수조차 없다고 생각했다.

흔히 음악은 국경을 초월한 보편적인 언어라고들 한다. 과연 음악은 보편적인 언어일까? 그리고 그러한 보편성은 음악이 수학적 법칙과 같은 보편적 법칙성을 지니기 때문일까? 간단히 답하자면, 음악은 결코 국경을 초월한 보편적인 언어가 아니다. 우리 가운데 인도의 전통적인 종교음악을 듣고서 음악적 감흥을 느낄 사람이 몇이나 될까? 아마도 열이면 열 사람이 모두 지루하고 따분하다는 느낌만을 받을 것이다. 반면 같은 종교음악이라도 서양에서 만들어진 중세의 성가를 들려준다면 그 선율에 감동을 받는 사람의 숫자가 의외로 많을 것이다. 그것은 인도 음악이 원래 지루하고 서양의 종교음악은 감동적이라서가 아니라 우리의 음악적 정서가 이미 서양화되어 있기 때문에 생기는 현상이다.

서양의 음악과 우리의 음악은 사실 음악의 기본적인 재료조차도 다르다. 우리는 초등학교 음악 수업 시간에서부터 우리의 오음이 서양의 도레미솔라의 음과 비슷하다고 배운다. 하지만 이것은 완전

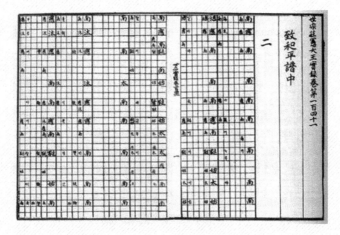

서양의 5선 악보만큼 한국에서도 널리 사용되던 국악보가 있다. 조선시대 세종이 창안해 오늘날까지 쓰이는 정간보(井間譜)가 그것이다. 정간(井間)이라고 부르는 네모진 칸의 수효 및 차지하는 공간의 넓이로 음의 길이를 나타낸다.

히 잘못된 생각이다. 서양음악을 낳은 음정은 평균율과 관계되는 음정이기 때문에 이론상 도와 레의 간격을 200이라는 숫자로 나타내자면, 레와 미의 간격 역시 200이며, 미와 파의 간격은 100이 될 것이다. 이런 식으로 균등한 비례의 간격으로 음을 쌓아 올릴 수 있다. 하지만 우리 음은 전혀 균등하지 않다. 같은 기준을 적용한다면 음의 간격이 134, 335, 183 등으로 이루어진다. 그렇기 때문에 어쩌면 전통적인 한국적 음계는 서양음악적 체계로 설명하는 것조차 불가능할 것이다.

음악이 수학적 법칙으로 이루어져 있고, 그래서 보편적 언어라는 생각은 서양음악의 특성에서 나온 발상이다. 한 가지 예를 들면, 서양음악은 조를 바꾸는 것이 가능하다. 다장조의 곡을 임의로 사장조로 바꾸거나 올림 가장조로 바꿀 수 있다. 그 이유는 음계가 정확한 수직 비례관계로 이루어져 있기 때문이다. 하지만 우리의 전통음악에서 '전조(modulation)'라는 것은 생각할 수조차 없다. 그렇게 보면, 서양의 음악은 훨씬 발전한 음악이고 우리의 음악은 그렇지 못하다고 할 수도 있을 것이다. 하지만 그것은 발전과 미발전의 문제가 아니라 전혀 다른 음악적 기준을 가지기 때문에 서로 공유할 수 없다는 사실을 보여주는 것이다.

그렇다면 음악이 만국의 보편적인 공통 언어라는 말은 왜 나타났을까? 그것은 아마도 서양음악적 체계가 인류의 공통적인 음악으로 확산되었기 때문에 나타난 현상이라고 생각한다. 19세기만 하더라도 인류를 공통으로 묶어줄 수 있는 보편적인 언어로서의 음악은 존재할 수 없었을 것이다. 서양음악이 전 지구로 확산되지 않았을 테니까. 하지만 이제 세계 어느 곳에서나 동일한 음계가 사용되며, 음악을 표기하는 데 오선지 위에 동일한 기호와 음표가 사용된다. 음악이 보편적인 감성을 표현하는 것이 되었다면, 그것은 이미 그러한 감성을 표현하는 음악적 형식이 통일되었다는 것을 의미한다.

서양음악이 우리 생활에 얼마나 자리 잡는지를 아는 것은 어렵지 않다. 초등학교에 들어가기 전부터 배우는 동요도 모두 서양의 음계로 이루어져 있다. 심지어 학교에서 배우는 민요마저도 서양음악의 체계로 만들어진 것들이다. 초등학교 때부터 배우는 아리랑이 과연 서양음악인지 우리의 전통음악인지 구별하기가 쉽지 않다. 알고 보면 우리가 어릴 때부터 접하는 거의 모든 음악이 사실상 서양음악이기 때문에 오히려 우리의 전통음악이 일반인의 정서와 맞지 않는 것이 되었다. 우리의 전통음악을 접할 경우도 거의 없지만, 그럴 기회를 갖게 되었을 때도 그다지 큰 정서적 감흥을 받지 못한다. 고전음악을 좋아하는 사람들도 라디오를 듣다가 전통음악을 방송하는 시간이 되면 채널을 돌려버린다. 전통음악이 낯설고 서양음악이 우리 음악적 정서의 근간이 되었다는 사실에 대해서는 어느 누구도 부인할 수 없을 것이다.

우리가 늘 듣게 되는 대중가요 역시 형식적으로는 서양음악에 바탕을 둔다. 요즘은 서양의 팝송에 바탕을 둔 대중음악과 구별하기 위해서 우리나라 근대기에 처음 만들어진 이른바 트로트를 전통가요라고 부르기도 한다. 그런데 전통가요라는 표현은 어디까지나 국제적으로 표준화된 대중음악인 댄스음악이나 록, 포크 음악, 블루스 등의 음악과 비교해서만 가치를 지닌다. 알고 보면 트로트 역시 우리의 전통음악과는 거리가 멀다. 트로트의 원류가 일본의 엔카음악이라는 것은 상식이 되었는데, 엔카음악 역시 일본에서 서양음악을 수용하는 과정에서 굴절되어 나타난 현상이다. 우리가 전통가요라고 부르는 트로트는 그것이 왜색을 띤다는 이유에서도 전통가요라는 말을 하기에는 무리가 있지만, 동시에 왜색성을 제거한다고 하더라도 전통가요라는 표현을 갖다 붙이는 것은 오해의 소지가 많다.

우리나라에서는 지금까지도 가요의 왜색성이 심각한 문제로 제기된다. 인기 순위를 휩쓰는 가요들 가운데 일본가요를 표절한 곡이 상당수라는 사실은 너무나 잘 알려져 있다. 그러다 보니까 웬만큼 인기몰이에 성공한 곡은 혹시 일본가요를 표절한 것이 아닐까 하는 의심부터 하게 된다. 그런데 우리 가요에서 왜색성의 문제에 유독 집착하는 것은 또 다른 위험성을 내포한다. 왜색성 시비 속에서 자기도 모르는 사이에 우리 가요가 나아가는 서양 숭배는 자연스럽게 은폐되거나 정당화된다는 것이다.

음악, 그중에서도 특히 대중음악은 수용하는 사람의 입장에서 보면 언어나 다른 사회적 기호, 혹은 예술이나 문화의 분야보다도 그 해독 가능성이 열려 있다. 음악을 감상하는 것은 다른 분야의 예술 작품을 수용할 때와 달리 감상자의 직접적인 정서 반응이 가장 중요하다. 화랑에서 그림을 감상할 때처럼 감정의 혼란을 느끼지도 않는다. 시나 소설을 읽을 때처럼 언어의 규칙이나 의미, 혹은 문체나 행간의 의미를 이해하려고 끙끙댈 필요도 없다. 음악 감상은 인간이 향유하는 예술 경험 중에서도 가장 자유로운 경험이다. 그런 면에서 대중음악은 예술의 다른 어느 분야보다도 폭넓은 관객을 가질 수 있다. 따라서 대중음악은 민족적·문화적 경계선을 쉽게 넘을 수 있고 실제로 넘어선다. 하지만 이렇게 민족적·문화적 경계가 허물어진 것은 음악 자체가 가진 보편적인 특성도 한몫하겠지만, 서양음악의 형식이 국제적인 표준 기호로서 보편화되는 현실적 토대 없이는 불가능할 것이다.

고전음악과 대중음악의 경계

사회가 상위 계급과 하위 계급으로 계층화되어 있는 이상, 언제나 그들이 향유하는 문화 역시 고급의 엘리트 문화와 대중이 쉽게 즐기는 평이한 문화로 구별되어왔다. 한 사회 안에서 이러한 문화의 차이는 단순히 고급문화와 저급문화라는 가치 판단의 성격만을 가지는 것이 아니다. 사회의 지배계급은 자신의 문화를 대다수가 즐기는 문화와 구별 짓고 그것을 한정적으로 소유함으로써 자신들의 배타적인 권위를 공고히 하고자 했다. 20세기 이후 고급문화를 대중문화와 구별 지으려는 것도, 비록 눈에 잘 드러나지는 않지만 분명하게 존재하는 지배계급이 자신들을 일반 대중과 구별 짓기 위해서 배타적으로 소유하는 재산으로 과시하려는 의도와 무관하지 않다.

20세기 이후 대중음악은 항상 고전음악과 비교되어왔다. 그리고 고전음악의 존재 가치를 옹호하려는 사람들이 가진 논거는 주로 대중음악이 가지는 예술적 천박성에 집중한다. 그들이 제시하는 기준은 미학적 기준이다. 그들이 제시하는 미학적 기준에서 볼 때 고전음악과 대중음악의 차이는 엄청나다.

특히 요즘과 같이 대중음악이라는 분야가 전문적인 테크놀로지의 영역으로 자리 잡기 전까지는 대중음악에 관계하는 사람들 대부분은 전문적인 음악 교육을 받지 못한 사람들이었다. 그러한 사람들이 만드는 음악과 엄격한 제도권의 교육을 받은 사람들이 만드는 음악 간의 차이는 엄청난 것일 수밖에 없었다. 그들이 사용하는 음악 형식의 복잡성이나 예술적 완성도는 비교할 수조차 없는 것이었다. 심지어 어떤 음악 이론가는 대중음악이 사람들의 예술적 감성을 후퇴시킨다는 비난마저 서슴지 않았다. 대중음악이 사용하는 음악적 형식의 조야함과 단순성은 음악이 가지는 무한한 가능성을 제한하고 얕은 감수성만을 계속 재생산함으로써 일반인들의 감수성이 발전될 가능성을 차단한다는 것이다.

이러한 비판은 나름대로 충분한 타당성이 있다. 대중가요는 고전음악의 형식을 아주 피상적인 형태로 차용해 그것을 단순화한 데서 출발했다. 고전음악 역시 나름대로 틀에 박힌 형식을 사용한다. 예를 들면, 고전음악은 몇백 년 전에 만들어진 소나타 형식의 틀을 벗어나지 못한다. 하지만 아도르노(T. Adorno)의 지적처럼 고전음악은 끊임없이 형식적 한계를 반성적으로 넘어섬으로써 인간의 예술적 감수성을 넓혀나간다. 이에 반해 대중가요는 그저 피상적으로 정해진 규칙을 반복적으로 재생산해나갈 뿐이다. 그리고 그러한 규칙이라는 것 역시 아주 피상적이고 단순한 것에 불과하다.

비유를 들어보자. 요즘 텔레비전 프로그램을 보면 한 편의 영화나 소설을 간단하게 패러디한 10~15분짜리 단막 코너가 많이 있다. 그 프로그램들의 일반적인 특징은 원작의 줄거리만 대충 엮어서 시청자들이 지루하지 않게 즐길 수 있도록 코믹하게 각색한다는 것이다. 시청자들은 지루하지 않게 한 편의 짧은 드라마를 감상할 수 있지만, 그 패러디 극에서는 원작이 가지는 원래의 다양한 요소가 다 제거된다. 이러한 패러디 극은 한마디로 원작을 쉽게 먹을 수 있는 인스턴트식품으로 가공한 것이다. 인스턴트식품의 얕은맛과 정성 들여 만든 음식의 깊은 맛을 감히 비교할 수 있겠는가?

대중가요의 형식은 극히 단순화된 것이다. 우리가 듣는 가요 대부분은 기본적으로는 1도 화음으로 출발해 4도 화음에서 5도 화음으로 진행되다가 다시 1도 화음으로 돌아오는 형태를 취한다. 특히 1970년대까지 우리 대중가요를 보면 거의 예외 없이 이렇게 아주 단조로운 화음으로 전개되는 것을 발견할 수 있다. 예를 들면, 1970년대에 유행했던 대표적인 포크송들은 거의 예외 없이 이러한 단순한 규칙을 따른다. 물론 요사이 나오는 많은 곡이 형식적인 면에서 매우 복잡한 양상을 띤다. 하지만 아직도 대부분이 이러한 기본 유형을 크게 벗어나지 못한다.

보우(B. Baugh)는 대중음악과 고전음악의 미학적 차이를 다음과 같이 설명한다. 고전음악 작곡가는 음악적 형식이라는 예술적 가치에 집중하는 반면에, 대중음악 작곡가는 청중의 반응에 집중한다. 따라서 고전음악을 감상하는 사람은 그 미학적 가치에 주목하며, 록과 같은 대중음악을 감상하는 사람은 직접적인 정서적 감흥을 주로 경험하게 된다. 록을 듣는 사람은 머리를 흔들어대거나 격렬한 몸짓을 하는 반면에, 고전음악을 감상하는 사람은 지적으로 감상한다. 쉽게 말해서 고전음악은 예술적 가치를 지니며, 대중음악은 오락적 가치를 지니는 것이다. 이러한 견해는 아마도 고전음악과 대중음악을 구분하는 사람들의 일반적 견해를 대변하는 것이라고 할 수 있을 것이다.

하지만 이러한 구별에는 문제점이 있다. 먼저 고전음악 역시 음악의 고유한 특성상 정서적 반응이 일차적이다. 또 대중가요 역시 형식성이나 예술성이 무시될 수 없다. 예술적 완성도나 나름대로의 새로운 감성적 충격이 없는 가요는 대중의 호응을 얻을 수 없다. 고전음악이 청중의 정서적 반응을 얻지 못할 경우 소수의 엘리트주의로 빠질 수밖에 없다. 고전음악이 미학적 가치만을 추구할 경우 일반 대중과는 완전히 분리되고 자족감에 도취되어 형식주의에 빠지고 만다.

이런 점에서 볼 때 고전음악과 달리 대중음악이 가지는 장점은 음반이나 방송 매체로부터 격리되어 있거나 혹은 의식적으로 거부하는 일부를 제외하고는 사회의 거의 모든 계층을 수용한다는 점이다. 대중음악은 그야말로 대중사회에서 전체 대중을 포괄하는 음악이라 할 수 있다. 대중음악은 근대 이후 대중매체를 통해 음악이 전달됨으로써 생겨난 일반 대중의 노래다. 대중음악은 근대의 산물로서 도시의 대중으로부터 그 수용층을 넓혀나갔다. 대중음악의 발생은 음악이 특정한 계층의 전유물이었던 상태를 벗어나 일반인 모두가 즐길 수 있는 계기가 되었다.

그리고 대중음악이 틀에 박힌 규칙만 반복한다는 지적도 오늘날의 대중음악이 발전하는 추세로 보자면 그다지 타당하지 않다. 우리의 대중가요만 하더라도 장르가 엄청나게 다양해졌다. 악곡의 형식이나 리듬 혹은 편곡에서도 이제 더 이상 초보적인 규칙에만 얽매여 있다고 말하기 곤란하다. 기존에 사용하지 않던 블루 음(Blue note)이나 단순한 규칙을 넘어선 텐션 음(tension note)도 자유자재로 사용되며, 아프리카의 리듬이나 우리의 전통 음계를 응용한 곡들도 만들어진다. 물론 아주 기본적인 1도, 4도, 5도 화음만을 고집하는 펑크(punk)나 그러한 펑크를 아주 거칠고 과격한 메탈 음으로 가공한 스래시 메탈(thrash metal)도 있긴 하지만, 이들은 음악적으로 단순하고 무식해서가 아니라 음악을 단순화시켜서 표현해보려는 의식적인 시도로 볼 수 있다. 대중가요가 틀에 박힌 규칙만을 재생산할 뿐이라는 비판은 점차 설득력을 잃어간다.

대중가요의 두 얼굴
상업성과 진보성

그러나 알고 보면 대중음악이 기존의 틀을 벗어나서 새로운 가능성을 모색하려는 움직임은 어디까지나 상업적 이윤이라는 자본주의적 메커니즘에서 발생한다. 대중가요는 음반 매체나 방송 매체 등 대중매체를 주요한 전달 매체로 삼기 때문에 음반 산업의 이윤 추구에서 자유로울 수 없다는 특징이 있다. 20세기 후반에 들어서 대중음악은 예술 활동의 성격보다는 점차 매니지먼트의 성격을 띠었다. 대중가요가 탄생하는 과정만 보더라도 그렇다. 작곡가가 곡을 쓰고 가수가 노래를 부르는 것은 커다란 매니지먼트 중 일부일 뿐이다. 먼저 기획하고 음반을 제작하고 선전하고 방송 스케줄을 잡는 것이 곡을 만드는 것보다 훨씬 중요한 일이 되었다. 이런 경향이 계속 강화되는 추세에서 그야말로 순수한 음악의 역할은 점점 더 축소된다.

그러나 한편으로는 대중음악의 예술적 완성도를 높이는 것도 이러한 상업적 메커니즘이다. 대량으로 소비될 수 있도록 양질의 상품을 만들어내야 하며, 결국 이는 일반 대중의 수준을 향상시킨다. 이렇게 향상된 일반 대중의 취향을 따라가기 위해서 대중가요는 새로운 형식을 추구할 수밖에 없다. 이윤 추구를 통한 발전이라는 논리가 대중가요에서도 똑같이 적용되는 것이다.

물론 이러한 상업 논리에 지배받는 것을 의도적으로 거부하는 그룹이나 가수들도 있다. 이른바 언더그라운드 음악을 추구하는 일련의 가수들은 방송 매체를 의도적으로 거부한다. 그들이 방송 매체를 거부하는 것은 자신의 음악을 자본의 메커니즘에 종속시키지 않고 예술적 순수성을 유지하려는 나름대로의 선택이다. 이러한 언더그라운드의 정신은 대중음악이 자본의 논리에 종속되는 고리를 나름대로 끊어보려는 사회 저항적인 의미를 지닌다. 그들은 주로 시내의 클럽에서 라이브 공연을 통해 자신의 정체성을 확인하려 한다. 하지만 케이블티브이에 전문 음악 방송이 생긴 후 방송 매체에 조금씩 모습을 드러내는 등 언더그라운드 가수들 역시 자신들의 경계를 서서히 허물어가는 실정이다.

이러한 저항 정신은 원래 록이 지닌 자유의 정신과 관계가 있다. 록을 하는 사람들은 하나같이 록의 본래 정신이 자유라고 말한다. 이때의 자유란 어떠한 규범에도 속하지 않는 인간의 순수한 욕망 상태를 의미하는 듯하다. 록이 저항의 성격을 띠는 것은 기존의 사회적 규범이나 틀에서 벗어나려는 반항의 몸짓이기 때문이다.

록의 이러한 사회 저항적 성격은 1960년대나 1970년대에 가장 잘 드러났다. 특히 미국 사회는 대외적으로나 대내적으로 억압적인 질서를 유지하고 있었다. 정치적으로 1950년대의 매카시즘 열풍은 가셨으나 여전히 보수적인 이데올로기가 지배적이었고, 국제적으로는 미국의 패권을 유지하기 위해 전쟁을 치렀다. 록은 히피 문화처럼 사회질서로부터 벗어나 자신만의 세계를 즐기는 방조자들의 전유물로 여겨졌다. 록 공연장에서는 사회에서 거의 금기시되는 집단적인 광란의 행동이 나타난다. 펑크 밴드들의 공연에서는 집단적인 펑크 춤이 행해지고, 공연 중 무대 위에 자유롭게 올라가서 뛰어내리는 스테이지 다이빙도 출현한다. 이러한 행동은 무대에 선 사람들과 관중이 일종의 일체성을 경험하게 하는 것이기도 하며, 나름대로 자신들의 자유로운 반항적 공간을 창출하는 것이기도 하다.

그러나 정치적 의미의 가사를 전달하려 했던 포크와 달리 록은 정치색을 전면에 드러내지 않는다. 그들의 가사는 사회 통념상 금지된 내용을 담으며, 사운드는 과격성을 드러낸다. 록은 사회에 정면으로 도전하기보다는 금지된 욕망을 표출한다. 예를 들어, 영국의 섹스

영국에서 펑크록 장르를 개척한 섹스 피스톨즈. 영국 텔레비전 방송 역사상 처음으로
'Fuck'이라는 단어를 써서 엄청난 스캔들을 일으켰다. 대표곡으로 〈Anarchy in the UK〉나
영국 국가를 패러디한 〈God Save the Queen〉 등이 있다.

피스톨즈(Sex Pistols)라는 그룹은 영국에서 신성시되어온 상징적 존재
인 여왕을 모독하는 가사로 화제를 뿌렸다. 또 그들은 제식적 의미를
갖는 영국 국가를 록으로 연주해서 물의를 일으키기도 했다.

    미국의 전설적인 록 그룹 도어즈(Doors)의 짐 모리슨은 공연 도
중 옷을 완전히 벗어버리는 과격한 해프닝을 벌이기도 했다. 그의 노
래 가운데 〈끝(The End)〉이라는 곡에서는 "나는 아버지를 총으로 쏴
죽이고 싶어요. 나는 엄마와 밤새도록 섹스를 하고 싶어요"라는 가
사가 나오기도 한다. 이 정도의 가사라면 아마도 자본주의 사회가 가
진 집단적 오이디푸스콤플렉스에 대한 가장 노골적인 반항이었을지
도 모른다. 한편 MTV 공연 도중 "Fuck you"라는 욕과 함께 카메라
에 노골적으로 중지를 치세웠던 너바나(Nirvana)의 리더 커트 코베인

의 행동 또한 자본주의 사회에서 미디어의 가식에 대한 반발을 나타내는 상징으로 받아들여지기도 했다.

이러한 반항은 음악 외적인 모습으로도 나타난다. 그들은 사회적으로 용인되는 유니폼을 거부한다. 즉, 점잖은 옷보다는 헐렁한 군복 바지를 입고 쇠사슬을 드리우고 다니거나 머리를 기른다. 이러한 차림새는 획일화된 사회질서에 대한 거의 무의식적인 반항이며, 나름대로의 자유를 표출하는 방식이다. 그러나 이러한 자유는 어떻게 보면 진정으로 모든 사회 규범에서 해방된 이후에 누리는 자유가 아니라, 새롭게 자신들의 규범을 만들고 그것을 또 다른 방식으로 폐쇄적으로 즐기는 것이라고 할 수도 있다. 그들의 규범 속에는 불행하게도 그들이 그렇게도 저항하는 기존의 관습을 재생산하는 요소들이 숨어 있다.

예를 들어, 록은 사이키델릭에서 잘 드러나듯이 1960년대의 프리섹스 풍조와 깊은 관련이 있다. 이러한 프리섹스 풍조에는 여성의 성적 범위를 제한하는 남성 중심적 관습에 대한 반발감이 들어가 있다. 하지만 록에서 강조되는 프리섹스의 풍조는 남성주의에 대한 근본적인 비판과는 거리가 멀다. 록은 철저하게 남성적 이미지를 극대화하는 음악이다. 록은 다른 어느 장르의 음악보다 남성적 이미지를 강조하는 음악이기 때문에 오히려 더욱 철저하게 남근 중심주의가 지배한다.

심지어 록의 대스타들은 하나같이 자본주의 사회가 주는 혜택을 마음껏 누린다. 음악적으로 가장 높은 완성도를 보여준 그룹 가운데 하나였던 에머슨 레이커 앤드 파머는 1974년에 이미 5백만 달러의 고소득을 올렸다. 섹스 피스톨즈나 도어즈도 예외는 아니다. 그래서 "팝은 사실상 사회통제를 위한 유력한 수단으로 지배계급에 의해서 중시된다"고 말하는 사람도 있다. 어떻게 보면 오늘날과 같이 매니지먼트가 강조되는 분위기에서 대중음악은 일상적인 삶을 비판적으로 보는 눈을 잃고, 사회의 보수적 이데올로기를 재생산하는 가장 효율적인 도구로 사용된다고 할 수도 있다. 너바나와 같이 사회 저항적인 펑크에 바탕을 둔 그런지록 또한 단지 하나의 스타일로 전락한지 오래다.

소비 사회의 대중음악과 뮤직 비디오의 등장

　소비 사회는 대량생산을 위해서 어느 요소보다도 소비의 역할이 강조되는 후기 자본주의 사회가 만들어낸 삶의 양식을 나타내는 말이다. 소비는 인간의 욕망과 직접 맞닿아 있는 영역이다. 그래서 소비를 확대하기 위해서 인간의 새로운 욕망을 창출하려는 갖가지 방법이 동원된다. 소비 사회에서 사람들은 욕망의 노예가 된다. 소비 사회는 온갖 종류의 그럴싸한 상품들이 만들어져 소비된다. 문화나 예술도 예외가 아닌데, 이들 역시 상품화될 수 있는 것은 남김없이 상품으로 소비된다. 그러다 보니 인간이 욕망할 수 있는 모든 가능성이 거의 다 소진된다. 그래서 이제 더 이상 새로운 예술의 가능성은 없으며 오로지 과거에 대한 반성적 모방만이 존재할 뿐이라고 단언한 사람도 있다.

20세기 말의 대중음악 추세를 보면 확실히 이러한 주장에 신빙성이 있다. 요즈음 나오는 우리 가요를 보면 많은 곡이 과거의 곡을 리메이크한 것이다. 리메이크의 대상은 이전의 대중가요가 많지만, 점차적으로 고전음악이나 가곡, 심지어 동요까지 그 범위가 넓어지는 추세다. 이런 추세라면 리메이크 곡을 리메이크하는 사태까지 발전하지 않으리라는 보장이 없다.

이러한 추세와 더불어 대중가요는 점차 오리지낼러티(originality)를 잃어간다. 원래 대중가요가 민요와 다른 큰 특징 가운데 하나가, 민요는 작자가 알려지지 않은 채 구전되는 것임에 반해 대중가요는 작자의 출처가 분명하다는 사실이다. 추측해보건대, 민요는 한 사람이 작곡했다기보다는 집단 활동을 하는 가운데 집단적으로 만들어져서 집단적으로 소비되었다. 따라서 생산자와 소비자가 뚜렷하게 구별되지 않고 생산자와 소비자가 거의 동일하며, 설혹 구분된다고 해도 그러한 구분이 큰 의미가 없다고 할 수 있다. 반면 대중가요의 출처는 아주 명확하다. 오늘날과 같이 상업적 이해관계가 극대화될 경우 오리지낼러티는 곧 경제적 이익과 직결된다.

하지만 역설적이게도 오히려 음악의 창작성에서 볼 때 오리지낼러티는 점차 소멸되어간다. 리메이크 붐도 오리지낼러티의 소멸에 한몫하지만, 더욱 중요한 것은 테크놀로지의 발전과 관계가 있다. 예를 들면, 요즘 가장 유행하는 장르가 댄스인데 이들 댄스는 거의 예외 없이 샘플러(Sampler)라는 악기(악기라기보다는 기계)를 이용한다. 샘플러는 미리 녹음된 샘플 시디에서 발췌된 음들을 나름대로 변형하거나 편곡하는 기계다. 따라서 샘플러로 만든 음악의 오리지낼러티는 분명하지가 않다. 댄스 음악 대부분은 샘플러에서 만들어진 리듬에 단순한 멜로디가 첨가된 형태로 만들어진다.

또 컴퓨터 음악(MIDI)의 발전도 오리지낼러티의 소멸에 큰 역할을 한다. 케이크워크나 앙코르, 휘날레, 로직 등 시퀀스 프로그램들의 등장으로 작곡자의 위상은 크게 감소한다. 실제로 이러한 시퀀스 프로그램들이 일반화될 경우 음악을 만드는 작업은 워드 작업처럼 간단한 일이 될지도 모른다. 그런데 이럴 경우 만들어진 음악의 오리지낼러티가 과연 어디에 있는지 모호한 문제가 발생한다. 컴퓨터 프로그램이 더욱 정교해지고 편리해질수록 그것을 이용해 곡을 만드는 사람의 역할은 축소될 것이다. 그럴 경우 음악의 오리지낼러티는 오히려 컴퓨터 엔지니어의 몫으로 돌아가야 할 것이다.

그리고 소비 사회에서 나타나는 대중음악의 커다란 변화 가운데 하나로 들지 않을 수 없는 것은 뮤직 비디오의 출현이다. 원래 뮤직 비디오는 음반이나 곡을 홍보하기 위한 일종의 홍보물로서 등장했다. 뮤직 비디오가 음반계의 매니지먼트에 가장 크게 기여한 점은 대중음악과 문화의 유통 속도를 엄청나게 증가시켰다는 사실이다. 더군다나 1982년도에는 미국에서 최초로 음악 전문 텔레비전채널 MTV가 개국되면서 뮤직 비디오가 엄청나게 빠른 속도록 확산되었다. 최근 우리나라에서도 대중음악에서 뮤직 비디오는 음반 발매와 방송 출연 못지않게 중요한 요소가 되었다. 거의 대부분의 곡이 음반으로 발매됨과 동시에 뮤직 비디오도 함께 만들어진다.

그런데 흥미로운 사실은 뮤직 비디오가 단순히 대중음악의 홍보물에 그치지 않고 그 자체가 하나의 독립된 영역으로 자리 잡아간다는 것이다. 이미 대도시에는 뮤직 비디오만을 전문으로 방영하는 뮤직 비디오 카페가 생겨났다. 그리고 뮤직 비디오의 마니아층도 형성된 실정이다. 음악 전문 채널에서는 가요 순위 외에도 뮤직 비디오 순위를 발표한다. 뮤직 비디오가 그만큼 독립적인 영역으로 자리 잡아간다는 사실을 보여주는 현상이다.

사실 뮤직 비디오는 그 특성상 음악과 달리 시각예술에 속한다. 그래서 뮤직 비디오는 음악보다는 영화와 비교할 필요가 있다. 영화와 비교해볼 때 뮤직 비디오는 영화와는 많이 다른 영상 문법을 가진다. 특히 할리우드 고전 영화와 비교해보면 그 차이가 뚜렷하게 드러난다. 할리우드 고전 영화는 대부분 우리가 흔히 '연속 편집'이라고 부르는 것과 180도의 규칙을 따른다. 이러한 규칙은 스크린에 비친 영상에 현실적인 효과를 불러일으키려는 의도에서 만들어진 것이다. 어느 할리우드 영화 편집자의 말처럼, 그들의 편집 목적은 스크린에 펼쳐진 화면이 편집된 것이라는 사실을 관람객이 전혀 눈치 채지 못하도록 하는 것이다.

이러한 고전영화의 제작 방식을 흔히 원근법의 장치를 사용해 2차원적인 캔버스 공간에 3차원의 현실적 효과를 추구하는 회화에서의 '환영주의'에 비유해 영화에서의 환영주의라고 부른다. 이러한 환영주의의 목적은 영화에서 일어나는 영상에 현실적 효과를 만들어내는 것이다. 환영주의는 영화를 감상하는 관람객을 완전히 수동적으로 만드는 효과를 낳는다. 관객은 영화에 거리감을 취하지 못하고 몰입하게 되고 만다.

뮤직 비디오의 영상 문법은 이러한 고전주의적 관행을 완전히 파괴하는 것이다. 고전영화가 줄거리 중심의 서사적인 구조를 가진다면, 뮤직 비디오는 서정적인 구조를 지닌다. 이러한 차이는 장편영화의 길이와 비교할 때 뮤직 비디오의 길이가 불과 3~4분 정도로 매우 짧다는 특성 때문에 발생하는 것이기도 하다. 그래서 뮤직 비디오는 완결된 이야기 구조를 갖추기 어렵다. 물론 서사적인 내용의 뮤직 비디오도 있다. 한때는 그러한 뮤직 비디오가 인기를 끌기도 했다. 하지만 그러한 뮤직 비디오는 처음 몇 편은 나름대로 큰 호응을 얻었지만, 비슷한 유형의 뮤직 비디오가 계속 나오면서 감상자들이 지루해하기 시작했다. 뮤직 비디오는 음악처럼 계속 반복적으로 볼 수 있어야 하는데, 이야기로 전개되는 뮤직 비디오는 처음에는 재미있으나 반복될 경우 흥미를 상실하기 때문이다.

또 1분당 평균 쇼트 수를 보더라도 뮤직 비디오가 영화의 두 배에 이른다. 그럴 경우 화면 전개의 리듬이 상당히 빨라지며, 관객은 화면들 간의 연결을 거의 논리적으로 이해할 수 없다. 그래서 뮤직 비디오의 경우에는 서사적인 줄거리보다는 단편적인 이미지가 산만하게 나열되거나 반복된다. 또 뮤직 비디오에서는 영화와 달리 영상 자체가 현실적이라기보다는 그냥 인위적으로 만들어진 것이라는 사실을 스스로 보여주는 이미지가 많다. 화면 속에 뮤직 비디오를 촬영하는 카메라가 나타난다든지, 자신의 뮤직 비디오가 상영되는 텔레비전 화면이 나오는 장면이 유독 많이 나타난다. 이것은 고전영화가 현실적 환영을 만들어내려 한 것과 달리 모든 것이 그냥 인위적으로 만들어진 허상일 뿐이라는 사실을 고백하는 새로운 영상 문법이다.

뮤직 비디오에서는 논리적이기보다는 그냥 수사적인 법칙에 따라 느슨하게 연결된 단편적인 이미지가 어지럽게 연결되어 있다. 이미지의 산만한 연결 속에서 그것을 소비하는 대중은 통일된 정서보다는 통일되지 않은 일종의 우발적인 욕망을 경험한다. 그러한 욕망을 통해 대중은 끊임없이 새로운 이미지를 소비하게 된다.

〈원스〉

존 카니 감독. 2008.

이 영화는 아픔을 안고 살아가는 사람들이 음악에 대한 열정으로 자신의 삶을 승화하는 이야기다. 아일랜드 더블린의 중심가 한 모퉁이에서 기타를 치며 열정적으로 노래를 부르는 그, 그리고 그러한 그의 노래에 묘하게 이끌려서 같이 노래를 하게 되는 그녀의 이야기가 이 영화의 스토리 전부다. 그는 길거리에서 마치 절규하듯이 노래를 한다. 아무도 그의 노래에 관심을 보이지 않을 때 한 여자만이 그 앞에 우두커니 서서 끝까지 노래를 경청한다. 그녀는 그가 부르는 노래가 그 자신의 이야기임을 직감했고, 동시에 자신의 이야기라는 것을 느낀다.

두 사람 모두 삶과 사랑에 관한 아픔을 지닌다. 그는 자신을 버리고 다른 남자에게로 떠나버린 과거의 연인을 잊지 못한다. 그에게 남은 것은 다정했던 시절 캠코더에 담긴 그 연인의 모습뿐이다. 한편 그녀는 돈을 벌기 위해 별거 중인 남편을 체코에 남겨둔 채 어린 아들과 엄마와 함께 아일랜드에서 힘든 생활을 한다. 두 사람의 끈을 이어주는 것은 오로지 삶의 아픔과 음악이다. 하지만 이 끈이 결코 둘을 하나의 쌍으로 엮어주지는 않는다.

바르톡의 음악에서는 여러 선율이 하나의 공명을 이룰 뿐 어떠한 완성된 하모니를 형성하지는 않는다. 마찬가지로 그와 그녀 역시 음악을 통해서 교감이 이루어지지만 영화 끝내 그와 그녀는 익명의 주체인 인칭대명사 '그'와 '그녀'로 남을 뿐이다. 그와 그녀는 결코 그들이 되지 못한다. 아니 그들이 되기를 거부한다.

영화는 처음부터 끝까지 이들 주인공이 직접 작사 작곡해 부르는 음악이 중심이 된다. 그런 만큼 이 영화는 철저하게 음악영화라고 할 수 있다. 독립영화인 이 영화는 우리나라에서 의외의 성공을 거두었다. 성공의 요인은 결코 탄탄한 내러티브나 주인공들의 연기력이 아니다. 오히려 정반대다. 영화 전편을 통해서 흐르는 음악은 영화 속의 두 주인 공을 이어주는 공명의 체계이기도 하지만, 동시에 관객을 이 영화와 이어주는 매개이기 도 하다. 그렇기 때문에 이 영화는 음악에 관한 영화가 아니라 그 자체로 음악적인 영화 라고 할 수 있다.

생각해볼 문제

1. 음악은 만국 공통의 보편적 언어라고 한다. 과연 음악은 시대와 사회의 차이를 초월 해 보편적인 것인가?
2. 고전음악과 대중음악을 구별할 수 있는 기준은 무엇이며, 그렇게 구별하는 것이 어 떤 의미를 지니는 것일까?
3. 대중가요가 지니는 정치적인 의미는 어떤 것일까?
4. 록은 과연 자유를 추구한다는 의미에서 진보적이고 저항적인 음악인가?
5. 소비사회에서 나타나는 대중음악의 특징은 무엇일까?
6. 뮤직 비디오와 영화를 보면 많은 차이가 있다. 둘 사이의 차이를 낳는 형식적인 특 징이 어떤 것인지를 생각해보자.

참고문헌

박영욱.《철학으로 대중문화 읽기》. 이름. 2003.
이강숙.《음악의 이해》. 민음사. 1985.
이영미.《한국 대중 가요사》. 시공사. 1998.
카플란, 앤.《뮤직 비디오, 어떻게 읽을 것인가》. 성기완 외 옮김. 한나래. 1996.
프리스, 사이먼.《사운드의 힘》. 권영성 외 옮김. 한나래. 1995.

편의점에서 백화점까지
소비 사회와 욕망

김선희

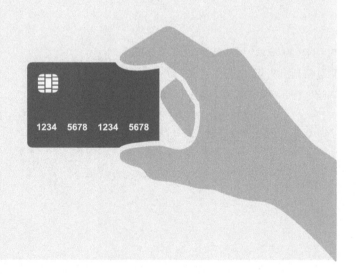

욕망의 지형도를 찾아서
백화점과 편의점

장면 1 : 1852년 파리의 봉마르셰 백화점

19세기 중반의 파리는 새로운 유럽의 수도의 자리에 오르기 위해 스스로를 개조하는 중이었다. 더러운 건물과 공장들, 그리고 부랑자와 빈민들은 교외로 내몰리고 그 대신 도로가 새롭게 정비되고 철도역이 들어섰다. 이 도시 개조의 목적은 사람의 소통, 상품의 유통 능력을 최대화하기 위한 것이었다. 세계 최초의 백화점 '봉마르셰(Au Bon Marche)'가 문을 연 것도 바로 이즈음이다. 당시 파리 사람들에게 봉마르셰 백화점은 건물 안에 진열된 상품뿐 아니라 건물 자체가 하나의 구경거리였고 오락거리였다. 파리 사람들은 철골로 지어진 높은 건물 안에서 하늘이 그대로 투영되는 유리 천장을 바라보며 전시대에 진열된 호화로운 상품들을 자유롭게 구경할 수 있었다. 당시 백화점은 도시인들에게 그 자체로 시각적 유혹이었고 사람들은 신천지 같은 백화점에서 소비를 통해 상류층으로서의 자부심을 느끼거나 상류층으로의 상승을 꿈꾸었다. 백화점은 19세기 파리인들이 꿈꾸던 욕망이 시각적으로 체현된 소비의 전당이었다.

장면 2 : 한국의 24시 편의점

21세기 서울의 새벽은 꺼지지 않는 네온사인과 대낮처럼 밝은 유리 전시장들이 점점이 이어진 빛으로 가득 찬 공간이다. 불을 훤하

한국 최초의 백화점은 1929년 세워진 미츠코시 경성지점이다. 지금은 그 자리에
신세계백화점 본점이 위치해 있다.

게 밝힌 24시간 편의점들이 섬처럼 곳곳에 떠 있기 때문이다. 사람
들은 편의점에 들어가 컵라면과 삼각 김밥을 먹으며 현금을 인출하
고 휴대전화를 충전한다. 잠들지 못하는 밤이라면 편의점은 더욱 유
용하다. 지나치게 밝은 조명은 고독하고 갈 곳 없는 사람들을 이끄는
유도등 역할을 한다. 편의점 한편에서 컵라면을 먹고 있으면 누군지
모를, 그러나 나와 비슷한 사람이 옆자리를 채운다. 그 순간, 나만 잠
들지 못하는 것이 아니라는 생각에 안심이 되기도 한다. 모르는 사람
사이에 떠돈다는 것이 고통스럽지만 동시에 아무도 나를 모른다는
생각에 안정감을 느끼기도 한다. 24시간 편의점은 21세기 한국인들
에게 현재의 욕망과 고독의 틈새를 메우는 완충지대다.

　　도시 정비 과정의 산물로 탄생한 백화점과 아케이드는 19세기
중반 유럽의 중요한 발명품이다. 당시 급속한 산업 성장과 도시화는

경제의 축을 '생산'에서 '소비'로 바꾸어놓았다. 더 이상 직접적 생산에 참여하지 않는 도시 사람들은 생산과 분리된 소비를 그 자체로 경험하고 그 행위에서 쾌락을 느끼게 되었다. 이에 따라 점점 더 많은 사치품들이 과시용으로 소비되기 시작했다. 이 시대에 도시적 삶의 세련됨과 풍요로움을 상징하는 백화점은 사람들에게 도시민으로서, 또 소비자로서의 정체성을 교육하는 자본주의의 학교 역할을 했다. 이후 자본주의적 소비 양식은 서구의 식민지 경영과 근대화 과정의 결과로 전 지구적으로 확대되었고, 지금은 대부분의 도시에 비슷한 소비 양식이 정착되었다. 19세기 파리인이 그랬듯이, 지금도 많은 사람이 화려한 백화점을 놀이공원처럼 이용하고 그곳에서 명품을 구입함으로써 부를 과시하고 만족감을 누린다. 심지어 불경기조차도 백화점에는 경제에 대한 불안이나 시대에 대한 고뇌가 없으며, 값비싼 상품을 구매함으로써 발생하는 자부심과 상승 지향의 꿈이 양각되어 있을 뿐이다.

백화점에 호화로운 상승 지향의 욕망이 양각되어 있다면 편의점은 현대인의 일상의 욕망과 고독이 음각되어 있다. 편의점은 도시적 생활 양식을 보여주는 욕망의 시간표다. 편의점의 가장 중요한 특징은 끊이지 않는 시간의 연속성, 그리고 필요에 최적화된 편리함 등이다. 편의점은 24시간 운영되기 때문에 언제나 이용할 수 있으며, 또한 택배나 티켓 예매, 현금 인출, 휴대전화 충전 같은 각종 서비스가 함께 이루어진다. 집약적인 상품 목록과 다양한 서비스가 가능한 것은 편의점이 유통과 판매에서 최적화된 시스템으로 움직이기 때문이다. 이러한 시스템은 도시인들의 욕구와 생활 패턴을 분석한 결과에 따라 구축된 것이다. 우리는 잘 느끼지 못하지만 편의점의 작은 물건 하나, 물건이 놓인 자리까지도 철저하게 마케팅적으로 기획된 것이다. 따라서 편의점에서 물건을 고르는 일은 사실상 우리만 모르는 잘 짜인 각본에 따라 상품 구매 훈련을 하는 것과 비슷하다.

물론 편의점이 없던 시절에도 가게들은 있었다. 어느 동네나 어귀마다 작은 구멍가게가 있어서 필요한 물건들을 쉽게 살 수 있었다. 그러나 편의점은 구멍가게와 다르다. 양자의 결정적 차이는 사람들과의 관계에 있다. 구멍가게는 오가던 동네 사람들이 잠깐씩 들러 서로의 소식을 전하고 안부를 묻는 사랑방 같은 역할을 했지만 편의점은 누구와도 눈을 마주치지 않는 익명의 공간이다. 구멍가게에서 물건의 사용가치와 인격이 교환되었다면, 편의점은 시간과 돈이 교환되는 비인격의 공간이다. 편의점은 도시인들의 다양한 욕망의 틈새를 메워주지만 결국 그 안에 어떤 인간적 관계도 형성되지 못한다는 점에서 고립과 단절의 표상이라고 할 수 있다.

서로 다른 이 두 공간은 현대 자본주의 사회의 또 다른 이름인 소비 사회가 어떻게 형성되어왔으며 어디에까지 이르렀는지를 보여주는 욕망의 지형도다. 잘 알려져 있듯 소비와, 그 배후에 놓인 욕망은 근대 자본주의를 지탱하고 이끌어온 거대한 동력이다. 사실 소비는 동서고금을 막론하고 모든 인간들이 실천해온 일종의 본질적 현상이기 때문에 특별할 것이 없다. 그러나 현대 사회는 소비가 단순히 생산한 물건을 사용하는 차원을 넘어서 개별적 인간을 통제하고 지배하는 차원으로 전이되었다는 점이 문제다. 그래서 현대 사회를 특별히 '소비 사회'라고 부른다. 사람들은 보통 소비가 어떤 욕망을 채우기 위해 나타나는 현상이라고 생각한다. 그러나 문제는 현대인의 독특한 소비 양식을 이끄는 욕망이 사실은 그 근원을 알 수 없는 모호한 것이라는 점에 있다. 욕망의 출처가 모호한 것은 이 욕망이 개별적인 소비의 주체 내부에서 시작되는 대신, 밖에서 비추어지고 만들어지기 때문이다. 샹들리에가 과시적으로 백화점의 호화로운 상품을 비추듯이, 형광등 아래 편의점의 상품이 정교하게 배열되어 있듯이.

차이에 대한 욕구
과시적 소비와 구별 짓기

Just do it.

잘 알려진 스포츠 용품 회사의 카피다. 'just do it'이라는 문구는 무엇이든 지금 당장 해보라며 직설적으로 모종의 실천을 권한다. 물론 광고는 당장 스포츠에 도전해보라는 의미로 이해되기 쉽다. 그러나 이 광고가 말하는 본질적인 도전과 실천의 대상은 스포츠가 아니다. 스포츠를 위한 장비를 구매하라는 말이다. 이 광고 문구는 소비에 대한 현대인의 강박증을 역설적으로 보여준다. 당장 해보라는 말은 나에게 무엇이 필요하고 왜 필요한지 반성할 겨를조차 없이 기회가 닿으면 무조건 강박적으로 구매하는 현대인의 삶을 그대로 대변한다. 그런 의미에서 현대인은 일종의 호모 콘수무스(Homo Consumus), 즉 소비하는 인간이라고 할 수 있다.

현대를 살아가는 우리들은 대부분 많건 적건 '소비하는 인간'의 경향을 지니지만, 이를 보다 과시적으로 드러내는 계층이 있다. 연예인이나 스포츠 스타 들이 그렇다. 우리는 텔레비전이나 인터넷을 통해서 상상을 초월하는 가격의 명품을 걸치거나 과시용으로 결혼식이나 파티에 천문학적인 액수의 돈을 쓰는 헐리웃 스타들을 본다. 이들이 상상을 초월하는 엄청난 비용을 들여 파티를 벌이고 결혼식을 올리는 것은 단순히 그들에게 돈이 많기 때문이 아니다. 그들은 과시적 소비를 통해 대중의 눈을 끌고자 한다. 대중의 동경이 그들의 재산이다. 대중이 동경하지 않는다면 많은 스타들은 자신들이 누리는 부와 명예를 그대로 유지하지 못할 것이다. 그래서 이들은 일종의 '낭비'를 통해 대중의 동경을 전략적으로 유발한다. 이들의 소비는 자신들이 보통 사람들과 다르다는 식별을 드러내는 전략적 활동이다. 스타로서의 개성을 확보하고 평범함에 매몰되지 않고자 하는 것이다.

사실 보통 사람들이 돈을 쓰는 것도 이와 크게 다르지 않다. 현대인들은 대도시나 대량생산 체계가 만들어내는 획일성에서 벗어나려고, 즉 대도시에 의해 평준화되거나 마모되는 것에서 벗어나려고 자기만의 개성을 추구한다. 어떤 이들에게 소비는 압도하는 사회적 힘에 맞서 존재의 자율성과 개별성을 보존하려는 행위라고 볼 수 있다. 왜 현대인은 자신의 자율성과 개별성을 '소비'를 통해 유지하게 되었을까. 현대 사회에서 소비는 내가 누구이며 어떤 사람이 되기 원하는가 하는 의식을 만들고 그것을 유지하게 해주는 방법이다. 이제 사람들은 오직 자신의 정체성을 표현하기 위해 소비한다고 말할 수 있다.

연예인이나 스포츠 스타뿐 아니라 보통 사람들 중에서도 소비를 통해 정체성을 획득하려는 사람이 많다. 이른바 '명품'을 소비함으로써 자신이 누군지 드러내려 한다. 많은 사람들이 명품을 선호하는 것은 명품이 자신이 누구인지 말해준다고 생각하기 때문이다. 예를 들어 최근 와인 소비가 늘어난 것도 이런 맥락에서 설명할 수 있다. 일반적으로 다른 술과 달리 와인은 상당한 지식과 세련된 취향을 필요로 한다고 여겨지기 때문에 단순히 술이 목적이 아니라 자신의 경제력과 지식을 과시하기 위해 와인을 찾는 사람이 많아진 것이다. 이제 우리 사회에서 고급 시계, 고급 차, 값비싼 와인 등은 내가 누구인지, 어떤 계층에 속해 있는지를 드러내 주는 명함과도 같다.

미국의 경제학자이자 사회과학자 베블런(T. Veblen)은 이를 과시적 소비(conspicuous consumption)라고 부른다. 상층계급이 사회적 지위를 과시하기 위해 눈에 띄는 소비를 한다는 말이다. 소비의 목적이 과시이기 때문에 어떤 상품의 경우는 높은 가격이 책정되어야만 수요가 발생하고 또 증가한다. 대표적인 것이 다이아몬드다. 다이아몬드의 가격은 전 세계 어디서나 고가로 책정되어 있다. 이는 다이아몬드의 실질적 가치와 상관없이 이 물건의 가격을 고가로 유지해야 다이아몬드의 가치를 유지할 수 있다고 생각하기 때문이다. 다이아몬드의 가격을 유지하는 것은 사실 다이아몬드의 가치가 아니라 다이아몬드에 기대하는 소비자들의 욕망이다. 고가일수록 희소성이 생기고, 사람들은 그 희소성을 욕망한다. 그래서 고가품의 경우 도리어 가격이 떨어지면 희소성도 떨어져서 소비가 줄어든다고 한다. 이처럼 가격이 비쌀수록 수요가 증가하는 현상을 베블런 효과(Veblen effect)라고 한다. 베블런 효과는 소비 사회 속에서 살아가는 사람들의 욕망의 허구성을 잘 보여준다.

사회적으로 과시적 소비가 나타나는 것은 사람들이 상품 그 자체가 아니라 상품이 지시하는 어떤 이미지를 돈으로 사고자 하기 때문이다. 프랑스의 철학자 보드리야르(J. Baudrillard)는 소비 사회에서 사람들이 단순히 상품을 소비하는 것이 아니라 상품의 기호를 소비하게 되었다고 말한다. 기호란 자기 아닌 다른 것을 가리키는 것을 말하며, 따라서 명품은 가방이나 시계, 자동차 자체가 아니라 고가품을 구매할 수 있는 경제적 차별성과 세련된 취향을 지시한다.

자동차를 예로 들어보자. 자동차는 우리 사회에서 단순히 이동 수단만을 의미하지 않는다. 우리 사회에서 '자동차'라는 관념에는 여러 이미지가 복잡하게 중첩되어 있고 다양한 기호의 역할이 연결되어 있다. 누군가에게 자동차는 속도와 자유를 의미하겠지만 누군가에게는 신분을 표시하는 신분증이자 성공을 상징하는 훈장을 의미할 것이다. 자동차 광고들이 이를 증명하는데, 그 광고들은 차 자체의 성능보다는 '성공'의 이미지를 표현하고자 한다. 자동차가 성공이자 신분의 척도인 한에서, 소비자들은 자동차를 이동 수단으로 구매하기보다는 광고가 덧씌운 다양한 이미지에 돈을 지불하고 그 이미지를 소비한다. 이처럼 소비 사회에서 상품은 그것이 사용될 때의 가치, 즉 사용가치가 아니라 얼마만큼의 가격이 매겨지는가 하는 교환가치로 평가된다. 사용가치에서 교환가치로 바뀌었다는 것은 소비의 대상이 사물이 아니라 상품의 기호가 되었다는 의미다. 다시 말해 명품을 구매하는 사람들은 물건을 담는 가방이나 시간을 알려주는 시계가 필요다기보다는 '상류층'이라는 식별 기호가 필요한 셈이다. 따라서 명품 가방과 시계, 값비싼 스포츠카는 상승 지향의 욕망에 대한 은유에 불과하다.

왜 현대인들은 허상의 이미지에 많은 돈을 지불하며 자신을 그 속에 감추려는 것일까? 현대인들이 이미지를 소비함으로써 얻으려는 최종적인 목표는 다른 집단과의 차이다. 소비는 같은 수준의 소비를 할 수 있는 개인들을 암묵적으로 연결해주고 동시에 그런 수준에 이르지 못하는 사람들과 구별해주는 역할을 한다. 프랑스의 사회학자 부르디외(P. Bourdieu)는 특별한 집단이 자신이 속한 집단의 생활 방식을 다른 집단과 구별 짓기 위해서 취향을 이용한다고 보았다. 독특한 취향에 바탕을 둔 소비 양식을 통해 자신들의 집단을 다른 집단과 차별화하는 것이다. 취향을 형성하는 바탕에는 문화적 자본이 놓였지만 이것이 사회적으로 기능할 때는 차별과 구별의 근거 역할을 하는 것이다. 그래서 상류 계층은 고급문화에 대한 취향을 길러 자신들을 다른 집단과 차별화하고자 한다. 이때 소비의 대상이 되는 것은 가방이나 값비싼 보석 시계가 아니라 상류층에 속하고 싶은 지향의 욕망이다.

이런 측면에서 본다면 차이에 대한 욕구는 취향을 통해 자기 집단을 다른 집단과 구별하고 다른 집단의 동경을 불러일으키려는 우월의 심리가 작용한 결과라고 볼 수 있다. 소비를 부추기는 욕망이 자신을 다른 집단과 구별하고자 하는 욕구, 즉 차이에 대한 욕망이라면 이는 본질적으로 나의 욕망이 아니라 타자의 욕망이라고 할 수 있다. 구별 짓기에 의해 발생한 차이는 본질적인 차이가 아니라 다른 사람들에게 어떻게 보이고 어떻게 받아들여지는가 하는 차이일 뿐이다. 이 욕망은 자신이 속한 집단에 대한 다른 집단의 동경을 목표로 하기 때문에 실제로는 나의 욕망이 아니라 타자의 욕망이 된다. 남에게 어떻게 보이는가가 중요하기 때문이다. 결국 내 돈을 써서 나를 다른 사람들과 구분하고자 하지만, 결국 내 욕망의 최종적인 주체는 내가 아니라 타자가 되는 셈이다.

이런 구도에서는 자신의 정체성도 타자에 의해 종속되기 쉽다. 소비 사회에서의 정체성이란 자신과 타인에게 보이려는 그 어떤 유형의 사람이 되기를 욕망하는 과정의 산물이기 때문이다. 타인의 욕망을 거울삼아 자신의 정체성을 형성하기 때문에, 타인의 욕망이 바뀜에 따라 자신의 정체성도 유동하게 된다. 이처럼 타자의 욕망에 종속되어 끝없이 소비를 반복하면 자신의 정체성과 주체성은 사라지고 사회 구성원들 간의 연대는 와해되기 쉽다. 서로 상승을 지향하면서 남들과 자신을 구별하려고만 하기 때문이다.

기획된 타자의 욕망

서울을 비롯해 해외 유명 도시에서는 해마다 다음 시즌에 유행할 의상 스타일을 공개하는 성대한 패션쇼가 열린다. 어떻게 디자이너와 의류 회사들은 미래에 대중이 어떤 옷을 입을지 미리 예측할 수 있을까? 방법은 간단하다. 그들은 무엇이 유행할지 예측하는 것이 아니다. 대신 패션 업계는 무엇을 유행시킬지 기획하고 공모하고 선전한다. 수요가 있어서 공급이 창출되는 것이 아니라 공급이 수요를 창출하는 시스템이라는 의미다. 대중은 그들이 기획하고 공모한 대로 물건을 구매하면서도 마치 그것을 마치 자신들이 원해서 선택한 결과라고, 그래서 모두들 따르는 유행이 된 것이라고 착각한다. 현대인은 생산 체계와 기제가 만들어낸 소비의 질서에 따라, 기획되고 설계된 도식에 따라 습관적으로 소비하는 경향이 강하다. 우리 자신이 계획되고 기획된 시스템 안에서 그저 지갑을 열어 신용카드를 긋는 소비 대행자에 지나지 않을 수 있다는 사실을 망각하는 셈이다.

그렇다면 내 욕망의 진짜 주체는 누구인가? 학자들에 따르면 그것은 대중매체나 명품 회사 또는 특정한 자본가가 아니라 자본주의 그 자체다. 자본주의의 본질과 운동 법칙이 인간의 비판적인 이성을 차단하고 자본주의적인 생산과 소비 시스템의 운용에 원활하도록 개인의 욕망을 기획하고 조정한다. 프랑스 학자 르페브르(H. Lefebvre)는 이러한 현대 사회를 소비 조작의 관료 사회라고 부른다. 현대인이 타자에 의해 조정되고 교육받고 통제받은 대로 소비를 행하기 때문이다. 소비는 더 큰 시스템에 의해 언제나 관리되고 감독되며 통제된다. 르페브르가 말하는 외부의 시스템은 자본가나 기술 관료, 정치권력이나 자본주의 이데올로기이지만, 중요한 것은 소비가 단순히 개별적이거나 개인적인 행위가 아니라는 점이다. 특정한 세력이 조작했다기보다는 이미 생산과 소비를 분리시키고 소비를 신화화해서 욕망을 창출하고 이윤을 실현하는 자본주의의 본질적 구조가 소비를 사회화해놓았다고 볼 수 있다. 현대 사회에서 소비는 코드화된 가치들의 생산 및 교환 체계 속에서 이루어진다. 결혼 예물, 자동차 등의 의미는 특정한 회사가 개입하지 않더라도 이미 우리 사회에서는 신화화되고 코드화되어 있다. 이렇게 볼 때 우리가 어떤 물건을 구매하고 소비한다면 그것은 자연스러운 욕구가 아니라 자본주의적 운동의 결과로 사람들이 그것을 욕망하도록 사회화된 결과라고 볼 수 있다.

문제는 자본주의 사회에서 사회적으로 코드화된 욕망은 소비를 통해 결코 충족될 수 없다는 것이다. 우리는 보통 욕망의 뒷면이 결

명품 브랜드 버버리의 패션쇼 피날레 모습이다. 디자이너와 의류회사들은 무엇을
유행시킬지 기획하고 공모한다.

여 또는 부족이라고 생각한다. 결여가 욕망의 원천이라면 결여가 충
족되었을 때 욕망도 실현되고 따라서 욕망은 사라져야 한다. 그러나
우리는 욕망이 실현되는 순간 또 다른 경험을 한다. 하나의 욕구를
채우면 욕구는 충족되어 사라지는 것이 아니라 새로운 욕구를 불러
일으키는 것이다. 그래서 소비를 통한 만족은 일시적인 경우가 많다.
곧이어 우리는 더 좋은 제품을 원하게 된다. 물건을 구입하면 그 물
건을 돋보이게 할 다른 물건이 필요한 경우가 많다. 혹 구입한 것이
최신 상품이라고 해도 곧 새로운 기능과 디자인의 신제품이 나오기
때문에 쉽게 욕구를 멈출 수 없다. 이 과정은 끝없이 이어지며, 욕구
를 막고 소비를 절제하려는 개인적인 노력은 현실성이 없거나 힘없
는 도덕적 주장에 그칠 가능성이 높다. 대상이 욕구를 불러일으키는
것이 아니라 욕구가 욕구를 불러일으키기 때문이다. 소비할수록 더
많이 소비하고 싶어지는 이유가 바로 여기에 있다.

A를 필요로 해서 A를 구매했는데 그것으로 만족이 이루어지지 않고 다시 B를 갖고 싶다면 도대체 나는 무엇을 원했단 말인가? 자본주의 사회에서는 물건이나 경험을 아무리 많이 소비해도 결코 만족에 이를 수 없다. 그것은 하나의 소비가 하나의 욕구를 만족시키는 순간 동시에 또 다른 결여를 만들어내기 때문이다. 끝없이 생산이 이루어지고 이윤이 창출되어야 하는 자본주의 사회에서의 소비는 충족과 결여를 동시에 발생시키는 구조를 지닌다. 우리 안에서 욕구는 쉽게 안정되거나 정착하지 않는다. 욕망이 끝없이 새로운 생명으로 증식하고 분열할수록 나는 나로 살기 어렵다. 욕망이 내 대신 내 안에서 살아가기 때문이다.

결론적으로 소비를 불러일으키는 욕망은 영원히 충족될 수 없다. 특히 차이를 만들고 다른 집단과 구별 짓기 위한 소비는 실체가 아니라 이미지를 소비하는 관념적 실천에 불과하기 때문에 더더욱 실현될 수 없다. 이미지로서의 관념은 아무리 소비해도 만족에 이를 수 없기 때문이다. 욕망은 인간에 의해 선별적으로 발휘되지 않고 스스로 살아 있는 기제가 되어 의식의 통제가 미치지 않는, 살아 있는 유령처럼 스스로 움직이게 된다. 욕망을 소비하는 끝없는 순환을 만드는 주도자는 누구인가? 자본가들이나 권력자들, 기술 관료들인가? 이들은 진정한 욕망의 미래 기획자라고 볼 수 없다. 단지 가치 증식과 이윤 추구라는 자본주의의 자기운동을 대행하는 대행자에 불과하다. 들뢰즈(G. Deleuze) 같은 현대 프랑스 철학자는 이처럼 스스로 움직이는 자본을 '욕망하는 기계'라고 부르기도 했다. 욕망의 대행자인 인간도 욕망하는 기계로서 일종의 기계적 흐름에 따르는 수동적인 존재일 뿐이다.

돈 쓰는 법을 배우라
텔레비전과 광고

소비를 통해 누구이고자 하는가가 결정된다면 이에 가장 큰 영향력을 끼치는 것은 텔레비전과 같은 대중매체라고 할 수 있다. 특히 텔레비전은 대중에게 무엇을 어떻게 욕망해야 하는지, 욕망을 충족시키기 위해서 어떤 소비의 실천을 해야 하는지를 알려주는 소비의 교과서이자 욕망의 매뉴얼 역할을 한다. 주말만 되면 텔레비전에서는 맛집이나 여행지를 소개하는 프로그램을 방영한다. 우리는 이로부터 어떻게 여가를 보내야 하며 어떻게 돈을 써야 할지를 자세히 배우게 된다. 이뿐만 아니다. 각종 대중매체는 우리에게 연예인들이 입고 걸치는 것들, 드라마 세트에 나오는 각종 가구, 가전제품 등의 최신 트렌드가 무엇인지 알려주며, 무엇보다 어디에서 살 수 있는지 가르쳐주려고 한다. 잘 알려져 있듯 텔레비전 프로그램을 통한 간접 광고 마케팅(Product Placement: PPL)은 방송에 등장한 물건을 대중이 직접 구매하도록 부추기는 효과가 있다. 텔레비전을 통해 소비가 촉발되는 것은 텔레비전에 이미지를 통해 시선을 통제하는 효과가 있기 때문이다. 이미지로 시각화된 음식과 멋진 풍경은 단순히 개인적 감상에 그치지 않고, 무의식적으로 소비를 강제하는 효과를 낸다.

사실 텔레비전은 개별 상품 정도가 아니라 아예 새로운 사회적 맥락이나 체계를 일상화하는 역할을 한다. 예를 들어, 텔레비전은 명품 소비나 해외여행 등 일상화되지 않았던 소비 행태를 소개하면서 이를 사회에 자연스럽게 일상화하는 역할을 한다. 이와 유사한 방식으로 새로운 소비재도 일상화한다. 예를 들어, 정수기나 음식물처리기 회사 등은 주부들이 많이 시청하는 드라마에 협찬하면서 간접적으로 제품을 광고한다. 그 결과는 단지 제품의 판매 상승으로 연결되지 않는다. 드라마를 통해 그 제품에 친숙해지게 되면 우리는 특정 제품을 삶에 꼭 필요한 필수품으로 받아들이게 된다. 이런 일이 가능한 것은 사람들이 텔레비전 드라마에 등장하는 삶의 방식을 그대로 복사하고 따르고자 하기 때문이다.

광고는 이 역할을 실제로 담당한다. 광고는 노골적으로 소비를 복합적이고 중층적인 이미지로 가공한다. 보통 광고는 사회적 맥락이 반영되는 그 시대 삶의 기호라고 한다. 광고에는 사회 구성원들의 욕구와 이상이 반영되어 있다는 의미다. 일단 요즘 광고는 상품의 기능을 광고하지 않는다. 상품의 이미지와 상품을 소비하는 사람들의 이미지를 전할 뿐이다. 세련되고 부유한 젊은 남녀를 모델로 내세우는 것은 상품을 사는 사람들의 이미지를 가공해서 그것을 동경하게 만들려는 의도다. 사람들은 자신이 같은 상품을 구입함으로써 광고 모델과 같은 이미지를 얻은 것처럼 착각하게 된다. 이처럼 광고가 상품 자체에 대한 소개보다는 모종의 '이미지'를 전달한다면 욕구와 사회적 이상의 결합은 더욱 복잡해진다. 광고가 그 상품을 통해 소비자가 추구하려는 욕망을 상징화한다는 것이다.

더 중요한 점은 광고가 소비를 신화화한다는 것이다. 세련되고 아름다운 여성이 주인공으로 나오는 아파트 광고를 예로 들어보자. 광고 속에 나오는 여성이 아름답고 세련되어 보인다고 생각하는 순간, 광고 속 여주인공은 성공한 여성의 이미지를 얻게 된다. 신화화는 이로부터 발생한다. '아파트=성공한 여성=미모'의 공식, 즉 여성은 아름다워야 성공할 수 있으며 성공한 사람만이 광고 속의 아파트에 살 수 있다는 신화가 하나의 이데올로기로 굳어진다. 성공의 상징이 되어버린 자동차나 고급 아파트 브랜드도 이와 유사한 신화로 굳어져 있다.

또 광고는 이미지를 통해 소비자에게 신호를 보내고 그 상품의 미래의 주인공으로 호명하는 효과를 가진다. 많은 광고가 소비자를 당신·너·여러분 등으로 호명한다. 광고가 소비자를 호명하는 것은 소비자를 소비의 주체로 세우기 위해서다. 광고가 소비자를 호명하면 소비자는 광고에 의해 '특별한 당신'으로 재탄생한다. 물론 이 특별한 당신이 될 수 있는 성립 요건은 오로지 경제적 능력이다. 그런데도 소비자는 광고의 호명 효과를 통해 자신이 자율적인 실천의 주체라고 믿는다. 결국 광고는 개인을 자본주의 사회의 주체, 즉 합법적이고 자유로운 소비자라는 착각을 각인시키는 효과를 갖는다. 그러나 소비자는 주체가 아니라 실제로는 기계적·무비판적으로 지갑을 여는 소비의 매개체에 불과할 가능성이 높다.

문제는 이런 식의 자기 충족과 즉자적 자기만족을 모든 사람에게 묵시적으로 강요할 경우 사회적 갈등이 유발되기 쉽다는 데 있다. 아름다운 연예인을 좋아하는 것은 개인적인 취향이지만 예쁜 얼굴이 더 가치 있고 우월하다고 여기며 연예인의 미모를 기준으로 사람들의 외모를 평가하는 것이 문제다. 외모로 사람들을 평가하고 외모로 사람들을 등급화하면 많은 사람들이 고통받게 된다. 외모는 모든 사람들이 가진 독특한 개성임에도 불구하고 이러한 개인의 다양성을 인정하지 않고 천편일률적인 미의 기준에 맞추려 할 경우 개인의 주체성과 자존심은 깨지기 쉽다. 또 경제적 능력을 다른 가치보다 더 중요하게 여기는 풍토가 형성된다면 사회는 경제적 능력에 따라 서열화되기 쉽다. 사실상 이미 자본주의 사회에서는 경제적 능력이 사회 구성원을 서열화하는 궁극적인 기준이 되어간다. 대중매체는 경제적 능력, 즉 부에 대한 신화를 좀 더 정교하고 세련되게 포장하는 역할을 할 뿐이다. 성공과 세련된 취향이라는 신화의 배경에는 자본주의 사회를 움직이는 검은 피, 돈이 자리 잡고 있다.

종교로서의 돈

어떤 사람이 은퇴한 선생님으로부터 물려받은 피아노를 소중하게 간직하고 있었다. 이 사람이 어느 날 집에 가보니 아끼던 피아노가 없어졌다. 아버지가 낡은 피아노라며 10만 원을 받고 파신 것이다. 이 사람에게 그 낡은 피아노는 물리적인 나무와 쇠줄 덩어리가 아니라 선생님과의 추억이나 피아노 앞에서 보낸 시간이 만들어낸 그 자체로 풍부한 의미를 가진 사물이었다. 그러나 이 피아노를 사고 판 사람들에게 피아노는 그저 돈의 액면가를 의미할 뿐이었다. 시간의 축적을 겪은 사물이 가진 풍부한 의미와 가치는 사라지고 단지 돈에 적힌 숫자로 평면화되어 버린 셈이다. 이처럼 돈은 사물을 교환가치로 줄 세우고 지폐에 적힌 숫자로 평균화하는 힘을 지니고 있다.

이렇게 모든 것을 교환가치로 환원하면 사물과 맺었던 정서적인 다양성도 결국 소멸되어버린다. 사물의 다양한 존재 가치는 돈으로 환원되는 한, 빈곤하고 허무한 숫자에 갇히기 쉽다. 만일 우리가 사물과의 관계에서 빈곤해진다면 그만큼 타인과의 관계에서도 빈곤해지기 쉽다. 인간관계도 돈이나 이익을 기준으로 서열화되고 또 평면화되기 때문에 개인의 개성은 무의미해지고 타인과의 관계도 위계화되기 쉽다. 그 사람이 가진 경제력에 따라, 사회적 지위에 따라 평가되기 쉽다는 의미다. 현대 사회에서 돈은 대단한 권력의 원천임에 틀림없다.

물론 돈은 현대인에게 미래의 잠재적 가능성 그 자체다. 돈이 지시하는 용도는 현재가 아니라 미래에 있으며, 그래서 언제나 막연하고 불확정적이다. 미래로 열린 예정된 실현 능력으로서의 돈은 그것을 가진 사람에게 무엇이든 할 수 있고 무엇이든 살 수 있다는 자신감을 준다. 그래서 돈의 가치는 그 돈에 적힌 액면가의 가치를 뛰어넘는다. 10만 원짜리 수표의 가치와 10만 원짜리 물건의 가치는 다르다. 10만 원으로는 결코 10만 원 이상의 물건을 살 수 없지만 사람들은 이 선택의 가능성에서 일종의 자유를 느낀다. 그리고 이 자유, 즉 소비할 자유를 통해 삶의 불안이나 불만이 해소되고 수많은 결핍과 결여가 메워질 듯한 착각에 빠진다. 그러나 선택 가능성으로서의 돈과 선택으로서의 소비 행위가 인간을 자유롭고 충족된 존재로 만들어주지는 않는다. 일정한 액면가의 돈은 그 범위 안에서 무엇이나 살 수 있는 선택 가능성을 제공하지만, 이 가능성은 모든 사람에게 유사한 수평적 자유에 불과하다. 그러나 사람들이 불행한 것은 무엇을 고르지 못해서가 아니라 더 많이 가지지 못했기 때문이다.

물론 돈을 수직으로 쌓아도 불안과 불만이 해결되지 않는다. 욕구의 구멍은 돈을 지불해 어떤 물건을 선택하는 순간 메워지지 않고 더 큰 구멍을 뚫어놓는다. 하나를 소유하면 더 소유하고 싶어진다. 이 메움과 뚫림의 과정은 자본주의 사회에서 생필품과 식량 이외의 잉여적 상품이 생산되는 한, 그리고 그 물건에 의미를 부여해서 사회에 소통시키는 대중매체가 존재하는 한 영원히 지속될 순환이다.

또 돈은 필요한 것 이상의 낭비를 정당화시킨다. 만약 생산한 것들을 그대로 교환한다면 이윤이 발생하지 않는다. 그러나 돈은 물건에 이윤을 붙이고, 더 많이 소비할수록 이윤도 늘어가기 때문에 생산물의 품목은 점점 늘어나고 상품과 서비스는 갈수록 세분화된다. 사람들의 자신의 욕망의 크기에 따라 물건들을 배열하고 가격을 결정한다. 더 많은 사람이 욕망하는 것에는 더 비싼 가격이 붙고, 여기서 이윤이 발생하는 구조가 정착된 것이다. 1억짜리 다이아몬드의 가치는 다이아몬드 자체의 기능에 있지 않다. 다이아몬드의 가치는 그것을 원하는 사람의 마음속 욕망과의 관계를 통해 형성된 것이다. 우리 사회에서 집값이 오르는 것도 이와 유사한 구조다. 그것은 집의 가치가 집이라는 물리적인 실체의 가치가 아니라 사람들의 기대 심리와 욕망에 의해 결정되기 때문이다. 집값은 재산 가치로서의 집에 대한 욕망과 집값이 오를 것이라는 기대 심리가 돈의 양으로 실체화된 것이다.

사람들의 욕망은 관념적이고 추상적이지만, 그것이 돈으로 번역되는 한 쉽게 물질화되고 실체화된다. 돈은 애초에 교환의 수단으로 등장했지만, 돈이 욕망을 실체화하자 더 이상 수단이 아니라 그 자체가 목적이 되었다는 의미다. 우리 사회에서 돈은 단순히 경제력이 아니라 하나의 권력이자 맹목적인 신앙의 대상이다. 사람들은 그 권력의 힘을 알기 때문에 부자들에게 관대해진다. 사람들은 돈의 힘을 신앙하고 돈의 힘에 경배한다. 그래서 이제 돈은 현대 한국인들에게 종교와도 같다. 돈이 신처럼 전능한 힘을 가진 것으로 이해되기 때문이다. 돈을 신격화하는 사회에서 사람들은 경제적인 능력을 기준으로 서열화되고 상호 유대적인 인격적 관계는 해체되기 쉽다.

탈출구는 없는가?

자본주의는 역사적인 실험을 통해 경쟁자가 없는, 경제성장에 가장 효율적인 제도임을 스스로 증명해왔다. 부의 편중이나 불평등, 인간소외나 물신주의 같은 모순들의 한계는 분명하지만, 거대한 사회적 시스템으로서의 자본주의를 쇄신해나가는 길은 쉽지 않을 것이다. 그렇다고 해서 우리의 책임이 사라지거나 실천의 의무가 없어진 것은 아니다. 욕망을 기획하고 통제해서 성장해나가는 자본주의 자체의 운동은 계속되겠지만, 사실 우리의 일상에 통제와 조작을 그대로 허용하는 것은 우리 자신의 문제다. 아무리 제도적 모순이 있다 해도 잘못된 성공 신화를 믿으며 어떤 방법을 쓰더라도 성공에만 이르면 된다는 비뚤어진 욕망을 키워온 것은 우리 자신이기 때문이다. 그러므로 소비 사회의 조작으로부터 벗어나고 왜곡된 욕망에서 비켜서기 위해서는 가장 먼저 우리 사회의 문화 구조와 소비 구조의 이면에 대해 분석하고 문제점을 공론화할 필요가 있다. 비판적 이성으로 사회적 현상을 바라볼 필요가 있다는 말이다.

비판적 이성을 자신 안으로 돌리고 사회의 작동 방식을 읽을 수 있으면 타자의 욕망에 나를 맡기지 않을 수 있다. 무엇보다 경제적 능력을 통해 사람들을 서열화하는 잘못된 가치관에서 벗어나 삶의 다양성을 있는 그대로 인정하려는 태도가 중요할 것이다. 자신의 육체와 욕망, 시간을 타인에게 저당 잡히는 것이 아니라, 비판적인 자각을 통해 스스로의 것으로 되돌리자는 것이다. 대중매체의 조작에 쉽게 휩쓸리지 않는 것도 중요하다. 말초적으로 욕망을 자극하는 대중매체로부터 거리를 두고 비판적 각도에서 문제의 본질을 생각하는 태도를 가진다면 대중매체의 이미지 조작에 쉽게 흔들리지 않을 수 있다.

왜곡된 소비에 대한 욕망에서 벗어나려면 먼저 사회 구성원들의 다양한 삶의 방식이 인정되어야 한다. 경제적 능력이나 외모 같은 획일적인 기준으로 다른 사람의 삶을 평가하고 서열화하지 않는 것도 중요하다. 각자의 삶의 방식이 존중된다면 굳이 자신을 다른 집단과 구별하려고, 또는 다른 집단의 동경을 불러일으키려고 과시적 소비를 하지 않아도 된다. 소비를 통해 자기를 증명할 필요가 없는 것이다. 무엇보다 중요한 것은 사회적 연대감을 되찾는 일이다. 서로를 평가하고 서열화하지 않으며, 통제하고 지배하려 하지 않고, 서로에 대한 연대적 책임감을 회복해야 한다. 양심과 도덕성을 바탕으로 타인의 삶에 관심과 책임감을 가진다면 이미지가 만들어내는 공허한 욕망에 몸을 맡기는 대신 공동체 속에서 진정한 삶의 만족을 얻을 수 있을 것이다.

《위대한 개츠비》

F. 스콧 피츠제럴드 지음. 김욱동 옮김. 민음사. 2003.

이 소설의 줄거리는 간단하다. 가난한 농부의 아들 개츠비는 데이지라는 상류층 여성을 만나 사랑에 빠지지만 전쟁에 나간 사이 그녀는 부호와 결혼해버린다. 개츠비는 그녀를 되찾으려고 신분 상승을 꿈꾸며 범죄 조직과 결탁해 원하던 부를 손에 넣고, 그녀를 만나려고 밤마다 호화로운 파티를 연다. 결국 두 사람은 재회하지만 운명은 데이지를 되찾으려는 개츠비의 편에 서지 않는다. 개츠비는 누명을 쓰고 쓸쓸히 죽어간다. 이 소설은 안타까운 사랑 이야기로 보이지만, 사실 1920년 미국 사회를 충실히 재현하고 그 세태를 풍자하는 사회 풍자소설로 읽힌다.

1920년대 미국 사회는 광란의 시대라고 불릴 만큼 혼란스러웠다. 제1차 세계 대전 직후 미국은 물질적 풍요가 시작되었고, 뉴욕의 증권가는 미래에 대한 기대 심리로 호황을 누리고 있었다. 당연히 부자들도 늘어갔다. 사회에 돈이 넘치자 사람들은 술과 음악과 파티를 찾았다. 향락의 도시에서 사람들은 그 향락에 빠져 쉽게 타락했다. 이 시대의 미국은 돈만 있으면 모든 것이 가능하던 물신화의 시대였던 것이다.

위대한 개츠비는 이런 미국 사회의 앞면과 뒷면을 모두 담고 있다. 사랑 앞에 순수했던 개츠비지만 그가 사랑을 되찾으려고 취했던 방법은 범죄 조직과 결탁하는 부도덕한 방법으로 부자가 되는 것이었다. 또 그가 사랑했던 여인은 개츠비의 사랑보다는 그의 호화로운 저택에 더 관심을 보인다. 다른 주인공들도 크게 다르지 않다. 소설 속에는 사랑 없이 신분 상승의 욕망만으로 연인을 이용하거나 돈으로 사랑을 사려는 사람이 나온다. 아무런 삶의 목적도 없이 상류층의 안락함만을 추구하는 인물이 나오는가 하면 상류층에 들어오려고 온갖 불법과 편법을 저지르는 사람들도 나온다. 그뿐만 아니라 부자들을 모방해 그들보다 더 향락적이고 퇴폐적인 삶을 사는 하류 계층의 모습도 보인다.

개츠비는 꿈을 좇아 원하는 곳에 도달했지만, 결국 아무것도 이루지 못한 것과 마찬가지다. 삶의 목적과 방향을 잃었기 때문이다. 이 소설은 신분 상승에 대한 욕망이 사람을 어떻게 왜곡시키고 변질시키는지 보여준다. 위대한 개츠비는 미국식 자본주의의 급속한 발달이 가져온 온갖 욕망의 왜곡과 부조리를 사랑 이야기 속에 담아낸 셈이다.

생각해볼 문제

1. 왜 우리 사회에서 유독 명품 선호와 같은 과시적 소비가 많이 나타나는지 그 원인과 문제점에 대해 토론해보자.
2. 우리 사회의 광고와 다른 문화권의 광고를 비교하고, 어느 쪽이 더 소비 지향적인지 근거를 들어 토론해보자.
3. 자동차와 비슷한 의미의 소비재를 찾아 우리 사회에서 그 소비재에 어떤 신화가 덧씌워져 있는지에 대해 이야기해보자.
4. 우리나라의 편의점에는 다른 나라에는 없는 공간이 있다. 라면을 먹을 수 있는 부스나 야외의 테이블이다. 왜 이런 시설이 우리나라 편의점에만 존재하는지 자신의 생각을 이야기해보자.
5. 경기가 어려울 때 경기 부양책의 일환으로 부자들을 위한 세금 감면을 시행하자고 주장하는 사람들이 있다. 가난한 이들은 소비 능력이 없기 때문에 세금을 깎아주지 않는다. 그렇다면 부자가 주머니를 연다고 해서 경기가 나아진다고 볼 수 있을까? 부자들을 위한 세금 감면에 대해 토론해보자.

참고문헌

가시마 시게루.《백화점의 탄생−봉 마르셰 백화점, 욕망을 진열하다》. 장석봉 옮김. 뿌리와이파리. 2006.
갤브레이스, 존 케네스.《풍요한 사회》. 노택선 옮김. 한국경제신문. 2006.
르페브르, 앙리.《현대세계의 일상성》. 박정자 옮김. 기파랑. 2005.
모스, 마르셀.《증여론》. 이상률 옮김. 한길사. 2002.
박정자.《로빈슨 크루소의 사치》. 기파랑. 2006.
베블런, 토르스타인.《유한계급론》. 김성균 옮김. 우물이있는집. 2005.
보드리야르, 장.《소비의 사회》. 이상률 옮김. 문예출판사. 1992.
—.《시뮬라시옹》. 하태환 옮김. 민음사. 2001.
부르디외, 피에르.《구별 짓기−문화와 취향의 사회학》(상·하). 최종철 옮김. 새물결. 2005.

지문날인부터 디지털 파놉티콘까지
감시 사회와 개인의 자유

서영화

생체 정보를 관리하는 사회

장면 1

빈센트는 민영 우주인 양성기관인 가타카에 입사하기를 간절하게 원한다. 빈센트는 많은 유전적 결함을 갖고 태어난 아이다. 반면 빈센트의 동생인 안톤은 유전적으로 월등하게 뛰어나다. 안톤은 영화 속 대부분의 부모가 그러하듯 유전자 배열을 조합하고 조작한 결과로 태어난 아이였기 때문이다. 자연분만으로 태어난 빈센트는 자기 동생보다 키도 훨씬 작았고 체력도 떨어진다. 둘은 어른들 모르게 종종 그들만의 게임을 하곤 한다. 바다에서 갈 수 있는 한 멀리까지 수영을 해서, 먼저 포기한 사람이 지는 것이다. 승리는 번번히 안톤의 차지였다. 안톤은 게임이 끝나고 나서는 형을 모욕적으로 대하기까지 한다. 그러나 이러한 것들은 빈센트를 그다지 괴롭히지 않는다. 정작 빈센트를 좌절하게 만든 것은 그의 신체가 우주인이 되기에 적합하지 않다는 사실이다. 유전자 정보에 따르면 그는 심장 질환을 앓을 확률이 높으며, 30세 정도에 사망할 확률이 높다. 어느 날 빈센트는 태어나 처음으로 수영 게임에서 안톤을 이기고, 익사의 위험에 처한 안톤을 구한다. 그리고 빈센트는 집을 떠나 남의 유전자와 신분을 빌려 자신의 꿈을 이루기 위해 가타카에 입사한다. 영화 〈가타카〉(1997)는 개인의 생체 정보가 사회에 의해 철저하게 관리되고 통제되는 미래 사회를 배경으로 한다. 가타카(Gattaca)라는 영화 제목은 DNA를 구성하는 네 가지 뉴클레오티드 아데닌, 구아닌, 시토신, 티

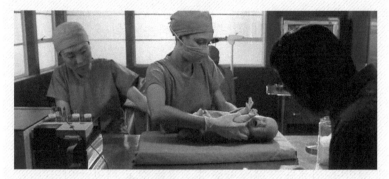

영화 <가타카>에서는 사회 구성원의 모든 생체 정보를 관리하고 통제하고 조절하는 미래 사회의 모습이 그려진다. 영화적 상상력에 불과했던 디스토피아 미래는 20년이 지난 지금 현실이 되어가고 있다.

민의 머리글자를 딴 A, G, C, T를 조합해서 만든 단어다. 이 영화는 미래를 디스토피아로 그리는 공상과학 영화다. 영화에서 배경으로 한 미래 사회의 모습, 사회 구성원의 모든 생체 정보를 관리하고 통제하고 조절하는 미래 사회는 영화가 개봉하던 당시에는 도래하지 않을 사회였다. 그러나 지금에 와서 영화에서 그리는 미래 사회는 우리에게 도래할 미래가 되어 가고 있다.

장면 2

신문 기사에서 본 여고생의 지문에는 상처가 나 있었다. 그리고 그 상처에는 검은색 스탬프 자국이 남아 있었다. 2006년 당시 여고생이었던 김 씨(당시 19세)는 평택 미군기지 확장과 한미 FTA를 반대하는 평화 행진단에 참여했다. 그리고 그 행진단은 평택경찰서를 항의 방문했으며, 그 과정에서 김 씨는 경찰서에 연행되었다. 경찰은 〈집회 및 시위에 관한 법률〉을 근거로 김 씨의 지문날인을 요구했다.

김 씨는 평소에 지문날인을 거부해왔기 때문에 그날도 대체 신분증인 여권을 제시했다. 그런데 경찰은 이를 묵살한 채 여경 십여 명을 동원해 김 씨의 지문을 강제로 채취하려 했다. 경찰의 강제적인 조치에 김 씨는 강하게 저항했고, 급기야는 음료수 병뚜껑으로 자신의 지문에 상처를 냈다. 그럼에도 경찰은 김 씨의 저항을 제압하고 손가락에 검은 잉크를 묻히는 등 강제 날인을 시도했다. 경찰이 강제로 지문을 채취를 하기 직전 주위에 있던 교사와 부모의 항의로 여고생은 다시 유치장에 감금되었다. 1999년부터 2004년에 이르기까지 주민등록증 발급 과정에서 시행된 열손가락 지문날인 제도에 대한 헌법소원이 진행되었다. 그러나 2005년 헌법 재판소는 경찰청장이 정보를 수집, 보관, 이용하는 것이 합법이라는 판결을 내렸다. 이때 헌법 재판소는 지문날인 제도 자체의 타당성이나 부당성에 대해서는 어떠한 언급도 하지 않았다.

지문이나 DNA 정보는 각 개인마다 고유한 생채 정보를 담는다. 이러한 특징 때문에 지문이나 DNA 정보는 개인 인증이나 국가의 범죄 정보 관리에 사용된다. 미국은 9.11 테러 이후 미국에 입국하는 외국인에 대해 지문채취와 얼굴 사진 촬영 등 생체 정보 수집을 의무화한다. 테러에 대한 효율적인 대책으로 생체 정보를 수집한다는 것이다. 이제 미국에 입국하고자 하는 대한민국 국민이라면 누구나 입국과 동시에 지문날인을 해야 한다. 그런가 하면 우리나라는 17세 이상 모든 국민에 대해 열손가락 지문채취를 의무화한다. 우리나라에서 17세 이상의 전 국민에 대해 지문날인을 의무화하기 시작한 것은 박정희 정권 때부터다. 당시 김신조 등이 청와대를 기습한 1. 21 사태의 여파로 남파간첩 및 불순분자 색출이라는 명목하에 17세 이상 국민에 대해 열손가락 지문채취가 의무화되었다. 현재 지문날인 제도는 애초의 범죄 데이터베이스를 확보한다는 목적보다 주민등록 증 발급을 위한 행정 조치의 일부가 되었다.

지문날인 제도에 반대하는 사람들은 이 제도가 필요한 정도 내 에서만 최소한도로 적용되어야 한다고 말한다. 십지 지문채취는 개 인의 인권과 프라이버시와 같은 기본권을 침해함은 물론, 전 국민 을 잠재적인 범죄자로 간주한다는 것을 의미하기 때문이다. 외국의 경우 지문날인은 범죄자나 특별한 경우에만 체계적으로 실시한다, 그러나 오늘날은 점차로 이러한 예외적인 상태가 일반화되고 있다. 9.11 테러 이후 미국이 외국인에 대해 지문날인을 요구하는 일은 예 외 상태가 일상적이고 보편적인 상태로 되고 있음을 단적으로 보여 준다.

파놉티콘-내-존재
우리는 '모두가 보이는 곳'에 거주한다

푸코(M. Foucault)는 1975년에 발표한《감시와 처벌》에서 현대 사 회의 권력이 작동하는 방식을 '파놉티콘(Panopticon)'이라 비유한 바 있다. 파놉티콘은 죄수들을 감시하기 위해 중앙에 감시탑을 설치하 고 그 바깥쪽으로 죄수들을 가두는 감방이 있는 원형 감옥을 말한다. 푸코에 의하면 현대 사회는 파놉티콘화 되어가고 있다.

파놉티콘이라는 원형 감옥의 형태를 최초로 고안한 사람은 벤담(J. Bentham)이다. 벤담은 죄를 지은 사회 구성원에 대한 처벌이 너무 가혹하다는 문제의식에서 출발해 하나의 독특한 건축물을 고안해 냈다. 공리주의자였던 벤담이 고민한 것은 죄 지은 자를 보다 관대하게 처벌하면서도 효율적으로 사회적 이익을 창출하는 것이었다. 그러다 벤담은 죄인들을 감금하는 교도소를 '모두가 보이는 곳'으로 만드는 건축 아이디어를 제시한다.

18세기 유럽은 신체적인 고통을 주는 방식으로 죄인을 처벌했으며, 처벌의 강도도 상당히 가혹했다. 정부 기관은 죄 지은 자를 언제든지 사형에 처할 수 있었으며, 죄인의 코나 귀를 베는 일이 허다했다. 당시 영국의 경우 죄인들을 미국행 호송선으로 이주시키는 것이 다반사였는데, 이때 죄수들의 3분의 1 정도가 죽어나갔다. 이에 벤담은 죄인들을 항시적으로 감시할 수 있는 관리 시스템을 갖출 수 있다면, 살인자나 죄인들을 신체적으로 체벌하지 않고서도 나태함이나 나쁜 습관을 고쳐 교화할 수 있다고 본 것이다.

벤담의 파놉티콘은 당시 다른 교도소나 감옥에서 볼 수 없는 특징을 갖고 있었다. 파놉티콘은 '모두가 보이는 곳'이면서, 그 감시 방식은 '시선의 비대칭성'에 따른다. 죄수의 방은 원형 건물의 원주를 따라 위치하면서 항상 밝게 유지되고, 간수의 감시 공간은 항상 어둡게 유지되도록 설계되었다. 그러다 보니 죄수의 24시간은 간수에게 노출되며, 자신이 감시당하고 있는지 그렇지 않은지조차 알 수 없다. 이 시선의 '비대칭성'이 파놉티콘의 핵심 구조인 것이다. 푸코는《감시와 처벌》에서 이러한 파놉티콘의 특징을 감시당하고 있다는 사실을 죄수의 정신에 내면화하는 구조, 즉 정신에 의한 정신에 대한 권

파놉티콘이 구현된 사례로 쿠바의 정치범 수용소인 프레시디오 모델로(Presidio Modelo) 감옥이 있다.

력 행사라고 표현하기도 한다. 그런 의미에서 파놉티콘은 '감시의 환영을 창조한 극장'이었다.

　푸코는 벤담의 이러한 건축적 아이디어를 현대 사회의 지배 형태의 핵심 성격을 드러내는 사례로 본다. 푸코에 의하면 현대 사회는 '파놉티콘'처럼 구조화되어 있다. 현대 사회는 사회 구성원 전체가 마치 '모두가 보이는 곳'에서 거주하는 것과 같이 삶을 살아간다는 점에서 그렇다. 학교, 공장, 군대나 병원은 언제든지 원하기만 하면 감시하고 통제할 수 있다는 점에서 감옥과 닮아 있다. 학교 교실, 병원 병실, 군대 내무반 그리고 공장 작업실은 모두 밖에서 안을 들여다 볼 수 있는 구조로 되어 있다. 물론 이러한 항시적인 감시 체제는 학생, 환자, 군인 그리고 노동자의 안전과 복지를 증진시킨다는 목적하에 작동한다. 그런데 푸코는 사회 구성원의 안전과 복지를 보장하기 위해 우리들 삶의 공간이 이러한 방식으로 구조화되는 것은, 이 사회가 '생명 권력(bio-power)'이 지배하는 사회임을 의미한다고 말한다. 개인과 인류의 안전과 복지를 증진시킨다는 미명하에 사회 전체에 질서와 규제가 일반화되어 있다는 점에서 말이다.

근래에 들어 폐쇄회로 텔레비전(CCTV)이 설치되지 않은 도시의 도로나 집을 찾아보기 쉽지 않다. 한때는 사적인 공간에 폐쇄회로 텔레비전을 설치하는 문제를 두고 갑론을박이 벌어지기도 했었다. 한 편에서는 안전과 보안을 보장받을 수 있어야 한다고 말하고, 다른 한 편에서는 불특정 다수의 프라이버시가 상시적으로 침해될 수 있다는 점에 대해 우려하는 목소리가 높았다. 하지만 지금은 폐쇄회로 텔레비전이 사적인 삶의 영역에까지 들어와 있는 것에 대해서 우리는 상당히 당연하게 받아들인다. 언제 우리가 그에 대해 논쟁을 했었는지 까맣게 잊어버릴 정도다.

폐쇄회로 텔레비전은 화상 정보를 특정 목적으로 특정의 사용자에게 전달하는 폐회로 시스템을 말한다. 그렇기 때문에 저장된 화상 정보를 볼 수 있는 사람과 보여지는 사람이 배타적으로 구분된다. 대표적으로 지문이나 DNA와 같은 생체 정보가 비대칭적인 시선을 전제하는 것과 같다. 국가나 정부 기관은 필요하다면 언제든지 개인의 생체 정보를 열람할 수 있으며, 관리하고 통제할 수 있다는 점에서 철저하게 비대칭적이니 말이다. 나아가 이를 통해 보는 자는 보여지는 자에 대해 효율적이면서도 철저한 통제를 할 수 있게 된다.

푸코가 말하는 전 세계의 파놉티콘화는 18~19세기 서구의 규율 사회에 기반을 두고 확산되었다. 죄수들을 감시하고 규율하는 방식이 감옥과 같은 곳에서 일상적으로 행해지는 것이라면, 그러한 방식이 18~19세기에는 공장, 학교, 군대, 그리고 병원 전체에 걸쳐서 작동한다고 푸코는 말한다. 그러나 서구 사회에서 이러한 규율 사회 모델은 그 역사가 길게 이어지지 않았다. 제2차 세계대전 이후 '규율들'은 급속하게 저항에 부딪히게 된다. 이제 전 세계의 파놉티콘화는 디지털 시대를 맞아 새로운 이행기에 접어든다.

디지털 시대의 파놉티콘-내-존재
"나는 접속한다, 그러므로 나는 존재한다"

오늘날 우리는 항시적으로 사이버 상에 접속 중이다. 스마트폰을 사용하는 인구는 천만을 훌쩍 넘는다. 우리는 끊임없이 스마트폰을 들고 정보를 검색하고 업무를 처리하고, 그중에서도 많은 시간 다른 이들과 사이버 상에서 소통한다. 서구 정신의 역사에서 근대 철학의 아버지라 불리는 데카르트(R. Decartes)는 "나는 생각한다, 그러므로 나는 존재한다"고 말한 바 있다. 데카르트에 의하면 내가 이 세상에 존재한다는 사실은 내가 생각하고 있다는 사실로부터만 참되게 알려질 수 있다. 그런데 데카르트의 저 불후의 명제는 정보화 시대인 오늘날에는 다음과 같이 바뀌어야 할지도 모른다. "나는 접속한다, 그러므로 나는 존재한다." 현대 사회는 산업 사회로부터 이미 정보화 사회로 진입해 있다. 나아가 우리는 정보화 사회를 넘어서 빠른 속도로 유비쿼터스 시대로 진입 중이다. 유비쿼터스는 물이나 공기

왼쪽 폐회로 텔레비전과 같은 전자기기를 통한 일상적 감시는 개인의 신변 안전을 이유로 대체적으로 수용되는 상황이다.
오른쪽 폐회로 텔레비전의 감시 영역이 기기가 설치된 공간 내에 한정되는 반면 인공위성은 지역적 한계를 넘어 감시 영역을 확대한다. 사진은 궤도를 도는 GPS위성의 개념도.

처럼 시간과 공간을 초월해 '언제, 어디서나 존재한다'라는 라틴어에서 유래한 말로, 이제 우리는 언제 어디서나 네트워크 상에 접속 중이라 해도 과언이 아니니 말이다.

정보화 시대에 감시와 통제의 영역 역시 감옥, 학교, 병원, 군대와 같은 특정한 장소를 넘어 비약적으로 확대된다. 정보화 시대에 개인에 대한 감시와 통제는 개인정보 데이터베이스에 대한 통제와 전자기기를 통한 직접적인 통제로 나뉘어 전개된다. 전자 컴퓨터가 본격적으로 사용되고 난 이후부터 개인정보 데이터베이스는 하루가 다르게 전산화되어 수집, 축적된다. 우리나라에서는 이미 김대중 대통령 재임 기간에 전 국민을 대상으로 한 전자 지문 데이터베이스가 구축되었다. 이는 일주일에서 한 달 정도 걸리던 범인 색출과 변사자 신원 확인을 한두 시간 내에 처리하는 등 경찰 수사를 놀랍도록 효율적으로 만들었다. 그런가 하면 인터넷 뱅킹을 통해 은행 업무를 보거나, 인터넷으로 메일 계정을 만들거나 물건을 구입하기 위해서는 우리의 개인정보를 내어놓아야 한다. 그런데 여기에서 우려스러운 점은 컴퓨터 데이터베이스로 축적된 개인정보가 끊임없이 교환되고 양도된다는 점이다. 최근에 일어난 신용카드 회사와 은행의 개인정보 유출 사건은 이를 단적으로 보여준다.

폐회로 텔레비전의 감시 영역은 기기가 설치된 공간 내로 한정된다는 특징을 갖는다. 그러나 인공위성은 특정한 지역적 한계를 넘어 감시 영역을 확대한다. GPS(위성항법)장치는 애초에 냉전시기 군사적 목적으로 개발된 것이었지만, 이제 자동차나 스마트폰에 설치되어 상용화되고 있다. GPS는 안전과 효율적인 관리를 이유로 우리의 일상 깊숙이 들어와 있다. 무엇보다 인공위성을 통한 감시 체제는 보는 자로 하여금 "신의 시력을 손에 넣는 것과 같은" 지위를 부여한다.

정보화 사회에서의 감시와 처벌
디지털 파놉티콘 내에서 자유의 함정

디지털 파놉티콘은 다른 말로 전자, 정보 파놉티콘이라고도 불린다. 한병철은《투명사회》에서 현대 사회의 새로운 감시와 통제 유형을 '디지털 파놉티콘'이라 개념화한다. 그런가 하면 바우만(Z. Bauman)은《친애하는 빅브라더》에서 이를 '유동하는 감시'라 명명한다. 이들이 주목하는 것은 오늘날 개인들이 안전과 보안을 명목으로 자신들의 고유한 권리를 국가 권력에 자발적으로 양도한다는 점이다.

한병철과 바우만에 따르면 정보화 사회의 감시 주체는 여전히 국가와 정부 기관이다. 그러나 현대 사회는 더 이상 중앙 정부가 개인을 일방향으로 감시하지 않는다. 개인의 프라이버시는 침해받지 않아야 할 가장 고유한 개인의 권리 중 하나로, 공적 영역으로 양도해서는 안 되는 신성불가침의 사적 영역이다. 그러나 오늘날 개인들은 침해받지 말아야 할 고유한 개인의 권리를 국가 기관에 자발적으로 양도한다. 이들에 의하면 현대 사회는 새로운 형태의 파시즘 사회로 이행 중이다.

비슷한 의미로 들뢰즈(G. Deleuze)는 현대 사회를 통제 사회(societies of control)라 분석한 바 있다. 들뢰즈에 따르면 개인이 국가에 자신의 권리를 자발적으로 양도하는 사회는 통제 사회다. 통제 사회는 전통적인 의미에서의 규율 사회와 일련의 공통점을 갖는다. 규율 사회에서와 마찬가지로 통제 사회에서는 모든 것이 관리되고 통제된다. 그러나 규율 사회가 갖지 않는 통제 사회만의 고유성은 첫째, 중앙 권력으로부터의 통제가 '기술'의 도입을 통해 효과적이게 되었다는 점이다. 나아가 무엇보다 중요한 통제 사회의 특징은 개인들이 자신의 권리를 자발적으로 중앙 권력에 양도한다는 점이다.

그런데 이쯤에서 질문이 생긴다. 그렇다면 오늘날 기술문명에 의해서 모든 것이 통제되는 새로운 유형의 전체주의 사회를 개인이 자발적으로 선택하게 되는 이유는 무엇일까? 안전한 삶을 구가하기 위해 개인의 자유를 양도한다는 이러한 역설적인 상황에는 우리의 삶의 방식의 근본적인 변화가 자리한다. 오늘날 우리는 안전하게 살아가고 삶을 연명해나가는 것 자체가 중차대한 문제가 되는 사회에 살고 있다. 이렇게 말해야 할는지 모른다. '나의 유일한 삶의 목표는 생명을 안전하게 유지하는 것이다'라고 말이다.

한 개인에게서 그들의 삶 전체를 관통해서 삶의 의미를 물을 수 있는 기준이자 척도는 삶의 목적(purpose)이다. 우리가 삶의 목적을 어떻게 수립하는가에 따라서 그때마다 구체적인 삶의 목표들(goals)은 달라진다. 그리고 삶의 목표에 따라서 개인들은 구체적인 상황에서 어떤 행위를 할 것인지 결정한다. 아리스토텔레스에 의하면 그리스 고전기에 인간의 삶의 목적은 행복해지는 것이다. 행복한 삶이야말로 개인이 일생을 통해서 이루고자 하는 것이다. 그리고 개인의 행복은 그가 속한 가정이나 공동체와 떨어져서는 생각해 볼 수 없다. 단적으로 인간이 행복해지기 위해서는 좋은 품성을 기르는 것이 무엇보다 중요한데, 이때 인간의 좋은 품성은 자신의 습성을 좋은 방향으로 유도하는 자신의 노력도 필요하지만, 무엇보다 좋은 법률과 정치 체제에 의해 개인의 품성이 훌륭한 상태로 유도될 수 있다고 보았다. 그러므로 그리스에서 개인들에게 요구되는 삶의 목표는 공동체 전체의 그것과 따로 떨어져 있지 않았다.

반면 오늘날의 사회는 개인들에게 자신의 삶 전체를 관통해서 유지할 수 있는 내적이고 통합적인 삶의 목적이 국가나 공동체로부터 주어지지 않는다. 근대 이래로 사회 전체를 지배하는 가치나 문화는 세분화되고 다양화되었다. 가령 좋은 삶이 어떤 삶인지에 대한 공통적인 기준이 공동체로부터 주어지지 않는다. 반면 오늘날 우리들에게 유일하고 명시적인 삶의 목표가 있다면 그것은 자신의 삶을 안전하게 유지하는 것이다. 바우만은《모두스 비벤디》에서 생명을 유지하는 것 자체가 유일한 삶의 과제가 되는 사회를 "사냥꾼의 시대"라고 정의한 바 있다. 사냥꾼의 시대에 개인에게는 사냥꾼이 되느냐 사냥감이 되느냐하는 두 가지 선택지만 놓여 있다. 사냥감은 사냥꾼이 언제든지 공격할 수 있기에 늘 도망 다녀야 하는 신세다. 뿐만 아니라 사냥꾼에게도 사냥을 그만둘 자유가 없다. 사냥의 끝은 곧 개인의 패배를 의미하기 때문이다. 개인은 패배하지 않기 위해 사냥을 멈출 수 없다.

> "사냥꾼에게 길의 끝은 이미 삶의 현실이 된 유토피아의 종착점이자 수치스러운 패배다. 한술 더 떠서 개인적인 실패를 보여주는 꼼짝 못할 증거와 개인의 패배가 될 수도 있을 것이다. 다른 사냥꾼들이 사냥을 그만둘 가능성은 거의 없다. 그러므로 계속해서 사냥에 참가하지 못하면, 자기만 배제되었다는 수치심과 따라서 자기만 능력이 없다는 무력감 등을 느낄 수 있다."
> ─바우만,《고독을 잃어버린 시간》

오늘날 개인은 사냥감이 되지 않기 위해 사냥꾼이 되어야 한다. 그리고 사냥꾼과 사냥감만이 존재하는 이러한 기이한 사회구조는 애초에 중앙 권력으로부터 개인에 대한 통제를 통해 성립하지만, 종국에는 개인들 간의 상호 통제를 통해서 강화되고 확대된다. 그리고 개인들 간에 서로가 서로를 통제하는 방식은 규율 사회에서 위로부터 아래로 강압적으로 통제하는 방식보다 훨씬 효과적이다.

요즘 많은 기업에서 성과급 제도를 도입한다. 회사는 직원들이 목표한 것 이상의 결과물을 산출할 경우, 그에 대한 보상으로 일종의 성과급을 지급한다. 그렇기에 성과급은 기본급에 더해지는 예외적 지급방식이다. 그러나 요즘 기업들은 예외적인 지급방식인 성과급 제도를 일반적인 지급방식으로 전환해왔다. 그리고 이는 비단 기업 운영에만 제한되지 않는다. 오늘날 보다 많은 성과를 내도록 강제되는 곳은 학교나 대학과 같은 교육 기관이나 정부 기관이라 해서 예외가 아니다. 이러한 지급방식하에서 회사 동료들은 서로가 서로에 대한 통제 주체이자 통제 대상이 된다. 자신이 속한 곳에서 제시하는 평가기준에 부합하기 위해, 무엇보다 자신이 남들보다 적은 성과급을 지급받는 직원이 되지 않기 위해, 우리는 자발적으로 노력한다. 이 일은 이 사회의 도처에서 무제한적으로 지속된다.

한병철은 현대 사회의 이러한 면모를 '성과 사회'라 정의한 바 있다. 한병철에 의하면 오늘날의 사회는 규율 사회로부터 '성과 사회'로 이행 중이다. 성과 사회에서 모든 개인은 착취를 당하는 사람이자 동시에 착취를 하는 사람이 된다. 그런 점에서 성과 사회에서 더 이상 가해자와 피해자는 분리되지 않는다. 착취 대상이 자기 자신이라는 점에서, 이러한 자기착취야 말로 타인을 착취하는 것보다 효율적이다. 가해자이자 피해자인 개인은 능동적이고 자발적인 활동을 하도록 끊임없이 스스로를 내몬다. 그렇기에 자기착취는 자유롭다는 느낌을 동반한다. 그런데 이때 성과주체에게 주어진 자유란 성과의 극대화를 위해 스스로를 강제할 자유다. 그런 의미에서 성과주체에게 자유와 강제는 동전의 양면처럼 붙어 있다.

자유와 강제라고 하는 서로 모순된 사태가 하나의 몸체처럼 붙어 있는 이러한 상황은 우리로 하여금 생각하기를 요구한다. 규율 사회에서 개인은 사회로부터 감시와 통제하에 살고 있다는 사실을 자각하고 경험한다. 그러나 이 사회에서 우리가 새로운 유형의 통제 사회로 진입 중이라는 사실은 뿌연 안개 속에 있는 것처럼 가려지고, 우리는 전대미문의 자유를 구가하는 것처럼 경험하게 된다. 서로가 서로를 감시하고 통제하는 사회에서 개인은 역설적으로 스스로가 가장 자유롭다고 생각한다. 그러나 우리가 자유롭게 살고 있다고 경험할 때, 우리는 가장 효율적으로 통제받을 수 있다. 이 사회에서 자유롭게 살기 위해서는 생각해야 한다. 반대로 사유하지 않는 자들이 누리는 자유는 위험하다. 더구나 통제와 자유가 한 몸처럼 엉켜 있는 정보화 시대에 사유하지 않는 자들이 누리는 자유는 말할 것도 없다. 그리고 감시와 통제가 일상화되는 정보화 시대에서 우리가 역설적이게도 가장 자유롭다고 느끼는 역설적인 상황의 핵심에는 일베('일간베스트'의 준말)가 있다.

디지털 파놉티콘에서의 자유의 변형
더 이상 사유하지 않는 자들이 누리는 자유의 위험

근래에 일베는 그 자체로 논란거리다. 많은 사람들은 일베를 우려스러운 시선으로 바라본다. 특히나 일베는 그들만의 언어를 사용하는데, 일베 용어 사전'에 따르면 일베 용어의 대부분은 여성 비하나 고인에 대한 모욕, 나아가 지역감정을 유발하는 의미를 갖는다. 그런데 일베에 대해 찬성하는 입장에 따르면 일베가 사용하는 그들만의 언어를 표현의 자유로 인정해야 한다는 것이다. 이들에 따르면 일베는 '성역이 없는 극한의 웃음의 자유'를 추구한다고 말한다. 일베어는 자기 자신들을 포함해 모든 기성의 권위와 터부, 위선을 비꼬기 때문에 이를 '여성이나 호남인들에 대한 공격'으로만 축소한 해석은 일베를 잘 모르는 데서 기인하는 편견일 뿐이라고 주장한다.

이 자리에서 일베에 대한 상세한 논의는 접어두고, 일베를 옹호하는 자들이 주장하는 '성역이 없는 극한의 표현의 자유'라는 문제에 대해 생각해보자. 현대 사회에서는 더 이상 하나의 가치나 문화가 지배하지 않는다. 현대 사회는 점차로 문화의 다양성을 허락하는 방향으로 나아간다. 더군다나 민주주의 사회에서 자유롭고 평등한 시민이라고 한다면, 누구든지 자신의 견해를 자유롭게 표현할 자유를 갖는다. 표현의 자유는 이 사회에서 보다 적극적으로 보호되어야 할 개인의 고유한 권리라고 봐야 한다. 그렇다면 자유로운 시민이라고 한다면 누구나 자신의 견해를 자유롭게 표현할 권리를 무제한적으로 가져야 한다는 일베 옹호자들의 논리는 일견 타당한 주장이 아닌가?

더군다나 이와 같이 일베를 옹호하는 논변이 성립할 수 있는 주된 이유 중 하나는 인터넷 공간이라는 특수성도 한몫한다. 점증하는 정보화 시대의 의사소통 공간은 인터넷 공간이다. 그리고 인터넷상에서 이루어지는 의사소통의 많은 부분은 개인과 개인의 직접 접속을 통한 대화(peer-to-peer communication)로 이루어진다. 개인 대 개인의 대화로 이루어지는 인터넷상에서의 소통은 여전히 사적인 문제라는 것이다. 그리고 사적인 의사소통이 이루어지는 공간에서 표현의 자유는 어떠한 성역 없이 절대적으로 보호되어야 한다. 무엇보다 개인의 자유로운 의사 표현은 개인의 자아실현과 개인의 권리 증진의 문제로만 생각되어야 하기 때문이다.

그러나 이러한 문제제기를 하는 사람들은 인터넷상에서 이루어지는 개인 대 개인의 대화가 공적인 영역에서 이루어진다는 점을 망각한다. 표현의 자유는 사적인 것과 공적인 것 사이의 경계에 위치한다. 우리는 이 지점에서 공적 영역과 사적 영역 간의 경계에 대해서 생각해볼 필요가 있다. 칸트(I. Kant)는 일찍이 우리의 자유로운 이성 능력에 대한 공적인 사용과 사적인 사용을 구분한 바 있다. 칸트가 이성의 공적 사용과 사적 사용을 구분하는 기준은 한 개인이 얼마나 계몽되었는가의 문제다. 한 개인이 계몽되었다는 것은 스스로 생각할 수 있는 있는 능력, 즉 생각하지 않는 미성숙으로부터 해방되는 것을 말한다. 반면 계몽되지 않은 미성숙한 인간은 사유하지 않는다. 사유하지 않는 인간은 당대의 사회통념이나 교리, 지배적 의견을 자신의 의견으로 받아들이고 스스로 사유하지 않는 인간을 말한다. 그런 의미에서 칸트에게 이성의 사적 사용과 공적 사용의 구분 기준은 그 개인이 얼마나 계몽되어 있는가, 다른 말로 그 개인이 스스로 사유하고 있는가의 문제에 달려 있음을 알 수 있다.

디지털 환경 내에서 사유하지 않는 우리의 모습을 적나라하게 보여주는 것 중 하나는 자기와 다른 목소리를 듣지 않는 우리의 모습이다. 통상적으로 인터넷은 다양한 의견을 접할 수 있는 소통 환경을 제공한다. 그러나 이것이 실제로 네티즌들이 다양한 의견을 접하고 소통하고 있음을 의미하지는 않는다. 네티즌들 대부분은 인터넷에서 자신의 취향에 맞는 정보만을 선택하고 자신의 견해와 동일한 의견만을 선별적으로 접하는 경향을 보인다. 네티즌들은 자신이 읽고 싶은 정보만을 골라 읽고, 듣고 싶은 의견만을 선택해 듣고, 자신과 비슷한 취향과 견해를 지닌 사람들만 만나 소통하면서 집단 정체성(group identity)을 공유하고 그 집단으로부터 사회적·도덕적 지지(moral and social support)를 획득한다. 윤영철에 의하면 네티즌들은 인터넷에서 말할 자유가 극단적으로 확대됐으며, 동시에 남의 말을 듣지 않을 자유 역시도 함께 늘어났다. 결과적으로 인터넷을 통한 정보와 의견의 편식은 개인의 고정관념을 강화할 수 있으며, 다른 견해를 가진 사람들에 대한 배려와 포용력은 약화될 수 있다.

인간이 스스로 사유하지 않는다는 것은 칸트에 의하면 이해 능력이 부족하기 때문이 아니다. 기존의 도그마나 통상적인 사고의 표준을 맹목적으로 추종하고 스스로 사고하지 않을 때, 인간은 사유하지 않는다. 우리는 스스로 사고할 때만이 자신의 생각을 타인의 비판에 자유롭게 열어놓을 수 있다. 이를 통해 개인은 자신의 사유의 진폭을 늘려나갈 수 있다. 사물과 세계에 자신을 개방할 수 있을 때, 자신이 기존에 참되다고 판단해왔던 것은 그러한 믿음과 판단의 질을 높여나갈 수 있다. 반대로 자신의 판단이 거짓일 수 있는 가능성도 받아들일 수 있게 된다. 이와 같이 한 개인은 사회에서 타인들과 부대끼면서 자신의 한계를 인정하고 받아들이며, 그러한 인정 속에서 또다시 성장할 수 있다. 반면 사유하지 않고 타인의 비판에 스스로를 열어놓을 수 없을 때, 개인의 의사 표현은 그것이 제아무리 공공성의 영역에서 표출되고 회자된다고 하더라도, 여전히 사적인 방식의 표출일 뿐이다. 더군다나 그 사적인 방식의 자기 표현이 타인에 대한 관용과 존중을 담지 못할 때 이러한 자기 표현은 폭력으로 전락한다.

정보화 사회에서 자유를 구가하기 위해서 우리는 사유해야 한다. 감시와 통제가 일상화되고 전면화된 사회에서 자유롭다는 의식은 오히려 통제를 강화하는 수단이 되기 때문이다. 또한 정보화 사회에서 우리의 소통이 사적 영역과 공적 영역의 경계에서 이루어진다는 점을 망각할 때 우리는 폭력의 주체이자 대상이 된다.

〈트루먼 쇼〉

피터 위어 감독. 1998.

영화 〈트루먼 쇼〉는 5천 개의 카메라를 통해 자신의 24시간이 생중계되고 있다는 사실을 자신만이 모르는 트루먼의 이야기다. 트루먼은 자신의 실제 삶을 살아가고 있지만, 그 실제 삶은 텔레비전 쇼로 방영 중인 가상의 삶이다. 트루먼의 부인, 아침마다 마주치는 이웃집 남자, 그리고 죽마고우는 모두 프로그램에 출연 중인 배우이다. 트루먼 쇼는, 리얼리티 프로그램 안에서 태어나 그 속에서 안전하고 행복하게 살아가지만, 한편 텔레비전 프로그램의 기획자에 의해 철저하게 통제된 삶을 살아온 주인공의 삶을 그리고 있다. 1998년에 제작된 이 할리우드 영화는 자신이 삶이 24시간 중계되는 삶을 사는 트루먼과 그러한 트루먼의 삶을 중계하는 방송 제작자들, 그리고 그 방송을 시청하는 사람들이 교차해서 등장한다. 철저하게 일방향으로 중계되는 트루먼의 삶은 이 텔레비전 쇼를 기획한 크리스토프에 의해 철저하게 통제되어 있다. 영화에서는 방송 프로듀서인 크리스토프를 인터뷰하는 장면을 볼 수 있다. 인터뷰어는 어떻게 24시간을 카메라가 감시하는 삶을 살면서 정작 트루먼 자신이 이를 발견하지 못하느냐고 질문한다. 이때 프로듀서의 대답은 간명하다. 이 프로그램은 실제 삶과 실제 세계를 반영하기 때문이다. 우리는 가장 자유롭다고 생각할 때 가장 부자유할 수 있다. 이 영화는 이러한 가능성 앞에 우리를 직면하게 한다. 우리가 가장 자유롭게 살아간다고 생각할 때가 우리가 가장 고도의 감시와 통제하에서 삶을 살아가고 있는지 모를 일이다.

1. 오늘날 기술 문명에 의해 모든 것이 통제되는 새로운 유형의 전체주의를 과거와 다르게 개인들이 자발적으로 선택하는 이유가 무엇인지 생각해보자.
2. 일베를 옹호하는 측에서 주장하는 표현의 자유는 어떻게 이해되어야 할지 생각해보자.
3. 이성의 능력을 사적으로 사용하는 것과 공적으로 사용하는 것에는 어떠한 차이가 있을 수 있는지 생각해보자.
4. 차나 스마트 폰에 설치되어 있는 GPS의 기능은 그것의 편리함 이외에 우리의 삶에 어떠한 영향을 미치는지 생각해보자.
5. 사회 속에서 개인의 프라이버시는 안전과 같은 필요에 의해서라면 언제든지 사회에 양도할 수 있는 것인지, 절대적으로 지켜져야 할 개인의 고유한 권리인지 생각해보자.

참고문헌 ///

박영균. 〈반지성주의와 파쇼적인 것들의 정치를 넘어선 진보의 정치로〉. 《진보평론》. 2013년 가을호. 57~92쪽.

윤영철. 〈인터넷과 소통의 위기〉. 한국언론학회 심포지움 및 세미나, 2011년. 5월, 155~181쪽.

홍성욱. 《파놉티콘–정보사회 정보감옥》. 책세상. 2002.

들뢰즈, 질. 《대담》. 솔출판사. 1993. 5장 1절, "통제와 생성".

바우만, 지그문트. 《고독을 읽어버린 시간》. 강지은 외 옮김. 동녘. 2013.

사이토 다카시. 《세계사를 움직이는 다섯 가지 힘》. 홍성민 옮김. 뜨인돌. 2009.

한병철. 《투명사회》. 김태환 옮김. 문학과 지성사. 2014.

한병철. 《피로사회》. 김태환 옮김. 문학과 지성사. 2012.

지문날인반대연대 홈페이지 참조. 〈싫어요, 강제로 지문 찍지 마세요〉 《오마이뉴스》 2006년 7월 15일자 기사.

Deleuze, Gilles. *Postcript on the Societies of Control*. L' Autre Journal. no. 1 (May, 1990).

Jostein Gripsrud, Halvard Moe, Anders Molander, Graham Murdock(editor). *The idea of the public sphere:A Reader*. Lexington Books. 2010.

기생충에서 아토피까지
위생, 건강, 그리고 웰빙

강신익

청결의 역사
깨끗함이란?

마흔을 넘긴 한국인이라면 아마 참빗으로 머리를 빗었을 때 비듬과 함께 떨어져 나오는 하얀 이 벌레들을 기억하는 사람이 많을 터다. 화롯가에 앉아 내복을 벗으면 벼룩이 톡톡 튀어 올랐는데, 우리는 그것을 잡아 손톱으로 짓이기며 이야기꽃을 피우곤 했다. 어린아이들의 콧구멍에서는 연방 누런 콧물이 들락거렸고 양 소매는 닦아낸 콧물이 말라붙어 반질반질했다. 이따금씩 어머니가 물을 데워 우리를 거기에 담가놓고 덕지덕지 붙어 있는 때를 벗겨내 주시곤 했는데, 우리는 그게 싫어 도망치곤 했다.

뒷간이라고 불리던 화장실은 구더기 소굴이었고, 그 내용물은 정기적으로 퍼내어 바로 배추나 감자와 같은 농작물의 영양분으로 돌아갔다. 그러다 보니 거의 대부분의 아이들이 기생충에 감염되었고 가뜩이나 부족한 영양분을 그것들에게 빼앗겼다.

그 시절, 깨끗함이란 더러운 것을 털어내는 것이 아니라 몸과 마음의 순수함이었다. 무언가 간절히 바라는 것이 있으면 첫새벽에 길은 맑고 깨끗한 정화수 앞에서 정성껏 빌었으며, 제사를 지내기 전에는 반드시 목욕재계(沐浴齋戒)를 하고 정진결재(精進潔齋)를 해 몸과 마음을 정화해야 했다. 그래서 동네 목욕탕은 추석과 설날을 앞두고 발 디딜 틈이 없을 정도로 북적거렸다. 깨끗함은 지고의 가치를 가졌지만 건강이나 위생과는 큰 관련이 없었다. 깨끗함의 목적은 내 생명을 지키는 것(衛生)이 아니라 북돋우는 것(養生)이었다.

　초등학교에 들어가서 기생충이 채소에 붙은 알에 의해 전해진다는 사실을 배우고, 대변검사를 통해 그것이 내 몸에서 자란다는 사실을 깨달았다. 약을 먹고 그놈들이 몸 밖으로 빠져나오는 것을 직접 경험하기 전까지만 해도 우리는 깨끗함이 어떻게 건강과 관련되는지 정확히 알지 못했다. 학교에서 배운 전염병은 이것보다 더 무서웠다. 기생충은 그나마 눈에 보이기라도 하지만 콜레라나 결핵을 일으키는 세균은 눈에 보이지도 않을 만큼 작으면서 그렇게 많은 사람을 죽인다니 말이다. 이제 깨끗함이란 내 몸에 다른 작은 생명체가 없는 것이자 생명을 지키는 것이 되었다. 위생(衛生)이란 나의 생명에 다른 생명이 깃들지 못하도록 하는 것이다.

　전자현미경을 통해서만 겨우 볼 수 있는 더 작은 바이러스라는 것이 간염, 독감, 후천성 면역결핍증(AIDS)과 같은 무서운 병을 일으킨다는 사실은 더 큰 충격이었다. 이제 몸에 붙은 이물질을 없애는 것만으로는 부족했다. 이것들이 주로 주위 사람들과의 접촉을 통해 전달된다는 사실에 이웃과 친밀한 관계를 맺는 것조차 꺼림칙해지기 시작했다. 술잔을 돌리는 것도, 처음 만난 사람이 청하는 악수를 받는 것도, 성 관계를 맺는 것도 위험해졌다. 이제 깨끗함은 다른 사람과 친밀한 관계를 맺지 않는 것으로 이어졌다.

　하지만 주위 사람과의 접촉을 끊는다고 문제가 해결되지 않는다. 어느새 우리의 식탁에 오르는 먹을거리도 문제가 생기기 시작했다. 2008년 상반기를 뜨겁게 달군 미국산 쇠고기와 광우병을 둘러싼 파동, 철새가 옮긴 것으로 생각되는 조류독감의 확산에서 보듯이, 이제는 우리 몸과 그것을 둘러싼 환경이 깨끗하다고 안심할 수도 없다.

주남저수지를 가득 메운 철새들의 군무를 보며 그 아름다움에 경탄하기보다는 조류독감을 걱정해야 하는 현실이다. 이제 깨끗함은 나를 제외한 모든 자연과의 단절을 뜻하지만, 이것은 불가능한 일이다.

우리 몸 자체가 이미 수많은 다른 생명과의 소통과 타협의 산물이며 다른 사람과 생명, 그리고 사회와 담을 쌓고는 단 하루도 살 수 없는 것이 생명이다. 우리 몸속에는 그 몸을 구성하는 세포보다도 훨씬 더 많은 수의 미생물이 산다고 하니 우리가 그들을 정복한 것이 아니라 오히려 그들이 우리를 점령하는 것인지도 모른다. 우리가 살균제와 항생제를 가지고 미생물과의 전쟁을 벌이는 동안에도 그들은 슬그머니 우리 안방을 차지했던 것이다. 그래서 현대인이 추구하는 깨끗함은 불가능에 대한 도전이 된다.

우리 조상들은 소통을 위해 깨끗함을 추구했다. 내가 깨끗해야 나 아닌 다른 것이 내게 임할 수 있다고 생각했기 때문이다. 반면에 현대인에게 깨끗함은 외부 세계와의 단절이다. 내게 있는 나 아닌 모든 것을 털어내는 것이 깨끗함의 궁극적 목적이다. 그래서 요즘 아이들은 하루라도 샤워를 하지 않으면 큰일이 나는 줄 안다.

더러움의 실체

서양 문명의 발상지인 고대 그리스와 로마의 시민들은 어지간히 깨끗한 것을 좋아했던 모양이다. 그 옛날에 벌써 수도 시설과 수

세식 화장실을 갖추었고 돌로 지은 웅장한 공중목욕탕에서 목욕을 즐겼으니 말이다. 병이 나면 아스클레피온이라는 곳으로 갔다. 여기는 각종 휴양 시설을 갖춘 기도원과 같은 곳이었다. 사람들은 광장에 모여 서로의 병에 대해 의견을 주고받았으며 목욕도 하고 운동도 하면서 병을 이기려고 했다. 광장에 세워진 대형 야외극장에서는 주로 비극적 이야기를 담은 연극을 관람했다. 환자들은 그 비극에 몰입하면서 감정적 정화(catharsis)를 얻었다. 밤이 되면 아스클레피오스 신전에 들어가 기도를 하고 잠을 청하는데, 잠이 든 사이에 신께서 아픈 곳을 어루만져 주면 병이 낫는다고 믿었다.

생리적(운동과 목욕)·심리적(카타르시스)·종교적(기도와 잠) 치료법이 망라되어 있는데, 생리적·심리적 치료의 중심 사상은 불결한 것을 배출해 깨끗해지는 것이다. 정화를 뜻하는 카타르시스는 원래 월경 혈과 같이 불결한 체내 물질의 배출을 뜻했는데, 심리적 은유로 사용되면서 그 의미가 전도된 것이라고 한다. 의학적 치료법도 주로 지나치게 많은 불결한 체액을 빼내는 것이었고, 정맥을 절단해 피를 뽑거나 먹은 것을 토해내게 하고 설사를 시키는 등의 방법이 주요 치료법이었다. 요컨대 깨끗함이란 몸속의 불결한 체액이나 감정을 배출하는 것이었다.

기독교가 모든 것을 지배하던 중세에는 모든 비기독교적인 것이 불경과 불결의 원천이었다. 유대인을 비롯한 이교도가 좋은 먹잇감이었다. 유럽 전역을 휩쓴 마녀사냥 역시 같은 맥락에서 이해할 수 있다. 기독교인과 다른 민족·신앙·행동이 더러움과 질병의 원천이었고 그들을 희생양 삼아 깨끗함을 유지하려고 했다. 기독교를 중심으로 '다름'은 더러움이었고 '같음'은 깨끗함이었다.

그러나 중세 유럽을 강타한 흑사병은 신앙과 민족을 가리지 않았고 그렇게 전 인구의 3분의 1이 죽어갔다. 이 병이 지체 높은 성직자를 피해가지 않는 것으로 보아 기독교 신앙도 별 소용이 없어 보였다. 이제 종교는 더 이상 깨끗함의 기준이 될 수 없었다. 그래서 더러움과 질병의 원천이 되는 자연계에 존재하는 어떤 '것'을 찾아 나서게 되는데, 그 첫 후보가 부패한 동식물이나 오물에서 피어오르는 역한 냄새가 나는 나쁜 공기, 즉 미아즈마(miasma)였다. 불결의 원인으로 구체적 물질을 지목하기 시작한 것인데, 이것은 현대적 관점에서 보았을 때 질병과 불결에 대한 최초의 과학적 설명이었다.

이론이 세워지자 미아즈마를 제거하기 위한 구체적 실천 방안이 제시되었는데, 거리를 청소하고 오물을 처리할 수 있는 하수도를 설치하는 등 요즘 관점에서 보면 너무나 당연한 일들이었다. 그러나 19세기 중반 유럽에서 이를 실천하기 위해서는 사태에 대한 좀 더 구체적인 자료와 사회사상이 필요했다. 깨끗하지 못한 환경이 질병의 온상이며 그 환경 속에 버려진 오물에서 피어오르는 미아즈마가 질병의 원인이라는 주장에는 대부분 동의했지만, 그것이 누구의 책임이고 해결의 주체가 누구이며 어떤 정치적 행동이 필요한지에 대해서는 의견이 크게 갈렸다.

먼저 가난이라는 변수가 질병과 수명에 결정적 영향을 미친다는 사실이 밝혀졌다. 가난하기 때문에 어쩔 수 없이 불결한 환경 속에 살 수밖에 없는지, 아니면 불결한 환경에 살다 보니 병에 걸리고 그래서 수입이 없어져 가난해지는지는 불확실했다. 하지만 가난과 질병 사이의 상관관계는 어떤 방법으로도 부인할 수 없을 만큼 강력했다. 가난이 더러움의 실체는 아닐지 몰라도 중요한 구성 요소임에

1952년 한 농촌 마을. 한 무리의 아이들이 DDT 홍보를 위해 붙여 놓은 포스터를 보면서 유엔군이 하는 설명을 듣고 있다. 당시 한국 국민들의 질병 예방을 위해 유엔군은 DDT를 대량 살포했다.

는 틀림없었다. 이제 깨끗함이라는 관념은 개인의 신체를 넘어 가난을 매개로 사회적 공간에 진입하게 되었다.

프랑스와 영국의 위생 개혁가들은 위생 문제에 대체로 자유주의적 입장을 취했다. 그래서 가난과 불결의 문제를 해결하려면 실업수당이나 구호품을 나눠주기보다는 당사자들을 도덕적으로 재무장시켜 스스로 일할 수 있게 해야 한다고 주장했다. 여기서는 가난과 더러움이 도덕적 해이에 기인하는 것으로 여겨졌다.

독일에서는 상대적으로 정부의 역할이 강조되었고 경찰이 위생 업무를 관장하는 위생경찰제도가 확립되었다. 이 제도는 일본을 통해 식민지 조선에까지 도입되었다. 깨끗함은 국가가 강제하는 시민적 의무가 되었고, 백성의 청결과 건강은 국방력과 경제력에 직결되었다. 이제 깨끗함은 국가 발전의 동력이 되었다.

미아즈마 학설은 19세기 유럽 위생 개혁 운동의 지도 이념이었고, 실제로 당시 유행하던 콜레라와 같은 전염병을 줄이는 데 크게 기여한 것으로 평가된다. 하지만 이 학설이 제시하는 '나쁜 공기'는 그 실체가 불분명할 뿐 아니라 나쁜 공기와 그렇지 않은 공기를 구분하는 경계도 무척 모호했다. 그래서 19세기 유럽의 과학적 정신은 좀 더 분명한 더러움의 실체를 찾으려 했는데, 그래서 제시된 것이 접촉전염설이었다. 나쁜 공기라는 모호한 실체가 아니라 몸에 직접 접촉하는 구체적 '무엇'이 병을 옮기는 더러움의 실체라는 것이다.

두 학설의 경쟁은 19세기 말에 이르러 코흐의 현미경에서 세균이 그 모습을 드러내고 파스퇴르의 실험실에서 전염병의 원인이 바로 그 세균이라는 사실이 증명됨으로써 접촉전염설의 승리로 끝났다. 그들이 제시한 '무엇'의 실체가 바로 그 세균이었던 것이다. 하지만 세균이 반드시 보균자와의 접촉을 통해서만 전해지는 것도 아니고 공기 중에 떠돌다가 감염되는 경우도 있으므로, 미아즈마 학설이 완전히 틀린 것도 아니다.

영국의 의사 스노(J. Snow)는 1854년 런던 시내에 공급되는 수돗물과 콜레라의 발생 패턴을 비교한 연구에서 콜레라 발생이 사람들이 마시는 물과 밀접한 관계가 있음을 입증했고, 문제가 되었던 물펌프의 손잡이를 제거함으로써 콜레라 발생을 크게 줄일 수 있었다. 이는 세균의 실체가 발견되기 훨씬 이전의 일이었지만 그의 연구와 실천은 세균의 발견 이상으로 전염병을 물리치는 데 크게 기여했다. 더러움의 실체를 몰라도 얼마든지 깨끗하고 건강한 삶을 실천할 수 있다는 증거는 이 밖에도 많다.

깨끗함의 실천
손을 씻으라!

19세기 유럽의 병원은 화려한 겉모습과는 달리 높은 사망률로 악명이 높았다. 특히 병원에서 아이를 낳은 산모의 사망률이 높았는데 의사들은 이런 상태를 개선할 대책을 가지지 못했다. 21세기를 사는 우리는 당시의 수술 장면을 묘사한 그림이나 글을 보면 첫눈에 그 이유를 알 수 있지만 당시에는 그런 관행에 이의를 제기하는 사람이 거의 없었다. "수술은 밑에 톱밥을 채워 넣은 나무 탁자 위에서 진행되었다. 의사는 피딱지가 덕지덕지 붙어 있는 프록코트를 입었고 수술이 끝난 다음에는 몰라도 수술 전에는 거의 손을 씻지 않았다."

병원에서 수술을 받은 환자의 사망률이 워털루 전투에 참가한 병사의 사망률보다 높았다고 하니 수술 후 감염이 얼마나 심각했는지 짐작이 간다. 의사들은 일상적인 죽음에 익숙해졌고 환자들은 숙명론에 빠졌다. 런던과 파리의 거리에서 오물을 청소하고 하수도를 정비하는 동안에도 병원은 크게 달라지지 않았다. 아직 감염을 일으키는 세균의 정체가 드러나기 전이니 그럴 수도 있었겠지만, 청결의 관점에서만 보더라도 그런 관행이 그리 오래 지속되었다는 사실은 무척 충격적이다.

제멜바이스(I. Semmelweis)는 당시 세계 최대의 병원이던 빈 종합병원의 산부인과 의사였다. 두 병동을 관리했던 그는 두 병동의 사망률이 크게 다르다는 사실을 발견하고 그 이유를 찾아 나섰다. 제1병동의 사망률은 29퍼센트에 달했지만, 제2병동은 3퍼센트에 그쳤다. 두 병동의 유일한 차이는, 1병동에서는 의과대학생이, 2병동에서는 조산원 학교의 학생들이 진료를 돕는다는 것이었다. 당시 병원에서는 환자가 사망하면 거의 모든 경우 부검을 해서 사망 원인을 가리도록 되어 있었는데, 의과대학생들은 그 부검에 참여하는 반면 조산원 학교 학생들은 그러지 않는다는 것이 문제의 열쇠였다. 제멜바이스는 죽은 환자의 시체를 해부한 손을 씻지도 않고 바로 산모를 진찰한 것이 문제의 핵심이라는 결론에 도달했다. 그래서 두 집단의 담당 병동을 맞바꾸어 보았다. 그러자 높은 사망률이 의과대학생이 담당한 병동으로 따라갔다.

죽은 환자의 몸에 있던 '무엇'이 의사의 손을 거쳐 환자에게 전해져 감염이 생긴 것이다. 1847년 어느 날부터 제멜바이스는 모든 학생에게 환자를 진찰하기 전에 염소 용액으로 양손을 깨끗이 씻도록 했는데 그 후 두 병동의 사망률은 모두 1퍼센트로 떨어졌다. 접촉전염설이 옳다는 결정적 증거였고, 그동안 그렇게 많은 환자가 죽어나갔던 것은 이런 사실을 깨닫지 못한 의사들의 책임이라는 증거였다.

이후 제멜바이스는 너무도 명백한 사실을 근거로 다른 의사들도 자신의 방법을 따를 것을 요구했지만, 당시 높은 지위를 차지하던 의사들의 반응은 지극히 적대적이었다. 결국 그의 위대한 과학적 발견은 전통의 권위에 눌려 빛을 보지 못했고, 그는 정신병원에서 자신이 연구했던 감염증에 걸려 비참한 최후를 맞이한다. 그가 없는 병원에서는 여전히 많은 산모가 산후 감염으로 죽어나갔다.

제멜바이스가 접촉전염설을 증명했으면서도 인정을 받지 못한 반면 나이팅게일(F. Nightingale)은 미아즈마 학설에 의지했으면서도 큰 성공을 거두었는데, 이는 두 학설이 상호 배타적인 것만은 아니라는 또 하나의 증거다. 그녀는 귀족이면서도 당시 무척 천대받던 간호 업무에 헌신했는데, 1854년 크림 전쟁 때 설치된 야전병원의 환경을 개선함으로써 무려 40퍼센트에 이르던 사망률을 6개월 만에 2퍼센트로 낮출 수 있었다. 존 스노가 런던 브로드가의 물 펌프 손잡이를 제거해 콜레라 발생을 크게 줄였던 바로 그해의 일이다. 나이팅게일의 성과는 미아즈마 학설을 입증하는 것이었지만 존 스노의 성공은 그것을 반박하는 것이었다는 사실이 흥미롭다.

나이팅게일이 이끄는 간호 팀의 유일한 이념은 청결이었다. 그녀들의 무기는 소독약도 붕대도 아닌 청소용 솔과 빗자루와 걸레와 세탁비누였다. 환자를 먹이고, 침대를 정돈하고, 더러운 의복을 세탁하고, 환자의 이야기를 들어주고, 위로의 말을 건네는 것이 다였다. 그렇게 많은 목숨을 구했던 것은 감염의 원인에 대한 의학적 지식도, 상처를 돌보는 뛰어난 기술도, 첨단 의약품도 아닌 깨끗한 몸과 정성이 담긴 마음이었다. 많은 사람이 나이팅게일을 백의의 천사라 부르는 이유다.

나이팅게일과 제멜바이스는 역사적으로는 모두 큰 성공을 거두었지만, 전자는 즉각적으로 인정을 받고 국가적 영웅이 된 반면 후자는 죽을 때까지 그 업적을 인정받지 못했다. 나이팅게일의 성공은 지금 거의 인정을 받지 못하는 미아즈마 이론에 근거한 것이지만, 제멜바이스의 실패는 지금 거의 모든 사람이 인정하는 접촉감염설을 증명한 결과라는 사실은 아이러니가 아닐 수 없다.

이는 깨끗함이라는 관념에 서려 있는 문화적 편견의 결과일 수 있다. 나이팅게일은 모든 사람이 선망해 마지않는 명문가의 아름다운 여성인 반면 제멜바이스는 빈 종합병원의 공용어인 독일어조차 어눌한 헝가리 시골 출신의 이방인이었다는 사실이 이 사태를 이해하는 열쇠가 될지도 모르겠다. 빈 종합병원의 지체 높은 의사들은 헝가리의 시골에서 온—그래서 깨끗함과는 거리가 멀 것으로 여겨지는—의사가 그렇게도 청결을 주장하는 것이 못마땅했을 것이다. 그들의 무의식 속에 남아 있던, 이방인은 불결하다는 오래된 문화적 편견이 작동된 결과일 수도 있다는 말이다. 청결은 전통적으로 가치를 내포하는 관념이었는데, 이것이 병원체라는 가치중립적 사태로 환원되면서 겪게 된 혼란일 수도 있다.

오늘날의 병원에서는 제멜바이스와 나이팅게일이 주장한 청결의 방식이 모두 표준으로 받아들여진다. 여기서 한 걸음 더 나아가 더러움의 원인으로 확실하게 굳어진 세균 등 미생물의 박멸을 목표로 한다. 고압멸균기와 소독액과 항생제가 일상적으로 사용된다. 수술은 이제 전혀 위험한 도박이 아니며 수백만 명이 죽어나가던 전염병도 이제 거의 정복된 듯하다. 그렇다면 이제 우리는 완벽한 청결의 상태에 도달한 것일까?

깨끗함의 재앙?

앞서 언급했듯이 우리 몸에는 몸에 속하는 세포 수보다 훨씬 많은 수의 세균이 살고 있다. 그들은 우리의 입속에, 위와 장과 같은 소화관 속에, 그리고 비뇨생식기 속에 산다. 이것들이 치아 표면에 들러붙어 증식을 하면, 충치가 생기기도 하고 잇몸과 치주조직에 염증을 일으켜 멀쩡한 치아가 덜렁덜렁 빠져버리기도 한다. 그래서 우리는 하루 세 번씩 칫솔질을 하고 부가적으로 구강청정제를 사용해 구강 병을 예방해야 한다고 배운다. 입속의 세균을 박멸하지는 못하더라도 가급적 그 수를 줄이는 것이 깨끗함과 건강을 유지하는 길이라는 것이다.

하지만 우리 입이라는 것이 끊임없이 외부 환경에 노출되지 않을 수 없는 기관인 만큼 입속의 세균을 모두 없앤다는 건 불가능에 가깝다. 그래서 우리의 입은 그렇게 세균들과 어울려 살도록 진화해온 것이다. 그것들이 일으키는 충치와 치주염은 사람의 구강이라는 환경에서 우리 세포와 세균이 상호 적응하는 과정에서 생긴 진화의 부산물일 뿐이다.

그렇다면 입속에 있는 수많은 세균 가운데 충치와 치주염을 일으키는 것만을 찾아내서 없애버리면 문제가 해결되지 않을까? 바로 이것이 지난 백여 년간 치과 의학이 가졌던 문제의식이다. 세균이라고 다 나쁜 것은 아니다. 세균 중에서도 병을 일으키는 놈들만 찾아서 공격하면 세균과 함께라도 깨끗하고 행복할 수 있다. 깨끗함의 관념은 이렇게 계속 수정을 거듭한다.

하지만 좋은 놈과 나쁜 놈의 구분이 그렇게 확실한 것도 아니다. 사실 오래전부터 우리 몸속에 살던 대장균은 가끔 심각한 병을 일으키기도 하지만 대개는 우리 소화관에 살면서 우리 몸이 소화하지 못하는 섬유질을 분해해주는 등 도움을 주기도 한다. 세균 중에는 본래 나쁜 놈과 착한 놈의 구별이 있는 것이 아니라 어떤 때는 착하다가 상황에 따라 나쁜 놈으로 돌변할 수도 있는 것이다.

이제 더 이상 세균은 깨끗함의 적도 아니고 모든 더러움의 원천도 아니다. 세균은 그저 다른 생명들과 경쟁하고 협력하면서 살아가는 나름의 생명일 뿐이다. 내가 어떤 세균에 감염되는 것은 그 세균이 내 몸에 들어와 번성한 때문이지만, 오랫동안 그 세균을 비롯한 다른 세균들과 내 몸이 맺어온 관계의 균형이 깨진 때문이기도 하다. 나의 몸에 적응한 다양한 세균은 상호 견제와 균형의 관계 속에서 진화해 가는데, 그 일시적 균형이 깨져 특정 세균이 지나치게 번성하면 그 상태에 적응하지 못한 나에게는 병이 되는 것이다. 세균의 존재 자체가 더러움의 원천이 아니라 그 세균들과 나의 원만치 못한 관계가 바로 깨끗지 못함의 실체인 것이다.

생각해보면 세균은 무척 고마운 존재이기도 하다. 우리가 조상 대대로 즐겨 먹어온 된장·간장·김치 등은 모두 세균 없이는 있을 수 없는 것들이다. 서양 사람들이 좋아하는 치즈·포도주·요구르트 등도 마찬가지다. 세균을 비롯한 미생물은 인간의 적이 아니라 더불어 살아야 할, 그리고 함께 변화하고 상호 적응해야 할 경쟁과 협력의 대상이다.

그 세균들이 오랫동안 우리 인간을 괴롭히고 많은 사람을 죽음으로 몰아간 것 또한 사실이다. 그래서 우리는 그것들을 몰아낼 방도를 강구해왔고 이제는 그들의 행동을 예측하고 통제할 수도 있게 되었다. 수술에 사용할 기구를 완벽하게 멸균할 수도 있고, 상처를 덧나게 하는 세균을 없애는 소독약을 개발했으며, 몸속에 들어온 세균이라도 항생제를 쓰면 몰아낼 수 있다. 세균에 대한 인간의 승리가 눈앞에 있는 듯했다.

우리가 많이 사용하는 손 소독 청결제의 광고다. 강박적으로 청결을 추구하는 모습이
드러난다.

하지만 세균들 또한 멸균 소독과 항생제의 무차별 공격 속에서
도 나름대로의 살길을 찾는다. 세균들은 평균 20분마다 분열하면서
새로운 개체를 생산하므로 엄청나게 빠른 시간 안에 새로운 형질을
진화시킬 수 있다. 온 세상에 항생제가 퍼져 있는 상황에서 그들의
살길은 그 항생제로부터 내성을 갖는 것이다. 그 결과 이제는 어떤
항생제에도 견뎌낼 수 있는 초강력 세균이 나타나기에 이른다. 인간
과 세균의 군비경쟁은 끝없이 계속되고 이에 따라 더러움과 깨끗함
의 경계도 변해간다.

문제는 깨끗함의 관념이 전염병이 만연하던 시절에 고정되어
있다는 데 있다. 그래서 현대의 도시인은 거의 강박적으로 청결을 추
구한다. 아이들은 더 이상 흙장난을 하지 않는 대신 항균 플라스틱으
로 만든 장난감을 가지고 논다. 인류가 오랫동안 적응해왔던 생물학
적 환경이 갑자기 화학적 환경으로 대체된 것이다. 세균은 사람의 몸
이라는 자연스러운 환경에서 단절된 채 항생제와 같은 인공적 환경
에 적응하는 방향으로 진화한다. 사람과 세균이 서로에게 적응해 해

질 수 있는 기회가 사라진 것이다.

도시에 사는 아이들에게 많이 생기는 아토피성 피부염은 면역세포가 생물학적 환경에 충분히 노출되어 적응하지 못한 결과라고 한다. 우리는 어렸을 때 자연환경에 존재하는 다양한 미생물과 접촉해 면역을 획득해두어야 이후 나 자신과 외부의 세포를 구분하고 비슷한 이물질에 노출되었을 때 적절히 대응할 수 있게 된다. 그런데 도시의 아이들은 지나친 청결 의식으로 인해 그런 면역학적 훈련을 받지 못한다. 그 결과 면역세포가 지나치게 민감해져 나 자신의 피부 세포를 이물질로 인식해 공격하게 되는데 그 결과가 아토피다.

이른바 위생 가설이라는 것이다. 모든 과학자가 이 가설에 동의하지는 않지만, 미생물이 박멸해야 할 적일 때보다는 서로 사귀어야 할 친구일 때가 더 많다는 것에는 대부분 동의한다. 그것이 적인지 친구인지를 판별하는 것이 면역계인데 이 역시 끊임없이 변한다. 면역계는 외부 환경에 적응하는 다양한 능력을 기르는 교육 장소이지 일방적으로 세균을 죽이는 첨단 병기를 만드는 공장이 아니다. 그래서 면역은 강하거나 약한 것이 아니라 다양하거나 단순한 것이고, 아토피는 세상이 얼마나 복잡한지를 배우지 못한 면역계가 세계를 자기 기준으로 단순하게 해석한 결과다.

한 세대 전까지만 해도 청결은 순결의 상징이자 건강의 보증수표였다. 하지만 그 기준은 자연에 대한 우리의 인식에 따라, 그리고 외부 환경과 우리 면역세포의 관계에 따라 끊임없이 변화한다.

청결에서 웰빙으로

전염병을 효과적으로 극복한 현대인은 과거 어느 때보다 건강하고 오래 산다. 더러움과 질병의 실체가 세균을 비롯한 미생물이었음을 발견하고 그것을 극복할 방법을 찾아낸 결과다. 항생제 내성균의 등장과 아토피에서 암에 이르는 다양한 신종 면역 질환이 새로운 골칫거리가 되기는 했지만, 그것들을 극복하기 위한 엄청난 양의 연구가 진행 중이어서 조만간 새로운 돌파구가 열릴 것이란 낙관적 전망이 우세하다.

하지만 산업화로 인한 급격한 환경 변화에 대해서는 명확한 해결책을 가지기는커녕 그 실태조차 제대로 파악하지 못하고 있다. 하루가 멀다 하고 터져 나오는 유해한 식품첨가물의 유통 사례, 항생제에 절은 양식 물고기와 농축산물, 아직 안전성 논란이 계속되는 유전자 변형 식품의 유통, 채소와 곡물에 남아 있는 농약, 그 실체조차 명확히 규명되지 않은 광우병 위험 쇠고기의 수입과 유통, 지구 온난화에 따른 생태적 재앙 등 그 목록은 한없이 이어진다.

그래서 이런 문제에 대한 새로운 대응 양식이 나타났는데, 이것을 사람들은 웰빙이라 부른다. 이것 역시 청결과 마찬가지로 위험한 것으로 알려진 요소들을 피하는 전략이다. 냄새나는 오물이나 몸에 묻은 미생물을 제거하는 대신 시장에 넘쳐흐르는 상품 중에서 몸에 좋은 것과 나쁜 것을 가려서 소비하자는 것이다.

그러나 이러한 웰빙 열풍에 대해서는 우려와 비판의 목소리도 높다. 안전성 논란이 있는 먹을거리들은 이미 동식물의 생태적 네트워크를 교란한 결과 생산된 것들이다. 양식장, 양계장, 양돈장에 사용되는 막대한 양의 항생제는 미생물의 생태적 균형을 현저히 해치며 광우병은 자연의 질서를 거슬러 초식동물에게 동족의 고기를 먹인 결과 발생한 것이다.

선택적 소비가 소극적 의미의 웰빙이라면 스스로 내 몸의 구조와 기능을 변경하는 것은 적극적 웰빙 전략이라고 할 수 있다. 이제 미용성형은 소수 젊은 여성만이 찾는 호화 의료 상품이 아니다. 많은 사람이 좋은 직장과 혼처를 찾기 위해 또는 스스로의 만족을 위해 성형외과를 찾는다. 결국 거짓으로 밝혀졌지만, 2005년에 발표된 체세포 핵이식 줄기세포는 신체 부위의 적극적 사용과 변경을 전제로 하는 것이었다. 이 기술에 온 국민이 그렇게도 열광했던 것은 우리 대부분이 그것을 적극적으로 수용할 의사가 있다는 증표다.

그러나 성형 열풍과 생명공학 기술에 대한 지나친 의존은 주어진 조건을 극복함으로써 성취감과 행복을 얻는 자연스러운 노력의 가치를 현저히 떨어뜨릴 것이다. 요컨대 지금의 웰빙 열풍은 단기간에 쉽게 충족시킬 수 있는 욕망의 극대화를 목표로 삼고 있어 진정한 행복을 보장할 수 없다. 그 욕망은 그것을 일부 채워줄 수 있는 상품의 생산자에 의해 부추겨진 것이기도 하다.

오늘날의 웰빙은 깨끗함을 추구함으로써 질병을 피할 수 있었던 전염병 시대 건강의 변종이다. 세계보건기구는 건강을 신체적·심리적·사회적 웰빙으로 정의한다. 개념적으로야 여러 이야기를 할 수 있겠지만, 현실 세계에서 웰빙(잘 있음)은 그 범위가 심리와 사회로 확장되기는 했어도, 결국 지저분한, 그래서 위험한 요소들을 제거하는 것이다. 미아즈마와 세균이 각종 화학물질과 항생제 등 인공물, 그리고 스트레스라는 정체불명의 악당으로 대체되었을 뿐이다.

신체적 원인을 찾을 수 없는 질병에 대해 우리는 곧잘 스트레스를 그 범인으로 지목한다. 하지만 그 스트레스의 구체적 맥락과 경과를 살피지도 않고 "스트레스 받지 마세요"라고 말한다면, 그 환자는 더 큰 스트레스를 받을 것이다. 스트레스를 상호작용과 과정이 아닌 고정된 실체로 받아들인 결과다.

건강에 대한 이해도 이와 같다. 건강을 변화하는 과정이 아닌 고정된 상태로 파악하면, 건강은 잘 있음(well-being)이고 잘 있음은 불편한 다른 '있음'들을 피하는 것일 뿐이다. 그래서 건강은 좋은 '것'과 나쁜 '것'을 정확히 가려내는 현명한 소비의 결과다. 우리는 소비함으로써 존재하고, 건전한 소비가 우리를 건강하게 한다. 건강은 이러한 선택을 통해 도달해야 할 어떤 지고의 상태이고, 이는 더러운 것과 해로운 것을 피함으로써 달성된다. 건강은 여전히 나쁜 것들로부터 삶을 지키는 것〔衛生〕이다.

잘 살기
잘 있기|well-being에서 잘되기|well-becoming로

사람은 태어나서 성장하고 결혼해 후손을 생산하며 노화 과정을 거쳐 죽음에 이르는 일대기를 거친다. 그 모든 과정은 다른 사람과 자연적·사회적·문화적 환경과의 상호작용으로 구성된다. 어린 아이의 뇌는 엄마의 사랑스러운 눈길과 손길 속에서 미래 환경에 적응할 수 있는 세계 인식의 방식을 갖추어가며, 면역세포들은 외부 환경과 접촉해 앞으로 살아갈 환경에 대한 전략을 만들어간다. 우리는 언제나 어떤 '사이'에 존재하며, 그 속에서 새로운 상태와 장소와 때로 이행해간다. 우리는 사람들 사이(人間)에서 관계를 맺으면서 살아가고, 텅 빈 사이(空間)의 한 곳을 차지하며, 특정 시기들 사이(時間)를 여행한다. 사람은 '사이'들 속에서 형성되는 관계들로 이루어진 하나의 과정이다.

하지만 잘 있기(웰빙)는 이러한 관계와 과정을 제대로 반영하지 못한다. 이 틀 속에는 변화에 대응할 내 몸의 주체적 전략이 없기 때문이다. 환경이 변하는 만큼 나도 변한다는 당연한 사실도 제대로 고려되지 않는다. 이제 건강과 위생에 대한 생각의 틀을 바꾸어야 할 때가 왔다. 단지 잘 있을 뿐 아니라 잘 살아야(well-living) 한다. 잘 살기 위해서는 생각의 틀을 잘 있기(well-being)에서 잘되기(well-becoming)로 전환해야 한다. 잘되기의 관점에서 보면, 건강은 도달해야 할 지고의 상태가 아니라 주어진 조건과 환경에 필요한 내 몸의 최적 상태를 만들어가는 과정이다. 이 상태는 최적일 뿐 완벽이 아니다. 유전자는 그 과정을 이끌어가는 지침이지만 몸속과 외부 환경, 그리고 생명이 발하는 주체적 신호에 따라 그 스위치가 켜지기도 하고 꺼지기도 하는 가변적인 것이다. 유전자는 삶의 방향을 가리키는 지침일 뿐 그것에 따라 몸의 모든 구조와 기능이 만들어지는 설계도가 아니다.

이제 내외 환경 속에서 더럽거나 해로운 요소를 찾아내 몰아내거나 피하는 방식만으로는 좋은 삶을 살 수 없다. 좋은 삶(잘 살기)은 유전자에 쓰여 있는 대로의 삶이 아니라 유전자와 내외 환경의 상호 작용 속에서 그 삶의 주체인 생명의 의도가 실현되는 역동적 균형 속에 있다. 이제 다시 수동적으로 삶을 지키는 위생(衛生)이 아닌 주체적으로 삶을 북돋우는 양생(養生)의 시대가 오고 있다.

《전염병의 문화사》

아노 카렌 지음. 권복규 옮김. 사이언스북스. 2001.

이 책에 따르면 질병의 역사는 생명과 더불어
시작되었다고 한다. 생명이 있고부터 질병은
언제나 생명과 함께였다는 말이다. 그러니 그
둘 사이의 선후를 따지는 것 자체가 우스운 일
이다. "한때라도 기생생물의 숙주였거나 기생
생물 자체가 아니었던 유기체는 없다." 그래서
이 책 1장의 제목은 '상호 적응의 무도회'다.
숙주인 생물은 질병의 매개체인 기생생물과
함께 길을 떠나는 여행자다. 여행 중에 그들은
서로 다투기도 하고 화해도 한다. 때로는 심하게 다투어 서로에게 큰 상처를 남긴 채 헤
어지기도 하지만, 대개는 서로에게 잘 적응된 상태로 여정을 마치게 된다는 것이다. 그
결과 기생생물이 숙주생물 속에 들어와 자리를 잡기도 하고 서로 이익을 주고받는 공생
관계를 형성하기도 한다.

"숙주와 기생생물 사이의 궁극적인 관계는 살해가 아닌 상호 의존이다. 질병은 그 양자
가 다행히도 공존하게 되면서 입는 부상이다. 치명적이거나 심한 질병은 대개 숙주와 기
생생물이 상대적으로 새롭게 만났다는 징후다."

이 책을 읽으면 우리가 격퇴해야 할 적으로만 여겼던 기생생물이 무척 친근하게 다가온
다. 기생생물은 질병의 필요조건이기는 하지만 충분조건은 아니다. 질병이 발생했다면
그것은 환경이나 기생생물 또는 숙주생물의 조건이 변화해 생태적 균형이 깨진 때문이
지 기생생물이 나쁜 놈이기 때문은 아니다.

그렇다고 지금까지 질병과 싸워온 우리의 노력이 헛된 것이었다는 말은 아니다. 어차피
상호 적응할 것이니 싸울 필요가 없다고 주장하는 것은 더더욱 아니다. 오히려 과거에는
없던 새로운 질병이 생기며 그것들에 새롭게 고통스러운 적응을 해야 한다는 사실을 받
아들이라고 한다. 우리의 앞에는 인간 광우병과 같은 정체불명의 질병도 있고 에볼라나
에이즈처럼 다루기 힘든 병들도 있다. 우리는 앞으로도 적응을 위한 힘겨운 싸움을 계
속할 수밖에 없다.

이 책이 주는 중요한 교훈 중 하나는 그 싸움이 벌어지는 생태적 환경이 기생생물 자체보다 훨씬 더 중요하다는 것이다. 그리고 싸움에 임하는 인간은 지금까지와는 달리 훨씬 더 겸손한 태도를 가져야만 한다고 말한다.

생각해볼 문제

1. 19세기에 유행하던 콜레라와 천연두, 그리고 20세기 말부터 문제가 되기 시작한 조류독감과 광우병의 발생과 전파에서 보이는 특징을 비교·검토해보자.
2. 19세기에 도입된 위생(衛生)의 개념은 동아시아 전통의 양생(養生)과 어떻게 다른지 토론해보자.
3. 나 자신은 청결에 대해 얼마나 신경을 쓰는지 동료들과 비교해서 말해보고, 평균보다 많이 또는 적게 신경을 쓰는 친구가 있다면 그 이유가 무엇인지 토론해보자.

참고문헌

다이아몬드, 재레드.《총, 균, 쇠-무기, 병균, 금속이 어떻게 문명의 불평등을 낳았는가》. 김진준 옮김. 문학사상사. 1998.

맥닐, 윌리엄 H.《전염병과 인류의 역사》. 허정 옮김. 한울. 1998.

박윤재.〈양생에서 위생으로-개화파의 의학론과 근대 국가 건설〉.《사회와역사》63권 (30-50). 2003.

비가렐로, 조르주.《깨끗함과 더러움》. 정재곤 옮김. 돌베개. 2007.

신규환.《국가, 도시, 위생》. 아카넷. 2008.

이왈드, 폴 W.《전염병 시대》. 이충 옮김. 소소. 2000.

지거리스트, 헨리.《문명과 질병》. 황상익 옮김. 한길사. 2008.

카렌, 아노.《전염병의 문화사》. 권복규 옮김. 사이언스북스. 2001.

핵발전에서 먹거리까지
환경 위기와 생태학적 자연관

최종덕

사람이 사람처럼 살기 위해

사람은 누구나 더 잘 살고 싶어 한다. 그런데 잘 사는 것이 무엇인지, 그리고 그 기준이 무엇인지를 우리는 잊고 지낼 때가 많다. 급격한 산업화와 인구 증가, 그에 따른 사람들 사이의 경쟁과 다툼, 이런 사회 변화 때문에 잘 사는 것에 대한 생각조차 하지 않을 때가 다반사다. 원래 사람들은 여럿이 함께 살도록 적응되어 왔다는 인류학적 사실을 무관심하게 지나칠 수 있다. 과학기술문명 시대에 접어들면서 이제는 나 혼자 잘 살아보겠다는 개인주의가 팽배해져서 남들과 함께하는 공동체적 삶의 모습은 어느 박물관에나 가야 볼 수 있는 희귀한 삶의 모습이 되어버린 듯하다. 그렇다고 원시적인 삶의 양식으로 돌아가자는 말이 아니다. 단지 현대 과학기술 문명이라는 역사적 변화를 인정하지만 그 가운데서도 사람이 사람처럼 잘 살 수 있는 진정한 길이 무엇인지 찾아보려는 노력이 여전히 중요하다는 뜻이다. 쉽게 말해서 문화적으로 오래오래 잘 사는 길, 즉 나는 지속 가능한 삶을 어떻게 나의 것으로 할 것인지를 찾아보아야 한다는 뜻이다.

사람이 사람처럼 살자고 굳이 떠드는 이유는 무엇일까? 환경오염, 문명오염, 정치오염, 생명오염 그리고 그보다 더 위험한 개개인의 의식오염이 이미 퍼져 있는 이 땅에서 과연 내가 인간답게 살고 있는지, 지속가능한 삶을 확보할 수 있는지 자신 있게 말할 수 없는 현실이 우리들의 비극이기도 하다. 그래도 실망할 수 없다. 쓸려간 땅에도 이듬해에는 풀이 돋아난다. 이러한 풀의 기운을 되살려 풀 죽어가는 삶에 새로 풀 먹이는 지속 가능한 문화를 찾아야 한다.

사람이 사람처럼 살 수 있는 방법은 아주 간단하다. 억지로가 아니라 "저절로 그러하고", 또한 남에게 기대지 않는 "스스로 그러하며", 그러면서도 "함께하는" 자연(自然)을 생각하고, 그러한 자연의 모습을 닮아가려는 삶을 실천하면 된다. 너무 추상적인 방법이 아니냐고 반문할 사람도 있을지 모른다. 그런 반문이 나올 수 있는 이유는 우리가 문명이라는 거대한 매트릭스에 갇혀 버렸기 때문이다. 보이지 않지만 거대한 문명의 매트릭스에 빠져 있으면 "억지로", 그리고 "남에게 기대며", 그리고 "혼자만 살려고 하는" 모순된 삶이 모순된 것임을 자각하지 못한다. 문명의 메트릭스의 허구를 깨기 위해 자연이 나와 함께 있음을 항상 생각하는 것이 중요하고, 내 생명을 스스로 깨닫는 것이 소중하다. 여기서 말하는 자연의 삶, 생명의 자각이란 모두가 도시를 벗어나 시골로 가거나, 산업 문명을 거부하고 원시 생태로 돌아가자는 말이 결코 아니다. 현대 사회의 문화적 구조를 인정하지만, 비인간적이고 물질 만능적이고 환경 파괴적이고 생명 유린적인 현상을 탈피하려는 의지를 조금씩 연습해야 한다는 것이다. 지금보다 조금 더 잘 살 수 있는 작은 희망으로 실현 가능한 생명의 공간을 찾자는 말이다. 생명의 공간은 지리적 공간에 묶여 있는 것이 아니라, 현대라고 하는 문화 공간에 적응하는 새로운 방식의 삶의 패턴을 의미한다.

자연의 흐름대로 저절로 살고 스스로 사는 삶, 그리고 우리의 자연과 함께 또한 남과 함께 두고두고 잘 살기 위해 필요한 실천 지식은 아주 간단하다. 첫째, 적게 쓰고, 이왕 썼으면 그 쓴 것을 다시 쓸 수 있도록 하면 된다. 둘째, 타자의 소리에 귀기울여 생명의 공감대를 함께 하면 된다. 이렇게 간단한 논리를 너무 유치하다고 생각하는 것이 바로 현대인의 잘못된 생각이고 믿음이다. 그러나 그 잘못은 개개인에게 있기보다는 우리 사회가 함께 책임져야 하는 문제다. 이러한 잘못을 고치려면 공학 기술 혹은 경제학적 접근만으로는 부족하다. 대형 교량을 건설하거나 댐을 만들거나 화학비료와 농약을 많이 생산하거나 유전자 조작 식품을 많이 개발하는 등의 기술적 접근 방식으로는 자연과 인간의 지속적인 공존이 가능하지 않다. 인간과 공존할 수 없는 기계화된 자연은 생명의 자연일 수 없다. 자연을 죽어 있는 물질로만 보는 기존의 입장이 아니라 자연을 살아 있는 유기체의 하나로 바라보는 태도가 중요하다. 그래서 환경 문제는 생명을 사랑하는 인간학과 서로가 공존하는 협동적 문화학에서 출발해야 한다.

인간소외와 시장 논리

인간성을 되찾자는 구호 아래 현대 문화의 특징 중 하나는 누구나 주체가 되어야 할 개인의 주체성과, 획일화된 전체에 매몰되지 않는 개인들의 다양성이다. 주체성과 다양성은 인간성을 설명하는 두 기둥이다. 주체성 없는 인간성은 노예의 인간이고, 다양성 없는 인간성은 기계의 인간이다. 주체성 없는 전체는 전제주의이며, 다양성 없는 전체는 독단주의일 뿐이다. 예를 들어, 공동체는 균일화된 개인들의 단순한 집합이 아니라 다양한 개인들의 조화로서 가능하다. 전체주의 집단을 원한다면 구성원들을 획일화시키면 되지만, 생명의 공동체를 원한다면 주체성과 다양성의 인간을 기꺼이 맞아야 한다. 자유를 원한다면 생명의 공동체를 만들어 가면 된다. 목줄에 끌려가는 강아지를 보고 그 강아지를 행복하다고 보는 사람은 없을 터다. 그 강아지도 강요를 싫어하는데, 사람이야 말할 것도 없다. 우리는 목줄에 질질 끌려가기보다는 스스로 자유를 원한다. 그렇게 자유를 원한다면 나 혼자 사는 이기적 삶의 방식이 아니라 공동체에서 공감대를 만들어가는 희망을 실현해야 한다.

획일화된 전체 속에서 자기 자신을 공장에서 돌아가는 전체 기계 가운데 하나의 부속품으로 생각하고 싶지는 않을 것이다. 우리의 의지와 다르게 고도 산업문명 사회에서 개인주의의 양상은 부정할 수 없는 현실이다. 대중은 있지만 공동체는 사라지고, 사람은 많으나 사람을 엮어주는 공감은 사라진 권력의 매트릭스만 횡행한다. 전 세계인들 사이에 인터넷과 스마트폰을 통해 정보를 나누거나 통화하는 일 등은 가까워졌지만, 오프라인 상에서 서로 얼굴을 보며 대화를 나누는 등의 소통은 더 멀어졌다. 공동체 의식은 고리타분한 옛날이야기나 좋은 덕담 수준으로 회자될 뿐이다. 고립화된 개인은 상업주의의 희생물이 되어가고 있으며, 소외에 무방비로 노출될 뿐이다. 개인과 개인 사이의 벽은 점점 더 높아져만 가고 성벽에 갇힌 자신을 지키기 위해 타인을 비방하고 공격한다. 그래서 함께 사는 공동체의 모습을 찾기가 점점 더 어려워진다. 함께 사는 공동체의 끈이 모조리 끊어진 채, 그런 관계의 끈이 없어진 개인은 생존에 대한 강박감 때문에 남을 헐뜯거나, 남이 안 볼 때 쓰레기를 대충 버리는 등의 무임승차를 하거나, 자신을 쉽게 포기하는 자아 상실 혹은 편집광에 가까운 오만함에 빠지기도 한다.

우리는 생명을 원한다. 그래서 기계화된 산업화 속에서도 매몰된 자아를 찾으려는 나름대로의 노력을 시도한다. 자기 자신이 기계나 사회 조직의 도구가 아니라 당당히 삶의 주체자로서 행동하고 싶어한다. 나는 누구인가? 이 질문에 많은 현대인은 회사의 과장으로서의 나, 두 아이의 아버지 혹은 어머니로서의 나, 동창회 총무로서의 나, 교회 집사로서의 나 등으로 답변한다. 그러나 이제 그러한 내가 진정한 나인지를 되물어야 한다. 어떤 역할 속에서의 내가 아니라 내 삶의 진정한 주체자로서의 나를 찾아야 한다는 말이다. 이것을 철학에서는 '소외로부터의 해방'이라고 한다.

주체적인 나를 찾기 위해 먼저 할 일은 내가 남과 더불어 살고 있다는 생각을 잊지 않는 것이다. 여기서 말하는 남이란 지금이라는 시점에서 시간적으로 멀리 떨어진 사람도 포함한다. 시간적으로 떨어진 타인은 곧 내 자손이어서 내 삶의 계승자일 수 있으며, 과거의 흔적을 나에게 남겨준 구석기 시대 선조일 수도 있다. 이러한 역사적 타인을 생각하는 일은 전 지구적 환경을 생각하는 출발점이다. 그 역사적 타인은 내 자손과 공간적 타인인 지구 저편 사람들의 자손까지도 포함한다. 왜 나 하나 살기도 어려운데 그렇게 멀리 있는 남까지 생각해야 하느냐고 반문할 수도 있다. 그러나 그렇게 해야만 나도 비로소 잘 살 수 있다는 점을 놓치면 안 된다. 우리 지구는 이제 한 배를 탄 노 젓는 사람들이다. 협동의 노를 저어야만 배는 앞으로 간다.

과거에는 자기가 사는 지역만이 세계의 중심이었고 세계의 전부였다. 그 작은 세계 안에서 나는 세계와 일대일로 대화하는 주체성을 갖고 있었다. 그러한 세계관을 보통 신화적 자연관이라고 말한다. 우리는 신화의 시대에서 문자의 시대로, 그리고 정보의 시대로 변화한 세상 한가운데 살고 있다. 인간은 자신의 언어로 우리의 자연을 모두 설명할 수 있다고 자만하게 되었다. 인간의 이성을 통해 자연과학을 만들었고, 자연과학을 통해 자연을 모두 설명할 수 있다는 인간의 오만함은 인간이 자연을 통제하고 정복할 수 있다는 오만함으로 이어졌다. 인간이 자연을 통제하고 정복할 수 있다는 생각이 바로 오늘날 우리 현대 문명에 지배적이다. 인간 중심적 자연관은 지난 100년 동안 과학기술의 급속한 성장을 배경으로 물질적 풍요로움을 얻어왔지만, 그 부작용으로서 환경위기와 더불어 인간위기를 맞게 되었다. 현대인의 자가당착은 전 지구적인 환경 위기 이상으로 물질로부터 소외, 권력으로부터 소외, 자연으로부터 소외, 타자로부터의 소외 등 인간의 총체적 위기의 징후로 이어지고 있다는 점이다.

그러나 현실의 권력집단은 경제위기를 구호로 내세워 환경위기와 인간위기를 철저히 도외시하고 있다. 그들의 구호는 우리들에게 전염되어 무임승차 의식을 더 키워가고 있다. "남들 다 그러는데 나 하나쯤이야", "여태까지 늘 그래왔는데 갑자기 왜 야단이야", "먹고 살기도 바쁜데 무슨 환경 타령이야"라는 삶의 습관 때문에 환경은 더욱 심각해져간다. 환경 문제가 아니라 곧 내 삶의 위기인 것이다. 경제 회오리에 휩쓸려 환경 문제는 거의 실종되어가고 있다. 더 심각한 것은, 그러한 환경 위기가 아니라 오늘의 환경 위기를 위기라고 생각하지 않는다는 데 있다.

그래서 오늘 우리가 안고 있는 환경 위기의 원인이 단순한 물질적 오염이기보다는 의식 오염에서 야기된 것이라고 말한다. 의식의 오염은 새로운 물질적 욕구를 낳으며 다시 끝없는 악순환을 반복할 뿐이다. 의식의 오염은 현대인의 소비 유형을 왜곡시키고 말았다. 기업은 소비자로 하여금 소비가 곧 시장의 미덕이라는 의도된 오류를 심어주고, 이런 소비를 위해 자원의 무한 공급이 이루어질 것이라는 환상을 심어준다. 그 환상이 크고 작은 수많은 물자 전쟁으로 이어지는 것이 오늘의 현실이다. 예를 들어, 지구 곳곳에서 지금도 일어나는 전쟁 대부분이 석유 자원과 관련한 전쟁임은 누구나 아는 사실이다. 석유 부존자원이 없는 한국이 일인당 화석연료 사용량이 세계 최고라는 사실은 우리의 환상이 더욱 심각해질 것임을 예측하게 한다. 나아가 전 세계적으로 계획 자체를 철회하거나 폐기하는 추세인 원자력발전소 건립을 한국은 앞장서서 추진하고 있다. 이는 권력집단의 오염된 의식에서 비롯된 것이다.

원자력발전소 건설을 추진하는 정부는 핵발전이 매우 안전하며, 최고의 경제적 가치가 있다고 하면서 추가건설을 밀어붙인다. 그들은 단기간의 경제 기준에 눈이 멀어 핵발전의 반인류적 공포 요인을 무시하고 만다. 환경기준을 내세우지 않고 단지 경제 기준을 따진다고 해도 핵발전소 건설은 타당하지 않다. 장기적 관점에서 핵발전은 매우 비경제적이라는 뜻이다. 핵발전소 건립 이후 야기되는 문제를 잘 따져보면 그 이유를 알 수 있다.

핵발전에서 생기는 폐기물은 저준위와 고준위 폐기물로 나뉘는데, 일반폐기물 개념과 완전히 다르다는 점을 유념해야 한다. 핵로에 직접 노출될 가능성이 있는 것을 고준위 폐기물이라고 하고, 비록 간접 노출이지만 위험 요인이 상존하는 폐기물을 저준위 폐기물이라고 한다. 노동자들이 사용했던 장갑이나 공구는 물론이거니와 핵로 주변의 콘크리트 구조물은 발전 설비 건축물 수명이 끝나는 그 순간부터 먼지 하나하나까지 모두 저준위 폐기물에 해당한다. 결국 일반 건축물 폐기물 버리듯이 할 수 없고 일일이 몇 만 년 보관해야 할 폐기물인 셈이다. 핵발전소는 수명이 다한 후에 아파트처럼 재건축할 수도 없고 폐기해야 하는데, 이때 건축 폐자재인 콘크리트 조각 하나하나 모두가 거의 영구 보존해야 할 방사능 노출 폐기물이 된다. 그래서 그 핵폐기물 처리에 드는 비용이 상상을 초월해 장기적 관점에서 핵발전소 건립은 경제가치가 없을뿐더러 오히려 부담이 되어 돌아온다. 그러한 이유로 경제를 최우선의 가치로 두는 미국과 같은 나라도 핵발전 신규 시설을 하지 않는다.

2011년 일본 후쿠시마 핵발전소 재앙은 전 지구인에게 심각한 경고를 던져주었고 전 세계 정치인들도 핵발전소에 대한 건립정책을 포기하는 방향으로 전면적으로 수정했다. 한국의 권력집단은 여전히 핵발전이 안전하고 경제적이라는 허구의 구호를 되풀이하면서, 우리를 재앙의 위협으로 더욱 노출시킨다. 일본의 핵 재앙은 쓰나미라는 자연재해의 결과였지만, 우리에게는 자연재해말고도 정치인들이 그렇게 강조하던 북한의 핵에 의한 재앙의 위협에도 놓여 있다. 북한의 핵에 의한 재앙의 위협은 북한 자체 소유의 핵으로부터 오는 위협과, 더불어 북한 미사일이 우리의 핵발전소를 겨누고 있다는 남한 속의 북한 위협을 말한다. 그래서 우리는 더더욱 핵발전소 개발정책을 수정해야 한다.

이러한 악순환의 고리가 어떤 방향으로 튕겨갈지 알 수 없다. 건설 개발론자들은 지구의 미래를 장밋빛 유토피아로 생각하고 싶을 것이다. 그러나 지금 같은 자연 파괴형 개발 논리와 긴 안목의 경제를 무시하고 맹목적인 단기 발전 논리라면 우리의 미래는 어두울 수밖에 없다. 전 세계적 관점에서 한국 경제의 규모는 생각 이상으로 큰 비중을 차지하고 있는데, 우리의 경제관리 능력은 매우 미흡하기 때문에 생기는 불안감이다. 지나치게 외국자본에 의존적이기도 하지만, 경제관리 주체가 주인 의식을 갖지 못했기 때문이기도 하다. 그때마다 국가 부도의 위기를 겨우 넘기고 대처를 잘했다고 하지만, 우리의 주인 의식을 제대로 갖추지 않는다면 언제고 다시 위기에 몰릴 수 있다. 환경 문제를 생태적 관점에서만이 아니라 사회적 관점에서 현실적으로 다루는 일도 매우 중요하다. 경제가치와 인간가치를 공존시키기 위해 장기적이고 지속가능한 경제정책이 우선되어야 하며, 그런 경제가치를 위해 생태와 생명, 자연과 인간이 존중되어야 한다. 우리의 의식 전반에 깔린 사회의 총체적인 모순을 무시하고 오늘의 경제 위기를 단순히 전략적인 경제정책이나 구멍 난 곳을 임시로 틀어막는 식으로는 우리의 위기상황을 해결할 수 없다. 오늘의 경제 난국을 푸는 궁극적인 접근법은 가시적인 경제 현장에만 있는 것이 아니라, 먼저 소비 형태를 왜곡시킨 시장 경쟁 논리를 반성하는 데서 시작해야 한다. 미국식 시장 논리를 그대로 도입해 한순간에 국가 경제가 무너진 아이슬란드의 현실을 우리는 눈여겨보아야 한다. 시장 논리에 대한 환상을 깨는 일이 바로 환경을 살리는 척도이자, 동시에 경제적으로 진짜 잘 살 수 있는 길이다. 결론적으로 우리 사회가 안고 있는 경제문제의 해결은 궁극적으로 권력집단이 가진 의식의 오염을 정화하는 데서 시작해야 한다.

자본권력의 도구로 전락한 환경 문제

　　물질의 풍요로움을 자랑하던 유럽 국가들은 최근 들어 환경 전략을 공급보다는 수요관리 형태로 전환하고 있다. 덴마크가 제일 먼저 수요관리 환경 정책을 시행했으며, 핀란드나 스웨덴 같은 북유럽 여러 나라도 공급관리 체계보다는 수요관리 정책을 현실화하고 있다. 수요관리 정책은 에너지 공급이 무한히 가능하다는 관습이 허구임을 자각한 데서 출발된다.

　　어떤 사람은 적게 쓰고 적게 먹는데 어떤 사람은 펑펑 쓰고 있다면, 환경을 살리려는 사람들의 노력은 빛을 볼 수 없다. 시골의 논에서 산소가 나오는 것보다 도심에서 이산화탄소를 뿜어내는 양이 많으면 전체적으로 반환경적 결과가 도출될 것이다. 그래서 환경 문제는 처음부터 끝까지 '같이 살고 같이 하는' 일에서 출발해야 한다. 가령, 고층 건물 안의 사람들을 위해 지나치게 냉방 시설을 작동하면 건물 밖 길거리의 공해 오염도가 더 높아지는 당연한 사실을 그 예로 들 수 있다.

　　환경을 빙자해서 '혼자만' 잘 살기 위한 겉치레 운동을 하는 사람이 많다. 나와 너를 고립된 개체로 생각할 때 환경 문제의 해결점은 사라져버린다. 집단과 집단의 문제, 사회와 사회, 국가와 국가 사이의 문제도 마찬가지다. 전 지구적 차원의 사례를 들어보자. 이산화탄소 배출 감축 국제협약이 처음 시작되었을 당시 미국은 동조하지 않았다. 이산화탄소 배출을 적게 하려면 공장을 줄여야 하고 공장

대부분 다국적 펄프 회사에 의해 동남아시아와 아프리카 등지의 삼림이 무차별적 삼림벌채로 훼손되고 있다. 이렇게 이뤄지는 삼림 벌채는 기후에 큰 영향을 미친다. 일부 과학자는 이러한 삼림 훼손으로 식물, 동물 및 곤충 수십 종이 소멸되고 있는 것으로 추정한다.

을 줄이면 그들의 노동시장이 직접적으로 축소된다는 그들만의 이유에서다. 그런 이유는 겉으로 보기에 타당해 보이지만, 첫째 이산화탄소 배출을 줄이면서도 노동시장을 유지하는 유럽의 경제정책이 현존하며, 둘째 미국은 그들의 중심권력을 배경으로 자기네만 잘 살면 된다는 편협성 때문에 유럽이 주도했던 이산화탄소 감축협약에 반대를 한 것이다.

　이와 같이 환경 문제가 이기적인 시장 논리에 종속되는 것을 강하게 경계해야 한다. 불과 한 세대 전만 해도 공해나 환경 문제가 전쟁·질병·기아와 같은 문제를 제치고 인류 생존에 가장 위협적인 요소로 부상하리라고는 어느 누구도 생각하지 못했다. 오존층 파괴·온실효과·산성비·열대우림의 훼손·사막화 현상 등이 지구 생태를 심각하게 위협하고 있으며, 국내에서도 수질오염·대기오염·토양오염·생태계 파괴·쓰레기 문제 등이 매우 심각한 지경에 이르렀다. 이미 자연의 자정 능력을 초과해버릴 정도로 문제가 심각한데도 여전히 위기를 느끼지 못하고 있다. 앞서 말했듯이 이 점이 바로 우리 내면의 진짜 위기인 것이다.

먹을거리 문제는 더 심각하다. 보릿고개는 먼 옛말이 되었고 이제 우리는 지나치게 먹어서 문제가 생긴다. 현대 의학은 놀랄 만큼 발전했지만 아직도 원인 모를 질병들, 성인병이 우리를 직접 위협하고 있다. 그 원인이 혹시 먹을 것에서 생긴 것이 아닌지 유심히 살펴보아야 한다. 그래서 동네 슈퍼마켓에 있는 식품류를 조사해보는 일이 중요하다. 주변의 식품, 특히 인스턴트식품 중에서 방부제·발색제·화학조미료·산화제·인공감미료·표백살균제·산미료 등이 얼마나 많이 들어 있는지를 우리 소비자도 분명하게 알아야 한다.

수입 밀가루를 예로 들어보자. 부두에서 수입 곡물을 하역하는 노동자들이 단순 마스크가 아니라 왜 굳이 간이 방독면을 쓰고 일하는지 안다면 아마도 수입 식품을 다시 생각할 것이다. 수입 바나나의 메틸브로마이드, 사과 주스의 다미노자이드, 오렌지주스의 각종 중금속, 폭발적인 사용량 증가를 보이는 농약, 제초제와 항생제, 수입 밀가루의 살충제, 농약의 휘발성 방지 코팅제나 상품 가치를 높이려는 과일 광택제 등은 우리의 건강을 담보 잡고 있다. 어려운 약제 이름까지 말할 필요도 없이 어항에 오렌지를 넣으면 금붕어가 30분도 못 되어 죽고 마는 사실을 어떻게 받아들여야 할까?

요즘 들어 많이 개선되고 있다지만 문제는 많은 수입 식품이 어렵지 않게 국내로 반입되고 있다는 점이다. 한국정부는 FTA를 평계 삼아 국민의 건강을 침해하고 있다. 미국산 소고기는 연령제한 없이 들어오고 있으며 미국의 유전자조작 콩과 옥수수는 거의 제한 없이 년간 910만 톤 씩 수입되고 있다. 유전자조작(GMO) 콩과 옥수수를 주관하는 미국의 몬산토 회사는 세계에서 가장 강력한 용병회사(군부대처럼 군인과 화력을 갖춘 기업형 군대) 〈블랙워터〉를 인수했으며, 마이크로소프트사의 빌게이츠는 몬산토 주식을 20퍼센트 가까이 소유하고 있다는 점은 환경 문제와 식량 문제 그리고 국제정치문제가 하나로 엮어서 돌아가고 있음을 보여주는 사실이다. 1960년대 베트남에서 미군이 사용했던 고엽제의 치명적 피해는 아직도 그 후손에 이르기까지 잔존한다. 그 고엽제를 만든 몬산토 기업은 이제 그들의 일년 매출이 한국정부예산보다 더 클 정도의 초대형 다국적기업이다. 지엠오란 제초제나 농약에 대한 저항성 종자, 혹은 내한성이나 특정 질병에 대해 저항성을 갖도록 유전적으로 조작한 농산물이며, 생물학적으로 불임을 유도한 유전적 변이형질이다. 제초제를 파는 몬산토가 제초제를 더 많이 팔기 위해 제초제에 강한 옥수수 종자를 파는 일은 병주고 약주는 것이 아니라 병주고 또 병주는 전 지구적 생명파괴의 기업행위이다. 한국은 몬산토 지엠오 식품의 세계 2대 수입국으로 첫째, 유럽의 수입금지정책과 반대되는 국민건강 손상을 확산하고 있다. 둘째, 일본처럼 지엠오 수입을 하는 대부분의 국가도 사료용으로만 사용하고 있는 반면에 한국은 25퍼센트 정도를 식품가공용으로 사용하고 있어서 더 큰 문제이다(2012년 기준 970톤 지엠오 수입량 중에서 270톤 정도가 식품가공용). 셋째, 식품가공용이라면 반드시 해야 할 지엠오식품 표시제 정책조차도 한국은 미국의 압력에 밀려 시행하지 못하고 있다.

한국정부는 식품주권을 완전히 포기한 채로, 한국은 식품 통관의 자유무역지대가 되었다. 한국의 통관 합격률이 95퍼센트 이상이라는 사실을 믿지 않는 사람도 있지만, 비극적이게도 그것이 현실이다. 미국 수입 쇠고기 문제는 촛불 시위의 불을 당겼지만 결국은 수입이 되었고, 원하지 않는 사람은 자기가 알아서 먹지 않으면 된다는 식으로 끝나고 말았다. 광우병과 무관하다고 주장하지만 현재 미국에서 진행된 관련 연구는 우려할 만한 상황에 이르기도 했다. 인간 광우병의 전염자인 프리온 단백질은 사람의 몸에서 6년에서 길게는 40년간 잠복 기간을 거쳐 발현되므로 일반 치매 환자와 구분하기 매우 어렵다. 미국 질병관리본부는 2002년 치매 사망자가 5만 8,785명이라고 발표했는데, 이 중에서 광우병 관련지수가 얼마나 되는지 확실히 연구된 것은 없다. 그래서 대부분의 국가는 엄격하게 식량 주권을 지키고 있다. 반면, 한국은 타 국가에 비해 지나치게 미국의 수입 요구에 대해 관대하다. 이것은 정치적 불평등으로 그치는 것이 아니라 생명의 안전에 관한 일이다.

더욱이 놀라운 일은, 예일 대학교와 피츠버그 대학교 의학 팀이 따로 수행한 임상 연구 결과였다. 해당 의학 팀은 치매 환자와 크로이츠펠트야코프병(CJD)으로 죽은 사람을 구분할 수 있는 뇌 부검 조사를 처음으로 실시했다. 통계적으로 의미 있는 최초의 조사였다. 그 두 대학의 결과는 치매로 죽은 환자 중에서 5~13퍼센트가 크로이츠펠트야코프병으로 죽은 것으로 드러났다. 이 비율이라면, 현재 미국 치매 환자 500만 명 중에서 25만~65만 명이 크로이츠펠트야코프병이라는 사실이다. 이 통계는 공식적으로 알려진 사실이다. 물론 크로이츠펠트야코프병은 인간광우병과 다르다. 그래서 한국 정부는 크로이츠펠트야코프병(CJD)은 인간 광우병(vCJD)과 다른 것이어서 안심

해도 된다고 말한다. 그러나 최근 관련 학계의 전문 논문들은 일반 (CJD) 환자 중에서 인간 광우병(vCJD) 환자로 추정되거나 의심되는 사례가 점점 늘어난다고 보고하고 있다.

국제 관계에서 힘의 논리는 새로운 양상의 국가 이기주의의 성격을 강하게 드러낸다. 표면적으로는 분명히 냉전의 시대가 끝나고 공존의 시대가 왔다고 말한다. 그리고 국내적으로는 격동의 20세기가 지나고 희망의 21세기라고 말하기도 한다. 그러나 먹고, 자고, 사는 아주 구체적인 삶의 현장에서 정말 좋아진 것이 무엇인지 다시 물어볼 필요가 있다. 이는 문화를 접근하는 기본적인 태도이기도 하다.

또다시 예를 들어보자. 유해 폐기물 이동 금지 국제협약이라는 것이 있는데, 그것을 피하는 일은 아주 쉬운 모양이다. 영국이나 미국 등은 유해 폐기물 이동 금지에는 원칙적으로 찬성하지만, 재활용하기 위한 폐기물의 기업 수출에 대해서는 관대하다. 하다못해 장려까지 하고 있는 실정이다. 납산화 폐건전지는 재생 건전지라는 꼬리표를 달고, 유해 금속 쓰레기는 비료라는 꼬리표를 달고 바다를 건너기 위해 선적하는 것은 한때 국제 해운업에서 공공연한 비밀이었다. 1991년 세계은행 수석경제학자인 로렌스 섬머의 말이다. "나는 임금이 가장 낮은 나라에 유독 폐기물을 버리는 경제 이론에 대한 비난을 어떻게든 대처해야 한다고 본다." OECD 국가들은 폐기물 처리 비용이 높아짐에 따라 싼값에 처리할 수 있는 폐기물 수출을 중요한 환경 전략의 하나로 놓고 있다. OECD 회원국인 한국도 예외가 아니다. 물론 환경 문제에 관심을 돌리는 국제적 분위기로 말미암아 국가적 차원에서 노골적으로 그 전략을 실천하지는 못한다.

1989년 유해폐기물의 국가 간 이동을 조정하는 바젤협약이 맺어지면서 국제 간 감시가 이루어지고 있지만, 선진국은 하나라도 더 많이 수출하려고 하고 개도국은 더 많이 수입하려는 기업들의 이익 구조 때문에 개선되는 정도가 매우 미미하다. 1990년 유엔환경회의 (UNEP)는 전 세계에서 발생하는 400만 톤가량의 유해 폐기물 중에서 98퍼센트를 당시 OECD 24개국에서 배출한다고 보고했다. 2009년 12년 이후 미국의 유해 폐기물 매립비용이 증가하면서, 폐기물 수출이 재활용이라는 구실로 아프리카와 아시아의 많은 개발도상국으로 선적되고 있는 것이 현실이다. 많은 국제기업이 유해 폐기물 수출을 금지하는 환경 정책에 은근히 반대하는 모습을 드러내기도 한다. 오스트레일리아 산업회의소 소장 이안 스파이어는 "유해 폐기물 수출이 오스트레일리아에 실질적인 환경의 이익을 가져다주었다"라고 말할 정도로, 자본주의 국가의 국가 이기주의는 현존한다. 우리 한국의 기업들은 일본의 산업폐기물을 오히려 더 많이 수입하고 있으니 우리의 문제는 더더욱 심각하다. 폐타이어나 폐석재류에서부터 후쿠시마 이후 방사능에 오염되었을 수 있는 일본의 각종 폐기물이 연간 100만 톤 수준으로 수입되고 있다(2011년 후쿠시마 사고 이후 같은 해에 경기도에서만 13만 톤이, 2013년에는 9만 톤이 수입되었다). 일본의 방사선 노출 수산물과 폐타이어, 폐유기용제, 아스팔트시멘트폐기물, 폐석면, 하수슬러지에서 폐배터리에 이르기까지 산업용 및 가정용 폐기물이 해마다 100만 톤 가까이 정식 수입되고 있지만, 엄밀하고 공정한 통관검사의 결여로 국민들의 건강에 위협을 주고 있다. 시멘트를 만드는 소성로에 일본산 폐타이어가 연료로 사용되는 과정이나 길거리 아스콘에서 방사능 수치가 비정상적으로 높은 이유를 우리 국민들은 모르고 있다. 바젤협약 즉 폐기물이동국제협약에 따르면 방사선 노출

폐기물은 수출입금지항목이지만, 2011년 후쿠시마 원전사고 이후 일본에서 수입되어 한국으로 건너온 유해폐기물이 방사능과 무관하다는 확신을 할 수 없는 현실이다.

　　환경 문제는 총체적 시각에서 바라보아야 한다. 환경 문제에 대한 사회구조적 이해 없이 개인의 환경 구호만을 강조하면 지하철이나 공원, 길거리는 깨끗해질지라도 기업의 일회용 포장지와 화학제품 사용은 더 늘어날 것이다. 일본 도쿄의 길거리는 정말로 깨끗하지만 1인당 일회용품 사용량이 세계 최고 국가라는 사실을 잘 새겨봐야 한다. 쓰레기 분류가 잘되기는 하지만 사회의식이 결여되었다면, 지금의 검측기로 측정하기 어려운 다이옥신은 소각로 굴뚝에서 더 많이 나올 것이며, 원자력 에너지가 청정에너지라는 정부의 홍보가 승리해 여기저기 핵발전소가 들어설 것이다. 그리고 님비 현상을 단순한 지역이기주의라고 계속 몰아붙이면서 행정 편의주의로 가거나 기업가의 손을 들어줄 것이 뻔하다. 폐기물이동 협약은 유명무실해져서 국가 간 기술이전과 경제원조라는 명목 아래 힘의 논리와 경제 논리가 우선한 특정 폐기물의 보이지 않는 이동이 늘어날 수 있다. 1990년대 소비에트 붕괴 이후 세계는 미국 중심의 시장구조로 재편되고 있다. FTA로 재편된 국제무역의 조류는 미국 중심의 시장 단일화가 은연중에 강요되고 있다. 이러한 지역 논리와 전체 논리 사이의 괴리는 경쟁과 이기주의, 약육강식과 물질 만능주의에서 비롯된 권력 문화의 소산이다.

　　농약 문제가 얼마나 심각한지 도시인은 실감하지 못하는 듯하다. 한미 FTA가 매우 심각한 사회 문제이고 우리 농촌의 생사를 쥔 문제이지만, 여전히 우리의 경제규모라면 농산물 수입쯤은 아무 문제 아니라고 간단히 생각하는 정치인들이 의외로 많다는 데 놀랄 뿐이다. 자동차와 반도체를 수출하려면 그까짓 쌀쯤이야 넘겨줘도 괜찮다는 생각, 그것은 우리의 자생적 문화를 포기하는 일이며 우리의 진짜 경제를 넘겨주는 일이다. 식량위기 상황에 부딪혔을 때 우리가 먹을 수 있는 최소의 식량은 곡식 알갱이이지, 반도체 칩알갱이로 될 수 없다. 유럽 국가들의 식량 자급률을 올리려는 식량정책의 기초는 위기상황에서 식량이 가장 큰 무기로 될 수밖에 없다는 엄연한 현실 위에 있다. 농업을 비경제적인 것으로, 농지를 황무지로 인식하는 정치인들이 권력을 잡고 있는 한 우리의 위기는 지속된다는 점이다. 이렇게 오도된 생각이 인간위기와 경제위기의 진범이다. 문명기반 인간의 위기와 경제의 위기로 몰고 가는 한국 사회의 정치인들에게 각종 선거의 표를 던지지 않는 마음이 우리들 스스로가 생존을 찾아가는 해법의 첫 단추이다. 오늘의 환경 위기나 사회의 난국을 특정 원인을 찾아 해소하는 일도 중요하며, 지금까지 사람들이 해오던 자연에 대한 무관심을 고치는 일도 중요하다. 다시 말해서 스스로 환경문제의 현실을 인식해 사람들의 관심을 모으면서, 환경 관련 사안을 결정하는 정치인들에게는 사회적 압력을 넣는 일이 중요하다.

자연과 생명을 이해하는 마음

산업 사회를 살아가는 사람들의 개인주의와 전 지구적인 환경 파괴 현상은 결국 자연과 인간이 공동체적이고 협동적인 관계를 무시하는 데서 생겼고, 당장 개인의 이익을 위해 서로를 헐뜯고 무임승차의 악습을 버리지 못한 데서 생겼다. 환경의 이해는 국가 정치·사회 문제, 철학과 종교 모든 것을 유기체적인 관계 속에서 보아야 한다. 그리고 실천적 행위가 따라야 한다. 실천 없는 이론의 나열이나 멋있는 구호는 환경을 빙자한 또 하나의 환경 신화가 될 우려가 있기 때문이다. 그 실천 가운데 중요한 것이 바로 시·공간적으로 우리가 '같이' 살고 있음을 확인하는 하는 일이다. 이 시대, 내 지역의 사람들뿐만이 아니라 인류와 먼 후대의 자손들을 위하는 생각이 있어야 한다. 이제 가까운 데만 볼 것이 아니라 지구 넘어 멀리 있는 사람들과 후손들을 위한 먼 시간까지 보아야만 하는 것은 인류의 첫째 의무다.

요즈음 환경 운동에 대한 철학적 배경으로 생명에 관한 이야기가 많이 등장한다. 생명 문제가 자주 논의되는 이유는 아주 간단하다. 현대 산업 사회가 안고 있는 환경 위기의 궁극적 원인이 살아 있는 자연을 마치 무생명의 기계처럼 다루어왔던 인간의 오만함에 있기 때문이다. 이제 우리의 자연을 원래 모습대로, 즉 살아 있는 모습 그대로 보아야 한다. 그리고 자연의 생명성을 회복시킬 수 있는 방안을 찾아야 한다.

자연은 감성이 전혀 없는 무생명이 아니며, 연료만 주면 계속 돌아가는 기계도 아니다. 자연을 기계로 보거나 물질적인 창고로 본다면 자연은 곧 소진되어 없어지고 말 것이다. 자연을 하나의 자원 창고로 보고는 그것을 어떻게 하면 야금야금 빼먹을 수 있느냐에 정신이 팔려 있었다. 이제야 남은 것이 별로 없다는 것을 조금씩 깨달았지만, 아직도 자연보호라는 구호만 난무하며 삶의 실천은 많지 않은

도심 속 버려진 땅에 꽃과 나무를 심어 생명을 불어넣는 '게릴라 가드닝(guerilla gardening)'.
2004년, 리처드 레이놀즈라는 영국 청년이 집 주변의 버려진 땅을 남몰래 화단과 정원으로
꾸며 개인 블로그에 올리면서 주목을 받은 게릴라 가드닝은 점차 영국 내 운동으로
확산되어 국제뉴스로 보도된 바가 있다. 1973년 뉴욕 화가 리즈 크리스티가 친구들과 함께
공터의 쓰레기를 치우고 꽃을 심는 활동을 하면서 시작된 게릴라 가드닝은 현재 우리나라
곳곳에서도 자발적으로 이뤄지고 있다.

듯 보인다.

자연을 여전히 기계적인 무생명체로 보는 사람들, 농토를 아파
트 짓기 위한 빈 땅으로만 보는 사람들, 하천을 건설 현장 모래 자재
용으로만 보는 사람들이 정책을 결정한다면, 이 땅의 생명은 점점 더
죽어갈 수밖에 없다. 이제라도 우리의 자연을 살아 있는 생명으로 보
는 그런 생각을 가져야 한다. 그러면 구체적으로 자연의 생명성이 무
엇인가? 자연의 생명성이 동물이나 식물의 생명성과 같은 의미로 사
용되는 것인가? 혹은 인간의 생명성과 같은 것인가? 자연의 전체적
인 생명성은 개별 유기체의 단위 생명성과 다르다. 그리하여 자연을

생명적인 것으로 보지 못하고 자연을 무생명으로 보는 오류를 범하게 된다.

그렇다고 해서 지구를 신비의 유기체로 간주하는 것은 곤란하다. 유기체와 지구를 단순하게 비교할 때 신비주의 자연관에 빠지게 되기 때문이다. 지구자연의 생명성을 살리자는 말은 지구를 하나의 동물 같은 유기체로 보자는 말과 다르다. 지구를 하나의 신비한 유기체로 보는 생각은 자칫 비과학적인 정령론(animism)에 휘말릴 수 있다. 생명의 자연과 자원 창고의 자연은 그 의미가 아주 다르다. 자원 창고로서 지구라는 말은 나와의 관계가 단절된 상태를 은연중에 포함한다. 반면 생명의 자연이라는 말에는 나와 너와 산천수목 사이의 공존 관계가 포함되어 있다. 생명의 자연은 내가 자연에 포함되며 나는 그 안에서 자연의 호흡을 같이하는 조화관계의 표현이다.

자연을 내 몸처럼 생각하면 우리의 땅을 함부로 하지는 않을 것이다. 자연을 내 몸처럼, 내 생명처럼 여기는 것은 아주 중요하다. 그러나 나만을 위해, 특정 집단의 이익을 위해 자연을 대하면 안 될 것이다. 환경 운동 이론에서 말하는 생명성이란 모두를 위한 생명이어야 한다. 나만 잘 살려는 생명은 오히려 반생태적이다. 우리는 생명을 이야기하면서 항상 구체적인 실천을 잊어버려서는 안 된다. 자연의 생명주의를 너무 강조한 나머지 자연을 신비화시켜 영성적이고 예언자적인 무엇으로 본다면 현실의 생태위기를 더 이상 고칠 수 없다. 구체적인 현실에 눈을 감고 추상적이거나 신비적이고 지나친 영성만 강조하다보면, 그 사이에 토건 개발자들은 어느덧 이 땅을 다 파괴시키고 말기 때문이다.

생명성은 개인적인 신비주의의 대상이 아니라, 함께 어우르는 공동체 정신과 그것을 실천하는 우리들 마음인 것이다. 그래서 생태문화란 실천과 이론이 함께하는 삶의 문화가 되어야 한다. 실천 행위와 자연관, 이 둘 어느 것도 빼놓을 수 없는 것이 바로 생태적 삶의 특징이다. 실천과 행동을 고려하지 않고 현란한 이론만 앞서는 유사 생명 이론은 생명을 주술적인 것으로 오해하게 만든다. 이는 실천을 경시하는 풍조를 낳을 뿐이다.

생명의 진정한 의미는 '관계'다. 생명은 그 관계 안에 들어와 있을 때만 이해가 가능하다. 정확히 말한다면 생명을 이해한다는 것은 이미 관계 안에 들어와 있는 나를 다시 보는 일이다. 그리고 그것은 나의 위치가 관계의 연결망 속에 들어 있다는 자각에서 시작한다. 나의 삶은 고립된 삶이 아니며 환경과 공유하는 삶이다. 손끝을 조금만 다쳐도 온몸이 아픈 것과 마찬가지로, 다른 사람의 삶을 아파하며 산봉우리와 나무를 무생명한 것으로 보지 않고 모두 하나의 테두리 안에 있다는 것을 이해해야 자연의 생명성을 수용할 수 있다. 그리고 온전한 삶의 생명성을 찾는 일은 하나의 생명이 전체의 생명성과 관계 있다는 점을 이해해야 한다. 쉽게 말해서 생명의 철학은 심오한 형이상학이나 영성주의가 아니라 타자의 고통을 함께 나누는 공감(empathy)을 넓히는 실천에 달려 있다. 타자의 고통에 무관심하거나 타자의 생명을 무시하는 사람들이 많아진다면 우리 사회의 행복은 물론이거니와 나의 행복과 건강도 나로부터 멀어질 뿐이다.

우리말에 '엄살떨다'라는 말이 있다. 엄살은 한구석의 아픔을 전체의 아픔으로 펼쳐 보이는 것이다. 우리는 엄살의 나쁜 점만을 보았지 좋은 점을 보지 못했다. 엄살의 기능은 환경 문제와 관련해 대단히 중요하다. 손끝의 작은 상처를 큰 아픔이 아니라고 그냥 놔두면 나중에는 큰 병이 될 수 있다. 태백산 골짜기의 쓰레기를 방치하고서도 큰 문제가 아니라고 생각할 때, 그런 잘못된 생각은 전 국토의 심각한 공해 문제로 이어진다. 앞서 말한 핵발전소 문제도 마찬가지다. 핵폐기물 처리는 충분히 안전할 수 있으며 큰 문제가 아니라는 핵 옹호론자들의 말은, 자연과 함께하는 생명성을 이해하지 못하고 지구를 자원 창고에 지나지 않는 것으로 보는 기계론적 물질관의 표현일 뿐이다. 자연에 대한 엄살을 부리지 않으면 우리의 자연은 얼마 안 가서 회복하기 어려운 큰 병에 걸리고 말지도 모른다. 엄살은 공감의 시작이다.

자연에 대한 엄살이라는 것은 우리 모두가 한 몸이라는 뜻이다. 한 몸이라는 것은 우리 모두가 무차별하게 같다는 말이 아니다. 전체 속에 개체마다 자신의 역할이 있다. 그러나 그 역할은 고정된 것이 아니며 항상 변할 수 있다. 개체는 전체와 대화하면서 다른 부분들과 연속적인 관계를 지속한다. 엄살이라는 뜻에는 공간적인 것뿐만이 아니라 시간적인 연결성도 있다. '지속 가능성(sustainability)'이라는 말이 있다. 자연과 내가 함께라는 생각이 결국 자연과 가장 오랫동안 인연을 맺을 수 있다는 뜻이기도 하다. 지속 가능성을 실천하는 일은 결국 죽은 것을 살리는 일과 죽어가는 것을 살리는 일, 그리고 잘 살아 있는 것을 계속 살리는 일이다.

환경철학
비판적 환경 운동과 반성적 환경 의식

제어되지 않은 인간의 욕망은 자연의 물질을 야금야금 파먹으려 한다. 그런 인간의 욕망에서 나타나는 행동은 자연을 파괴할 뿐이다. 그래서 우리는 자연을 살릴 수 있는 나 자신의 욕망을 타자의 욕망과 조화시키도록 노력할 필요가 있다. 이로부터 환경철학이 시작되어야 한다. 자연은 원래부터 그냥 그렇게 있었다. 인간이 개입되면서 환경 위기가 생긴 것이고, 이를 극복하기 위해 우리는 자연과 조화하는 마음과 실천적 행동을 배워야 한다. 이것이 환경 철학의 기초이다. 환경 철학은 과학기술에 대한 지식과 더불어 상호성과 공감성의 철학적 인간학의 이해를 요청한다. 즉 사회를 향한 비판적 환경운동과 자아를 향한 반성적 환경 의식의 두 기둥을 지켜내야 한다.

환경 철학은 자연을 바라보는 세계관의 변화와 삶의 실천적 문화가 변화하는 데서 시작한다. 여기서 말하는 환경 철학은 기존의 철학 텍스트에서 말하는 칸트, 헤겔, 공자, 맹자의 철학이 아니라 건강한 환경문화를 의미한다. 이런 점에서 환경문화는 자연관의 의식과 삶의 실천을 가져오게 하는 문화적 운동이다. 이를 넓은 의미에서 녹색문화라고 부르자. 녹색 문화는 첫째는 실천적이어야 하며, 둘째는 자연의 아픔, 뭇사람들의 아픔을 공유하고 배려하는 마음을 지니는 것이다. 셋째는 자기만 잘 살고 자기 몸만 보존하려는 태도에서 탈피해 자연을 살리는 일이다.

첫째, 녹색 문화 의식이란 생태주의 철학과 자연의 철학에 그치는 것이 아니라 우리 사회가 안고 있는 반환경적 의식 오염을 비판적으로 다룰 수 있는 차가운 눈을 키우는 일을 말한다. 환경 문제가 곧 사회 문제이며, 환경 위기가 곧 인간 위기이기 때문이다. 미군기지의 기름탱크 오염, 골프장 농약 문제에서부터, 4대강 개발에 따른 심각한 생태위기, 전 세계 최하위의 식량 자급률 상황, 무분별한 서해안 간척지 조성 사업이나 핵발전소 건설 계획 등은 물질 오염이나 자연 파괴와 같은 단순한 환경 위기만이 아니라 우리 내부에 들어온 의식 오염의 한 단면이기도 하다. 다시 말하거니와 녹색 문화는 비판적 역사의식과 너와 내가 함께 산다는 공동체 의식을 갖는 일이다.

둘째, 우리는 자연을 사랑하라는 말을 많이 듣는다. 자연을 사랑하는 것은 산림을 잘 가꾸고 쓰레기를 버리지 말자는 선전성 구호에 그치는 것이 아니다. 자연을 사랑하는 일은 인간을 사랑하는 데서 시작한다. 따라서 녹색 문화의 기본 태도는 인간에 대한 사랑에서 출발해야 한다. 그리고 나서 자연을 사랑하는 것이다. 제대로 말하자면 자연을 사랑하는 마음과 사람을 사랑하는 마음이 같아야 한다는 뜻이다.

아무리 좋은 정수기도 땅속에서 정화된 샘물만 못하다. 아무리 좋은 공기청정기도 계곡에서 내려오는 하늬바람을 흉내 낼 수 없다. 아무리 좋은 책도 자연의 흐름을 모두 그려낼 수 없는 것과 마찬가지다. 인위적인 것은 결코 자연적인 것을 뛰어넘을 수 없다. 자연은 곶감 빼먹듯 하나씩 빼먹는 부존자원의 창고가 아니다. 자연은 스스로를 새롭게 탄생시키는 재생성이 있다. 그러한 재생성은 자연이 원만하게 순환될 경우에만 가능하다. 그런데 우리의 물질욕망, 무임승차

악습, 권력지향성 등의 흑색문화가 자연의 녹색문화 순환을 쥐어틀어 막고 있다.

현대를 살아가는 사람들에게 문명의 혜택을 버리라고 할 수는 없다. 그러면 환경위기에 대한 대안을 어떻게 그리고 어디서 찾아야 할까? 쉬운 문제는 아닌 듯하다. 우리가 쓰고 있는 색안경을 벗기만 하면 간단히 풀릴 수 있는 일이기도 하지만, 사람들은 그 알량한 색안경을 벗어던지기를 아주 싫어한다. 사람들의 색안경이란 자기 이익만을 향해서 타인의 욕망을 무시하고 자신의 욕망만을 채우려는 욕심, 그 자체이다. 예를 들어 핵발전소의 경제적 가치를 주장하는 관련자들의 선전에 속지 말고, 우리들은 왜 핵발전소가 필요한지를 생각해보아야 한다. 사람들은 자신의 욕심을 채우기 위해 무엇인가를 계속 편안하게 누리고 싶으며 그것을 충족하기 위해 에너지 공급을 필요로 하고, 이런 논리로 핵발전소를 더 많이 건설하려고 한다. 그러나 그러한 계획의 경제적 혜택은 결국 욕망을 현실적으로 실현시킬 수 있는 특정 권력자만이 누리게 된다. 우리는 그런 역사적 사실을 인식해야 한다. 권력자의 욕망을 실현시켜주기 위해 많은 뭇사람들의 헛수고가 동원된다는 점이다.

그런 권력집단과 그들에게 헛수고를 받치는 집단은 욕망의 환상에서 벗어나야 한다. 핵발전소를 건설하면 모든 경제가 다 살아날 것이라는 오염된 환상에서 벗어나야 한다. 가리왕산의 300년 수령의 나무를 베어 스키장을 만들면 당장 지역경제가 살아날 것이라는 환상에서 벗어나야 한다. 숲을 없애고 그 자리에 거대한 인공 댐을 지으면 물 문제가 모두 해결될 것이라는 환상에서 벗어나야 한다. 당장의 가시적인 이익과 욕망에 눈이 멀어 지속적으로 우리가 함께 잘 살 수 있는 장기적 경제 통로를 다 포기하는 것과 같다. 그렇게 눈이 멀어 그런 끝없는 소비의 욕망을 채울 수 없다는 것도 당연하다. 잘 살고 싶어 하는 욕망 자체는 나쁠 수 없다. 단지 내 앞에 놓인 당장의 욕망과 자기 개인만의 욕망에 눈이 멀어, 타인의 욕망과 미래의 욕망을 무시한다는 데 있다.

녹색문화는 욕망을 거부하는 것이 아니라 남과 더불어 채우는 욕망을 체현하며, 경제를 거부하는 것이 아니라 후손에게까지 오래 가는 경제 혹은 지속가능한 경제를 지향하며, 권력을 무조건 부정하는 것이 아니라 중심 없는 수평의 권력을 모색하며, 과학을 무시하는 것이 아니라 물질적 기계주의에 매몰되지 않은 인간을 위한 과학을 기획한다.

《생태도시 아바나의 탄생
－작은 나라 쿠바의 커다란 도전》

요시다 타로 지음. 안철환 옮김. 들녘. 2004.

'늘 푸른 혁명'이라고 불리우는 쿠바의 국가적인 친환경 유기농업 프로젝트는 세계인을 놀라게 한 지구 경제의 새로운 모범을 보여주었다. 몇 십 년 동안이나 계속된 쿠바에 대한 미국의 강압적인 경제봉쇄 조치와 쿠바의 경제지원을 했던 구소련의 붕괴는 1990년대 쿠바의 심각한 경제위기를 초래했다. 더구나 이미 식량의 국제의존도가 높았던 상황에서 쿠바는 식량 자급률이 40퍼센트에 밑돌았던 식량위기로부터 탈출하려고 시도했다. 그들은 자국 내의 주체적인 유기농업이라는 대안으로 거대한 프로젝트를 시작했다. 우선 쿠바의 수도인 아바나 자체부터 도시 안의 유기농 경작지를 도시계획 차원에서 늘려가기 시작했으며, 이에 쿠바인들이 전 국민적으로 적극 동참하면서 쿠바는 새로운 희망의 빛을 보기 시작했다.

농약이나 화학비료 하나 없이 통일된 의지로만 시작한 도시 유기농 사업은 220만 명이 넘는 아바나 시민의 채소 자급을 이루는 데까지 발전했다. 그 어느 정치혁명 이상의 녹색혁명의 시초가 된 셈이었다. 쿠바는 자급적 삶을 구축하기 위해 식량 자급뿐만이 아니라 의료부문과 에너지, 교통, 교육 등의 부문에서 통합적이고 생태주의적 생활양식을 새롭게 꾸려가기 시작했다. 특히 쿠바의 유기농 혁명과 더불어 의료복지 시스템은 서구 사회가 다시 놀란 역사적 사건이었다. 쿠바인들은 그들의 낙후된 의료부문을 재건하기 위해 침술과 같은 동양의학을 적극적으로 수용했을 뿐만 아니라, 첨단의 서구의료기기를 점진적으로 도입해 충분한 의료복지 혜택을 국민들에게 주었으며, 나아가 국민 수 비례 세계 최고의 의료인을 배출하는 의료교육기관의 시스템을 정착시켰다.

90년대 초부터 시작한 만성적인 경제위기와 90년 중후반의 세계경제 동반위기를 극복하면서 이제 쿠바는 세계인이 주목하는 생태주의의 유토피아를 지향하고 있다. 물론 아직도 GDP 수치는 상대적으로 낮지만 자본주의 국가 중심의 경제지표가 아닌 삶의 지표 차원에서는 2000년 대 이후 단연 돋보이는 모습을 보여준다.

일본 농경제 모델을 생산하는 농정업무를 담당하는 공무원이자 이 책의 저자인 일본의 요시다 타로는 쿠바의 이런 발전에 힘입어 지속가능한 사회의 기준이 바로 농사에 있다는 확신으로 이 책을 쓰게 되었다고 한다. 녹색혁명은 식량의 문제만이 아니라 우리들의 삶 자체를 의미 있게 바꾸는 본질이라는 것을 이 책을 통해 실감할 수 있다.

생각해볼 문제 //

1. 과학만능주의가 모두 좋은 것인가? 오늘을 사는 현대인으로서 급속도로 변해가는 과학기술의 성과를 완전히 무시할 수 없을 것이다. 과학기술이 인간의 물질적 풍요로움과 편안함을 제공해준 것은 분명한 사실이지만, 거기에서 야기된 자본주의적 상업화의 물결과 공해의 피해를 어떻게 극복할 수 있을지 생각해볼 문제다.

2. 남이 다 그렇게 하니까 나 하나쯤이야 하는 생각으로 하는 행위를 '무임승차'라고 한다면, 환경 문제에서 무임승차 행위는 결국 위기를 재촉하는 일이다. 나의 무심한 일상적인 행위 가운데 무임승차하는 행위가 무엇인지를 말해보자. 그리고 그것을 극복하고자 어떻게 용기를 낼 것인지 스스로에게 질문해보자.

3. 자연을 '이해'한다는 것은 결국 자연과 내가 함께하는 일이다. 내가 친구를 '이해'한다는 것은 친구의 집안 배경과 재산 정도, 그리고 외모를 계산적으로 안다는 것이 아니라, 그 친구와 나의 직접적이고 직관적인 만남에서 이루어지는 것을 말한다. 그래야만 나는 그 친구의 마음속으로 들어갈 수 있고, 그 친구 또한 나의 마음 한가운데 있을 수 있다. 결국 이해란 나의 불안과 소외를 극복하는 길임을 알아야 한다. 그래서 자연을 이해하는 일은 대상으로서 저 멀리 있는 자연이 아니라 나와 함께하는 자연을 호흡하고 그 아픔과 기쁨을 같이하는 일이다. 내가 느끼는 근원적인 인간의 외로움을 극복하기 위해서 친구를 계산적으로 만나는 것이 필요한가, 아니면 내 마음을 열어놓고 친구를 이해의 관점에서 만나는 일이 중요한가?

4. 환경 위기의 끝은 지구의 파괴를 말한다. 곧 자연의 죽음이다. 이러한 자연을 상상할 수 있는지 생각해보자. 그러한 생각을 하기 위해 나의 죽음을 한 번쯤 생각해보

는 일이 매우 중요하다. 죽음을 생각해보는 일, 이는 젊음을 더 젊게 살 수 있는 길
이기도 하기 때문이다.

5. 환경을 빙자해 세계시장의 권력 질서를 재편하려는 숨은 의도가 있지 않은지 각자
조사해보고, 환경과 관련해 나름대로의 사회정치적 구조를 신문 기사나 도서관의
관련 자료를 통해 알아보자.

참고문헌 //

김종철.《간디의 물레-에콜로지와 문화에 관한 에세이》. 녹색평론사. 1999.
요시다 타로.《생태도시 아바나의 탄생-작은 나라 쿠바의 커다란 도전》. 안철환 옮김.
들녘. 2004.
최종덕.《함께 하는 환경철학》. 동연. 1999.
타가기 진자부로.《원자력 신화로부터의 해방》. 김원식 옮김. 녹색평론사. 2001.
폴란, 마이클.《잡식동물의 딜레마》. 조윤정 옮김. 다른세상. 2008.
구달, 제인 외.《희망의 밥상》. 김은영 옮김. 사이언스북스. 2005.
홍성태.《위험사회를 넘어서》. 새길. 2000.
무어, 마이클.〈식코(Sicko)〉. 2007.

증기기관차에서 KTX까지
시간 체험과 공간 이동

서도식

KTX와 속도의 혁명

KTX의 출현으로 생활이 참 편리해졌다고들 말한다. 서울에서 부산까지 이동하는 데 두 시간 정도면 족하다. 전국이 한나절권에서 반나절권이 되었다. 서울에서 오전에 출발해 부산 태종대를 관광한 뒤 귀경하더라도 해가 중천에 떠 있을 것이다. 서울과 부산을 영남대로를 통해 걸어서 오간 조선 시대에 비한다면, 아니 그렇게 멀리까지 갈 것 없이 수십 년 전 증기기관차로 이동하던 시절에 비하더라도 격세지감을 느끼지 않을 수 없다.

물론 KTX보다 더 빠른 교통수단도 있다. 서울과 부산을 비행기로 이동하는 데는 한 시간도 채 안 걸린다. 아직 여객용이나 화물용으로 상용화되지 않았지만 현존하는 이동 수단으로 비행기보다 더 빠른 것들도 있다. 그럼에도 우리가 KTX에 열광하는 까닭은, 그것이 적어도 현재까지는 우리의 일상생활에서 상대적으로 값싸고 편리하게 이용할 수 있는 가장 빠른 대중교통 수단이기 때문이다. 더 많은 사람을 더 빨리 목적지로 실어 나르는 상용 교통수단으로서 KTX는 적어도 현재까지는 가속(加速)의 현대 문화를 실감 나게 경험할 수 있는 최적의 수단이라 하겠다.

자전거·자동차·증기기관차·디젤기관차 등도 그때그때 일상생활에 '속도의 혁명'을 야기한 이동 수단들임에 틀림없다. 여기서 속도의 혁명이라는 표현을 쓰는 까닭은 그러한 이동 수단들이 단순히 '탈것'에 그치지 않고 경제·문화 등 당대의 생활세계 전반에 걸쳐,

나아가 시간·공간을 의식하는 당대인의 사고와 감각 체계에까지 심대한 영향을 끼쳤기 때문이다. 이런 점에서 KTX는 적어도 오늘날 우리의 사회문화적 조건에서 생활세계에 속도의 혁명을 가져온 하나의 모범적인 사례라 하겠다.

이 글에서는 KTX가 야기한 속도의 혁명 현상을 구체적인 사례를 일일이 열거하면서 다루지는 않겠다. KTX 자체가 아니라 그것이 단지 하나의 사례에 불과할 뿐인 가속의 현대성 문제를 전반적으로, 그리고 비판적으로 조망하는 것이 이 글의 목적이다. 말하자면 KTX의 출현이 우리 사회가 가속성을 추구하는 전형적인 사례 중 하나에 지나지 않는다는 점을 염두에 두고, 현대 사회가 왜 가속에 열중하는지, 가속에 대한 열망과 추구로 현대인은 무엇을 얻고 무엇을 잃는지를 곰곰이 생각해보고자 한다.

가속의 문제는 결국 시간과 공간의 문제로 환원된다. 속도의 증가, 즉 한 공간에서 다른 공간으로 더 빨리 이동하는 것은 시간의 수축이자 축지법과도 같은 공간의 수축이기도 하다. 가속을 다른 말로 정의하면 그것은 곧 시·공간의 압축률의 증대라 할 수 있다. 이런 점에서 KTX는 상대적으로 가공할 만한 시·공간 압축률을 자랑하는 기계인 셈이다. KTX가 고배율로 압축해낸 시간과 공간은 당연하게도 KTX 이전 시대에는 존재하지 않았다. 그것은 우리 시대의 고유한 사회문화적 산물로서 우리만이 체험할 수 있는 특유의 시간과 공간인 셈이다. 이런 맥락에서 가속의 현대성을 조망하기 위한 우리의 논의는 맨 먼저 세계의 변화와 운동을 설명하는 철학적 범주로서의 시간과 공간이 도대체 어떤 것인지를 언급하는 데에서 출발할 필요가 있다.

철학적 범주로서의 시간과 공간

어린 시절 누구나 한 번쯤은 타임머신을 타고 먼 과거나 미래로 떠나는 시간 여행을 꿈꾼 적이 있을 것이다. 까마득한 쥐라기로 돌아가 공룡들과 싸우다 위험에 처하면 곧장 버튼을 눌러 아득한 미래에 있을 법한 스타워즈 현장으로 이동한다. 또 조선 시대로 돌아가 선조에게 왜란이 임박했음을 알리거나, 오늘 교통사고로 지인의 안타까운 죽음을 경험하면 어제로 돌아가 사고를 미연에 방지하고 싶다. 만화나 영화에 곧잘 등장하는 타임머신은 이처럼 과거 · 현재 · 미래로 이어진 시간의 불가역성을 극복하거나 자연적인 시차의 인위적 단축을 통해 인간의 욕망이나 이상을 실현하려는 상상의 '시간 기계'다.

시간이 흐르면 장소도 바뀌므로 타임머신은 한편으로는 스페이스머신, 곧 '공간 기계'이기도 하다. 타임머신을 육지의 한 점에 고정시켜 과거나 미래로 이동하더라도 그때 처할 현장은 이동하기 직전의 바로 그곳이 아니다. 이동하기 전의 현장이 육지의 한 지점이었다 하더라도 이동한 후 그곳이 바다 깊숙한 곳이거나 심지어 공중일 수도 있다는 상상은 얼마든지 가능하다. 또 아파트가 있어야 할 자리에 용암을 토하는 높은 화산이 솟아 있거나 우주선이 쉴 새 없이 들락거리는 거대한 구조물이 있을 수도 있다. 시간이 흐르면 공간도 바뀌기 마련이며, 그 역도 마찬가지다. 따라서 시간 이동과 공간 이동은 따로 떼어내어 생각할 수 없다.

이 세상에 존재하는 모든 사물은 시간과 공간에 따라 그 변화와 움직임이 우리에게 포착된다. 예로부터 철학자들은 이런 의미에서 시간과 공간을 철학의 기본 범주로 삼았다. 이 세상에 존재하는, 그래서 우리가 보고 만지며 느낄 수 있는 어떤 사물에 대해 내릴 수 있는 '최초'의 규정은 그것이 '지금 여기(here and now)'에 존재한다는 것뿐이다. 그런데 세상에 존재하는 모든 것은 끊임없이 변하고 움직인다. 세상에 존재하는 그 어떤 것도 변화 내지 운동이 순간적으로 멈추는 경우란 없다. 맨눈으로는 그 어떤 변화와 움직임도 없어 보이는 사물도 일정 시간 동안 동영상 카메라로 촬영한 뒤 초고속으로 재생하면 그 변화와 움직임이 우리 눈에 포착된다.

이처럼 모든 것이 끊임없이 변하고 움직인다면, 우리가 어떤 것에 대해 내린 최초의 시·공간적 규정인 '지금 여기'는 더 이상 같은 시간, 같은 공간으로 항상 머물러 있을 수 없다. 시간과 공간이 늘 그 시간, 그 공간으로 머물러 있다는 말은 사물에 그 어떤 변화와 운동도 일어나지 않는다는 뜻이며, 이러한 불변, 부동의 사물은 적어도 우리가 사는 이 세상에는 존재하지 않기 때문이다.

시·공간 자체는 엄밀히 말하면 눈으로 보거나 손으로 만질 수 있는 사물이 아니다. 시간과 공간은 우리가 그러한 사물의 변화와 움직임을 규정하는 방식에 불과하다. 그래서 철학자들은 시간과 공간을 사물의 '존재 방식'이니 '인식 형식'이니 하는 말로 설명하고자 했다. 문제는 그 자신이 사물이 아니라 사물을 규정하고 파악하는 '범주'에 지나지 않는다는 점에서 시간과 공간은 언제든지 사물로부터 추상될 가능성을 내포한다는 점이다. 쉽게 말해서 사물의 변화와 운동에 늘 따라다니는 구체적이고 상대적인 '이' 시간, '저' 공간이 그러한 사물로부터 떨어져 나와 그 자체로 마치 또 다른 실체인 양 '시

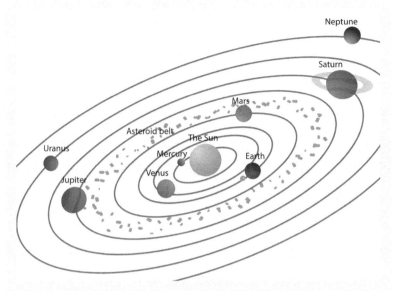

케플러는 행성들이 태양을 초점에 두고 타원 궤도를 한다는 법칙을 처음으로 생각해냈다.

간 자체', '공간 자체'가 될 가능성이 있다는 것이다. 이러한 절대시
간·절대공간은 엄밀히 말하면 우리가 보고 만지며 느낄 수 있는 감
각적인 것이 아니라 순전히 사유를 통해 고안해낸 관념적인 것이라
할 수 있다.

　구체적이고 이질적인 사물에서 시간과 공간을 독립시킨 것은
근대 과학과 철학의 성과였다. 근대 물리학자 뉴턴(I. Newton)은 사물
과 사건이 배제된, 즉 아무런 내용물이 없는 일종의 컨테이너와 같
은 절대적인 시·공간을 가정한 뒤 '그 안'에서 이루어지는 만물의 운
동 법칙을 규명했고, 철학자 칸트(I. Kant)는 그러한 절대시간·절대공
간을 인간이 사물을 파악하는 주관적인 형식으로 간주함으로써 뉴턴
물리학을 인식론적으로 정당화했다.

그러나 이러한 시·공간 개념은 이미 말했듯이, 사물의 객관적인 변화와 운동의 흐름으로부터 추상된 것이다. 사물로부터 추상된 이러한 시간과 공간은 순수 관념을 다루는 학문인 수학의 대상이 된다. 이를테면 지구가 공전하거나 자전하는 현상은 실제로는 분할 불가능한 사물 세계의 변화와 운동의 흐름이지만, 이 흐름 자체는 하나의 선형이 되어 1년, 1달, 1일, 1시간, 1분, 1초 등으로 분할되어 계산 내지 측정 가능한 것이 된다. 공간도 마찬가지다. 가령 구체적이고 이질적인 사물들이 존재하는 이 세상 그 어디에도 기하학의 대상은 존재하지 않는다. 지구가 태양의 주위를 움직이는 궤적은 케플러(J. Kepler)가 그린 것과 같은 기하학적 대상으로서의 타원형이 결코 아니다. 사물이 없는 시간, 사물이 없는 공간은 사물의 변화와 움직임을 양적으로 계산 내지 측정하기 쉽도록 고안해낸 일종의 모형이라 할 수 있다.

　　타임머신 또는 스페이스머신이 상상으로 그려질 수 있는 까닭은 바로 여기에 있다. 즉, 타임머신 또는 스페이스머신이라는 상상의 기계가 시간과 공간을 마음대로 계산·측정·조작·통제할 수 있다는 믿음의 산물이라면, 여기서 말하는 시간과 공간은 사물로부터 추상된 관념적인 것이다. 그 상상의 기계는 과거·현재·미래로 이어지는 시간 그 자체, 이 사물 저 사물이 놓여 있는 공간 그 자체가 존재한다고 가정하기에 시간과 공간을 마음대로 옮겨 다닐 수 있는 것이다. 말하자면 우리의 몸은 '지금 여기'에 묶여 옴짝달싹도 못하지만, 우리의 마음은 '지금 여기'에서 오히려 '지금 아닌 때'와 '여기 아닌 곳'으로 자유로이 이동할 수 있는 것이다.

주관적 체험으로서의 시간과 공간

수학적 대상으로서 양화된 시·공간은 우리의 의식 밖에서 진행되는 자연 세계의 변화의 흐름을 추상적으로 반영한 것이다. 그러나 우리가 말하는 시간과 공간이란 과연 이처럼 의식으로부터 독립된 것일까? 사물에 어떤 변화가 일어난다는 것은 결국 우리가 그런 변화를 의식하기 때문이 아닐까? 그렇다면 시간과 공간 또한 엄밀히 말하면 '시간 의식', '공간 의식'이 아닐까?

사물 세계의 변화와 움직임이 우리에게 포착되는 것은, 일차적으로는 순수 사유가 아니라 눈·코·귀 등 감각기관에 의해서다. 이런 의미에서 사물의 객관적인 변화 내지 운동의 흐름은 사실상 우리의 지각을 바탕으로 성립되는 의식 작용, 곧 체험이라 하겠다. 말하자면 시간과 공간은 시간 자체, 공간 자체가 아니라 우리가 몸으로 경험하는 시간 체험, 공간 체험에 불과한 셈이다.

우리가 시간과 공간을 체험의 산물로 간주할 경우, 수학적 대상으로서의 시·공간을 지배해온 양화의 법칙은 더 이상 통용되지 않는다. 먼저 시간의 경우를 보자. 사물의 변화와 운동의 흐름을 초·분·시 따위의 단위로 분할·측정할 수 있다는 믿음은 시간의 길이가 일정하다는 또 하나의 믿음을 전제로 한다. 즉, 1초, 1분, 1시간은 언제, 어디서, 누구에게나 각각 동일한 양으로 계산·측정된다. 그러나 시간의 길이가 사물의 변화에 대한 우리의 체험에 의존한다면 그 길이의 척도는 객관적인 것, 절대적인 것이 아니라 주관적인 것,

상대적인 것이 된다.

쉬운 예로 같은 1시간짜리 강의라도 재미가 있으면 순식간에 흘러가고 그렇지 않으면 지루하게 느껴진다. 물론 이렇게 말한다면 시간의 객관성을 단순한 주관적 감정의 차원으로 옮겨놓았을 뿐 실제적인 시간의 길이는 같지 않느냐는 반론이 있을 수 있다. 그러나 문제는 그렇게 간단하지 않다. 시간이 체험의 산물이라는 주장의 정확한 의미는 시간의 길이가 체험의 주체인 우리 몸의 변화와 주변 사물들의 변화 사이의 상대적 관계에서 결정된다는 것이다. 다시 말하면 우리가 어떤 객관적인 것, 절대적인 것이라고 여기는 시간은 엄밀히 말하면 사물의 변화와 관련해 우리의 체험이 '구성한' 주관의 산물이라는 것이다.

시간은 곧 시간 체험이라는 주장은 멀게는 아우구스티누스(Augustinus)로부터 가깝게는 현대 철학자인 후설(E. Husserl) 등에 의해 제기되었다. 후설은 시간의 객관적 실체성을 부정함과 더불어 시간이 우리 주관의 선험적(apriori) 형식이라는 칸트의 주장에 대해서도 반대했다. 후설에 따르면 시간은 경험과 무관하게 인간 주관에 선험적으로 구비되어 있는 것, 따라서 외부 사물로부터 얻은 낱낱의 감각 내용에 질서를 부여하는 형식이 아니라, 사물을 지각하는 우리 의식의 흐름, 다시 말해 외부 사물에 대한 지각의 기억·현존·기대로 이어지는 일정한 '시퀀스'를 갖는 의식의 흐름이다. 이 의식의 흐름은 결코 끊을 수 없는 것인데, 그 이유는 의식의 흐름 매 순간에는 현재의 지각만 존재하는 것이 아니라 과거의 지각인 기억과 미래의 지각인 기대가 중첩되어 있기 때문이다. 후설의 이 같은 주장에 따르면, 우리가 일직선으로 진행하는 것으로 여기는 시간의 흐름, 즉 과거는 이미 지나갔기 때문에 존재하지 않고 미래는 아직 오지 않았기 때문에 존재하지 않는, 다시 말해서 매 순간은 오직 현재뿐이라는 시간의 흐름은 실제로는 지각의 현전과 기억과 기대의 통일적 흐름인 시간 의식으로부터 구성된 추상적·관념적 산물이다.

이런 맥락에서 보면 공간도 엄밀히 말하면 공간 의식이라 해야 옳다. 공간은 객관적으로 존재하는 어떤 것, 따라서 자신 속에 이런저런 사물을 담고 있는 컨테이너와 같은 것이 아니다. 또 공간은 칸트의 주장처럼 사물로부터 수용한 낱낱의 감각 자료를 정리하는 선험적 형식도 아니다. 후설에 따르면, 우리가 일차적으로 지각하는 것은 공간이 아니라 사물이다. 그리고 사물에 대한 우리의 지각은 사물의 배경과 함께 우리 몸의 운동감각과의 상대적인 관련성하에서 이루어진다. 우리가 지각하는 하나의 통일체로서의 사물, 이를테면 한 그루의 나무는 뿌리에서 열매까지 낱낱의 감각 자료가 일정한 공간 형식으로 결합된 것이 아니다. 한 그루의 나무는 그 배경과 더불어 그것을 바라보는 우리 몸의 움직임에 의해 이미 특정한 '시퀀스'를 지닌 하나의 통일체로 지각된다. 따라서 우리가 흔히 말하는 3차원 입체 공간, 그러니까 기하학의 대상으로 추상 가능한 공간은 사실상 사물에 대한 우리의 지각적 체험에서 생성된 것이라 할 수 있다.

이쯤해서 하나의 의문을 떠올려 보자. 만일 세계에 대한 우리의 체험이 사회적 또는 문화적 배경에 따라 그 양태를 달리한다면, 시간과 공간에 대한 체험 역시 사회적·문화적 상대성을 지닌다고 해야 옳지 않을까. 어릴 적 논과 밭으로 둘러싸여 아주 넓게 보이던 초등학교 운동장이 실제 면적은 변하지 않았음에도 지금은 고층 아파트 속에 파묻혀 손바닥만 하게 느껴지는 것은 왜일까. 아무 하는 일없이 빈둥빈둥 보내는 하루와 눈코 뜰 새 없이 바쁘게 일하며 보내는 하루는 과연 동일한 길이의 시간일까. 또 자동차나 기차가 없던 시절에 비해 초고속 열차와 비행기가 다니는 오늘날, 사람들은 세상이 좁아졌다느니, 세월이 순식간에 흐른다느니 하는 말을 자주 한다. 정말로 세상의 넓이와 세월의 길이가 좁아지고 짧아졌을까, 아니면 세상만물의 변화와 움직임에 대한 우리의 체험 양상이 달라졌을까. 이 물음은 자연스럽게 시·공간의 사회문화적 성격에 관한 논의로 이어진다.

시간과 공간의 사회문화적 생산과 통제

시·공간이 몸적 주체의 체험의 산물, 정확히 말하면 우리 몸과 세계 사이의 상관성을 반영한 체험의 산물이라면, 시간과 공간은 순수 이론적 직관의 대상이 아니라 우리의 실천 행위의 대상이 된다. 여기서 우리는 후설이 말한 몸의 움직임을 이제 사회문화적 실천 행위로 확장시킬 필요가 있다. 물리적 수준에 한정한다면 시·공간 경험의 주체는 분명 또 하나의 사물인 몸이다. 우리는 우리 자신의 몸과 더불어 주위 사물의 움직임과 위치를 감각기관으로 파악해 시·공간 경험을 한다. 보행자의 눈과 자동차 운전자의 눈은 동일한 대상을 바라보더라도 시·공간에 대해 서로 다르게 지각하기 마련이다. 이러한 의미로 시간과 공간이 관찰자에 의해 상대화된다는 주장은 이미 물리학자 아인슈타인(A. Einstein)에 의해 제기되었다.

그러나 사회문화적 수준에서 이루어지는 몸의 움직임은 단순한 물리적 운동으로 환원될 수 없다. 사회라는 틀 속에서 이루어지는 몸의 움직임은 다름 아닌 사회적 삶의 활동이며, 이런 한에서 그것은 언제나 일정한 사회적 구속 여건에 의해 제한되기 마련이다. 인간의 사회적 삶은 가장 기초적인 경제 영역을 포함해 정치·문화·학문·예술·종교 등 사람과 사람 사이의 상호작용 전 영역에 걸쳐 있다. 따라서 특정 사회 속에서 이루어지는 몸의 움직임, 즉 사회적 실천 행위는 절대시간과 절대공간이 아니라 말하자면 사회적 시간과 사회적 공간 속에서 이루어진다고 할 수 있다. 이러한 사회적 시·공간은 객관적으로 고정되어 있는, 즉 불변의 양적 실체가 아니라 사람과 사람 사이의 상호작용의 산물인 생산수단, 교통, 통신, 기술, 심지어 규범, 제도, 가치관 등을 통해 만들어지는 것이다. 이처럼 몸적 주체의 체험이 단순히 물리적인 것이 아니라 사회문화적 차원에서 이루어지는 것이라면, 시·공간 체험 또한 우리의 생활세계의 산물이라 해야 옳을 것이다.

시간과 공간이 생활세계적 상대성을 지닌다는 말은 서로 다른 생활세계에 살고 있는 사람들에게는 시간과 공간 역시 서로 다르게 체험된다는 것을 뜻한다. 역사적으로 시·공간 관념이 시대와 장소에 따라 달리 나타난다는 사실이 이를 입증한다. 지금은 동서양을 막론하고 앞서 이야기한 절대적 시·공간 관념, 즉 추상적이고 동질적이어서 양적 계산이 가능한 시·공간 관념이 지배적이지만, 전근대에는 그렇지 않았다. 가령 동양의 전통 사회에서 1년은 365일로 계산된 것이 아니라 절기마다 주기적으로 행해지는 일상의 농업 생산 활

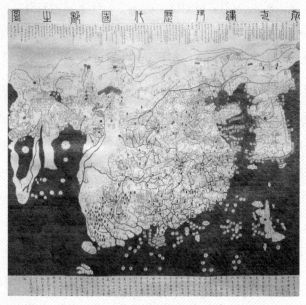

조선 태종 때 제작한 한국 최초의 세계지도인 혼일강리역대국도지도다. 현재 일본 류코쿠 대학에서 소장하고 있다. 당시 조선의 세계 인식이 어떠했는지를 보여준다.

동 및 여가 활동으로 체험된 것이었다. 마찬가지로 하루 역시 24시간이 아니라 계절마다 길이를 달리하는 일상의 노동 및 여가 활동 시간이었다. 공간 또한 단순히 물리적인 것으로 사유되었다기보다는 생활세계의 종교적·사회문화적·정치적 요인에 의해 규정되었다. 예컨대 중국이나 우리나라에서 제작된 고지도를 보면 괴상하리만치 축척을 무시한 그림, 이를테면 중국 대륙이나 한반도를 상대적으로 크게 묘사한 그림을 볼 수 있는데, 이는 당시 사람들의 공간 관념이 그들의 세계관과 생활세계적 실천 행위에 크게 영향을 받았음을 입증하는 것이다.

농업이 주된 산업이었던 전근대나 상공업과 서비스업이 지배적인 지금이나 추상적이고 동질적인 시·공간 관념으로 보면 하루의 길이는 똑같이 24시간이고 노동이 이루어지는 장소 역시 둘 다 물리적 공간이다. 과학의 관찰자적 시선으로 보면 그때나 지금이나 시·공간은 동일하고 균질적이어서 농부나 공장노동자가 자신들의 노동 시간과 노동 공간을 각각 어떻게 체험하는지는 전혀 중요하지 않다. 그들의 노동은 마치 낙하하는 돌멩이의 운동처럼 절대시간, 절대공간 속에서 객관적으로 측정될 뿐이다. 그러나 생활세계의 참여자적 시선으로 본다면 시·공간에 대한 농부와 공장노동자의 체험은 서로 다를 수밖에 없다. 농부에게서 하루는 해가 뜨고 해가 지는 자연 세계의 변화에 의해 체험되지만, 공장노동자의 하루는 시·분·초 따위의 추상적 단위로 분절되는 시계적 시간으로 체험된다. 노동의 공간인 논과 밭은 농부에게는 여가 활동을 포함한 일상 공간과 긴밀히 밀착된 것이었으나, 오늘날 공장노동자의 작업 공간은 오히려 노동 이외의 일상적 삶의 공간과는 차단된 것으로 경험된다. 쉽게 말하면, 근대사회에서 노동 공간은 '내 집'에서 가깝거나 멀거나 하는 것이 전혀 문제가 안 된다. 노동자가 일하는 공간은 정해진 노동 시간을 맞출 수 있는 이동 수단만 확보된다면 그 어디에 위치해도 무방하다.

　시간과 공간이 사실상 사회문화적으로 형성된다는 사실은 나아가 시간과 공간에 대한 사회문화적 생산과 통제의 가능성을 시사한다. 다시 한번 강조하지만 사회문화적 상대성을 지닌 시·공간은 인간의 생활세계적 실천으로부터 추상된 절대적 시·공간이 아니다. 사실 엄밀히 따지면 서양의 근대 물리학이 가정한 절대적 시·공간 관념, 그러니까 모든 사물로부터 독립된 실체 자체로서의 시·공간 관념 역시 사물 세계를 합리적 계산이 가능한 것으로 해 생산력 증대를 목적으로 자연에 대한 통제와 지배를 용이하게 하려는 서구 근대 부르주아계급의 실천적 관심으로부터 나온 것이다. 사회학자 뒤르켐(E. Durkheim)이 지식사회학적 관점에서 시·공간 개념이 사회적 토대로부터 발생한다고 주장한 것은 이런 맥락에서 이해할 수 있다. 마찬가지로 지리학자 하비(D. Harvey) 역시 '시·공간이 무엇인가'라는 질문을 '사람들의 행위가 어떻게 시·공간을 이용하고 특정한 시·공간 개념을 만드는가'라는 물음으로 대체해야 한다고 역설했으며, 또 다른 지리학자 소자(E. Soja)는 사회문화적 상대성을 지닌 공간을 아예 절대적이고 물리적인 공간과 구별해 '공간성'이라 규정한 뒤 이것이 사회적으로 생산된다고 주장했다.

역사적 사실을 보더라도 시간과 공간의 사회적 생산은 한 사회의 권력 집단의 지배 행위와 밀접한 관련이 있음을 알 수 있다. 한 사회의 지배층은 대체로 자신들의 목적에 맞게 시·공간을 제도적으로 관리함으로써 피지배층에게 특정 시·공간 관념을 주입시킨다. 후설도 언급했듯이, 원래 유클리드 기하학은 순수 학문적 관심이 아니라 고대국가의 경지정리라는 실천적 목적에서 나왔다. 정확한 척도에 따른 토지측량은 국가의 안정적인 세금 수취를 위해 필수 불가결한 수단이었다. 전근대에는 동서양을 막론하고 국가의 시책으로 점성술과 방위 연구, 달력·시계 등의 제작과 보급에 힘을 쏟았는데, 이 또한 사회 구성원들을 국가 단위의 표준적인 시·공간 관리 체제에 편입시켜 그들의 생활세계에 일정한 질서를 부여하려는 시책이었다.

시·공간의 사회적 생산과 통제는 서양 근대 자본주의의 성장과 더불어 더욱더 효율적이고 강화된 모습으로 나타났다. 이 시기의 가장 큰 특징은 근대 과학이 시·공간 개념을 추상적이고 계산 가능한 것으로 만들었다는 점이다. 시간이 시계를 통해 측정됨에 따라 노동을 비롯한 삶의 모든 활동이 자연적인 리듬이 아니라 인위적인 리듬에 의해 조절되었고, 노동과 여가의 공간 또한 최소 비용으로 최대의 성과를 뽑아내도록 인력과 기계 등 사물의 효율적인 배치를 담보하는 용기가 되었다.

마르크스(K. Marx)가 밝혔듯이, 자본주의 사회의 지배계급은 노동 시간의 통제를 통해 잉여가치를 창출하려 했으며, 테일러리즘과 포디즘에서처럼 노동 과정의 세밀한 시·공간적 분할을 통해 생산성을 최대로 뽑아내려 했다. 이러한 움직임은 오늘날 우리 사회가 경제적인 측면에서 여전히 자본의 확대재생산을 꾀하는 한 멈추지 않을 것이다. 근대성의 연장선상에 있는 오늘날의 사회는 비단 노동 영역뿐만 아니라 여가·소비·문화·가족생활 등 일상생활의 전 영역이 사실상 시간적·공간적으로 관리·통제된다고 해도 과언이 아니다.

오늘날 우리는 시계를 쳐다보지 않고는 시간을 의식하기 어렵고 도형이나 입체를 머리에 떠올리지 않고서는 공간을 인지하기 어렵다. 세계와 우리 몸의 자연적인 변화 내지 움직임이 시·공간을 규정하는 것이 아니라 거꾸로 양화된 시·공간이 세계와 우리 몸의 변화 내지 움직임을 조절하고 통제하는 것이다. 오늘날 우리가 가진 시간 체험, 공간 체험은 한마디로 근대 혹은 현대의 사회문화적 생산물이라 할 수 있다.

가속의 현대성

다시 처음으로 돌아가 시·공간의 압축 문제를 생각해보자. 시·공간의 압축은 시간과 공간의 상호 관계에서 나타나는 현상이다. 공간과 분리된 시간의 압축, 시간과 분리된 공간의 압축은 분석적 사고의 대상이기는 하나 이 세계에서는 도저히 경험될 수 없는 현상이다. 시간의 압축이 경험적으로는 사물의 변화 또는 운동의 흐름이 단축되는 것을 의미하는 한, 그것은 언제나 공간의 압축을 동반하기 때문이다.

시간과 공간의 상관관계에서 우리는 속도라는 개념을 떠올릴 수 있다. 속도는 시간과 공간의 함수다. KTX가 증기기관차보다 속도가 더 빠르다는 말은, 예컨대 서울에서 대구까지 이동하는 시간이 KTX가 증기기관차보다 덜 걸린다는 뜻이다. 즉, KTX가 증기기관차보다 시간 압축률이 더 높다는 의미다. 또 KTX와 증기기관차가 똑같이 서울에서 출발해 똑같이 1시간을 달린다면 KTX가 이동한 거리가 증기기관차가 움직인 거리보다 훨씬 더 긴데, 이 또한 KTX가 증기기관차보다 속도가 더 빠르다는 뜻이다. 즉, 공간의 압축률에서도 KTX는 증기기관차를 능가하는 셈이다.

속도의 변화, 그러니까 가속 또는 감속은 시·공간의 압축률이 상승 또는 하강하는 것을 말한다. 이러한 시·공간의 압축률은 늘 그 시대, 그 사회의 시·공간 압축 기술의 발전 정도에 따라 변하기 마련이다. 달구지를 몰고 다니는 사회와 비행기를 타고 이동하는 사회,

마라톤으로 의사를 전달하던 시대와 전자우편으로 소통하는 시대를 비교해보면 금방 알 수 있을 것이다. 앞에서 말했듯이, 시·공간에 대한 우리의 체험은 우리의 몸, 정확히 말하면 일정한 사회문화적 조건 하에서 사물과 세계의 변화 및 운동에 대한 우리 신체의 지각적 반응을 의미한다. 그러므로 그것은 엄밀히 말하면 시간 자체, 공간 자체에 대한 체험이 아니라 사회문화적 조건에 따라 결정되는 시·공간의 상대적 압축 현상에 대한 체험이라 하겠다.

사회학자 로자(H. Rosa)는 현대 사회의 시간 구조를 해명하면서 현대성의 특징을 '가속'이라 명명했다. 로자의 설명에 따르면, 현대화는 과학기술 발전의 눈부신 성과가 빚어낸 시·공간 체제의 혁명이며, 그 핵심적인 내용은 시·공간 압축률의 증대다. 실제로 과학기술의 발전은 우리 몸의 확장을 가져왔다. 망원경과 현미경은 우리의 시야를 넓고 깊게 확장시켰고, 자동차·기차·비행기는 우리의 보폭을 확대시켰으며, 전화와 통신은 우리의 청력을 증대시켰다. 세계 내 존재자들과 교섭하는 우리 몸의 능력이 그만큼 커졌다는 이야기다.

하이테크 시대에 사는 오늘날 우리의 몸은 지구 반대편에 있는 사람의 몸과 실시간으로 닿아 있으며, 심지어 지구를 벗어나 머나먼 은하계까지 뻗쳐 있다. 실제로 우리 몸에 그러한 변화가 일어났는가? 우리의 몸은 소인국을 여행하는 걸리버처럼 정말로 커졌고 세계는 정말로 작아졌는가? 우리가 이 질문에 대해 긍정적인 대답을 내린다면, 우리는 이미 물리학적 수준의 시·공간 개념을 넘어서 있다. 우리 몸과 지구 반대편에 있는 사람의 몸, 또 지구와 머나먼 은하계 사이의 물리적 간격은 예나 지금이나 동일하다. 그러나 지구 반대편의 사람이 '지금 여기' 우리 곁에, 그리고 머나먼 은하계가 '지금 여기' 우리 눈앞에 '존재하는 것처럼' 여겨진다면, 이러한 현상은 압축된 시·공간에 대한 우리의 체험 말고는 달리 설명할 길이 없다.

가속은 이미 우리 시대, 우리 사회의 시·공간 체험을 특징짓는 키워드가 되었다. 우리의 몸은 현대성이 생산한 시·공간의 압축에 길들여져 남들보다 더 빨리 뭔가 해야 한다는 의식이 우리의 '자연스러운' 시·공간 체험이 되어버렸다. 오늘날 노동과 여가를 포함한 생활세계 전 영역에서 '빨리빨리'는 우리 몸동작의 규범이 되었다고 해도 틀린 말이 아니다.

물론 현대 사회 전반에 걸쳐 나타나는 이러한 가속 현상은 단순히 문화적인 시각으로만 온전히 설명될 수 없다. 그 중심에는 근대 자본주의 출현 이후로 단속 없이 관철되어온 자본의 축적 운동이 자리 잡고 있다. 우리 몸의 확장과 시·공간에 대한 고도의 압축 경험을 가져온 과학기술의 눈부신 발전도 사실은 자본축적 과정의 일환이다. 오늘날 우리 주변에 널려 있는 수많은 시·공간 압축 도구들을 열거해보면 어느 하나 자본주의 성장 메커니즘의 부속물이 아닌 것이 없다. 그 대표적인 사례는 시·공간 압축의 일등 공신이라 할 수 있는 발달된 교통·통신 수단들이다. 자동차와 기차, 비행기 등 현대판 축지술을 이용해 빠르게, 더욱 빠르게 공간 이동을 하는 것은 겉보기에는 사람과 사물이지만, 자본주의 사회에서 그것들은 노동력과 상품이다. 전화나 통신 등에 의해 전달되는 커뮤니케이션의 내용도 겉보기에는 기호와 상징이지만, 실질적으로는 신용과 화폐로 채워져 있다.

교통과 통신 수단의 발전은 결국 시·공간 압축 경쟁의 산물, 본질적으로는 자본축적과 물질적 부의 증대를 둘러싼 경쟁의 소산이다. 남들보다 더 빨리 생산하고, 남들보다 더 빨리 판매하고, 남들보다 더 빨리 부를 축적하고, 남들보다 더 빨리 소비하고, 심지어 남들보다 더 빨리 여가를 즐기려는 가속의 생활세계가 바로 오늘날 우리의 생활세계임은 부인하기 어려운 사실이다. 이처럼 노동과 여가, 소비 등 우리의 생활세계적 실천 행위 모두가 KTX와 인터넷에 실려 이 공간, 저 공간을 순식간에 가로지르는 현상의 이면에는 자본의 축적과 물질적 부의 증대, 그리고 인생의 행복 등을 모두 같은 것으로 간주하는 우리의 세계관, 인생관이 깔려 있다. 오늘날 우리의 시·공간 의식은 이러한 가속의 현대성이 생산한 것이다.

가속에 대한 현대인의 이 같은 열광 내지 맹신을 현대의 문화철학자 비릴리오(P. Virilio)는 '속도의 파시즘'이라 일컬었다. 현대인의 삶에서 가속은 관성 법칙의 지배 아래 놓여 있다. 즉, '좀 더 빨리' '좀 더 멀리' 이르려는 삶의 경향은 이제는 마치 멈추려야 멈출 수 없는 '자연스러운' 흐름과 같은 것이 되었다. 이러한 자연스러움은 심지어 우리 삶의 미학적·도덕적 평가 기준으로 행세하기에 이르렀다. 바쁘고 부지런한 일상은 좋고 아름다운 것이며, 한가하고 게으른 일상은 그 반대로 평가된다. 마찬가지 이유로, 상대적으로 느림과 여유의 삶을 살았던 전근대사회는 흔히들 정체된 사회로, 나쁘고 아름답지 못한 사회로 평가되기 일쑤다. 그러나 여기서 다시 한번 곰곰이 생각해보자. 현대인의 생활세계는 왜 이처럼 속도의 광풍에 휩쓸리는가? 시·공간이 사회문화적으로 생산된 것인 한 속도의 파시스트는 현대화의 메커니즘이 잉태하고 출산한 것이며, 현대인은 "시간이 돈이다"를 외치는 그 전체주의적 독재자에게 복종하기를 스스로 원한 것이 아닐까.

가속과 탈속 사이에서

　속도의 파시즘은 가속의 매트릭스에 갇혀 빠져나올 수 없는 상황, 더욱 불행한 것은 자신이 그러한 매트릭스에 포박당해 있다는 사실조차 의식하지 못하는 현대인의 삶의 상황에 경종을 울리는 용어다. 도대체 어디까지 갈 것인가? 가속의 극한은 어디이며, 시·공간 압축의 최종 상태는 어떤 것인가?

　과학기술이 발전에 발전을 거듭한다면 앞으로도 KTX보다 더 빠른 열차가 나올 수 있다는 것은 충분히 예측 가능한 일이다. 인터넷 등 통신 기술 역시 공간 이동의 속도를 기하급수적으로 증가시킬 것이다. 서울과 부산, 서울과 뉴욕은 점점 더 가까워질 것이며, 이론상 그 마지막 지점은 이들 도시 간의 공간적 거리가 제로 상태가 되는 상황일 것이다. 일반적으로 말하면 가속의 극한은 적어도 이론적으로는 더 이상 시·공간의 압축이 불가능한 상태, 즉 더 이상 가속이 일어나지도 일어날 수도 없으며, 또한 그럴 필요조차 없는 상태다. 한번 상상해보라. 서울과 부산, 서울과 뉴욕 사이에 공간적 두께가 전혀 없는 상태, 말하자면 서울이 곧 부산이자 뉴욕인 그런 상태 말이다. 우리는 이런 공간을 상상할 수 있는가. 모든 이질적이고 상대적인 공간들이 하나의 절대적 공간으로 통일되는 상태 말이다. 한 공간에서 다른 공간으로 이동하는 시간이 제로가 되는 상태, 이는 곧 모든 움직임이 소멸하는 상태임에 틀림없다.

　물론 가속이 탈속을 결과하는 이러한 역설적 상황은 어디까지나 이론적으로 가능하다는 이야기이지 실제로 그럴 가능성은 거의 없다고 해도 무방하다. 우리의 사유는 동시에 여러 공간에 편재할 수 있으나 우리의 몸과 세계의 사물은 그렇게 하기가 불가능하기 때문이다. 현재 우리가 아는 지식으로는, 초속 40만 킬로미터를 주파하는 빛보다 더 빠른 물질은 이 세상에 존재하지 않는다. 이런 점에서 가속의 실제적인 극한은 광속이 될 것이다.

속도의 파시즘에 굴복하는 삶, 즉 가속에 맹목적으로 열광하고, 심지어 그것을 도덕화하고 미학화하는 삶은 자본과 이윤의 축적에는 도움이 될지 모르나 그 가속의 극한에 이르는 과정에서 다양하고 이질적인 수많은 공간을 용도 폐기하기 마련이다. 남보다 더 빨리 계약을 체결하려고 서울과 부산을 KTX로 오가는 사람에게 차창 밖으로 펼쳐지는 늦가을 들판의 고즈넉한 정취는 관심 밖의 것일 뿐더러, 설령 관심이 있다 하더라도 그러한 정취가 느껴질 리 만무하다. 차창 밖에 펼쳐지는 온갖 풍경은 순식간에 차창 뒤로 밀려나 여행자의 시선에서 사라지기 때문이다. 이처럼 KTX에 실린 우리의 몸은 서울과 부산 사이에 존재하는 수많은 공간을 하나하나 감지하기 어렵다. 말하자면 서울과 부산 사이의 공간의 두께는 우리 몸이 지각할 수 없는 정도만큼 축소되는 것이라 할 수 있다. 이러한 맥락에서 문화비평가 고미숙은 '사이의 공간'이 소멸되는 것과 이에 따라 인간과 공간 사이의 다양한 감각적 네트워크가 사라지는 것을 가속 현상의 가장 큰 문제점으로 지적했다.

가속과 이것이 지향하는 탈속 사이에서 현대성은 무엇을 얻었고 또 잃었는가? 여기서 컨(S. Kern)의 이야기를 들어보자. "만일 20년 동안 말 타고 일터로 가던 사람이 자동차가 발명된 다음 자동차로 출근을 하면, 이것은 속도의 증가와 속도의 감소라는 두 가지 결과가 동시에 발생하는 것이다. 이동 속도가 빨라지는 것에는 이론의 여지가 없고, 따라서 그 사람의 속도감각 또한 그만큼 빨라졌을 것이다. 하지만 가속화 자체가 그의 이전 수단(그 이전까지만 해도 가장 빠른 것이었던 말)을 전에 없이 느린 것으로 변질시켜버린다. 그의 말은 순식간에 쓸모없는 폐마(廢馬)가 되어버린다. (……) 이를 더 큰 세계에 적용해보면, 자동차 등 모든 가속화 기술은 최소한 이중의 영향을 미쳤다고 할 수 있다. 그것은, 첫째, 존재의 속도를 가속화시켰고, 둘째, 지나간 세월의 기억, 즉 모든 개개인의 정체성의 내실을 느린 것으로 변질시켰다."

이러한 쿤의 이야기를 실마리로 가속과 탈속 사이에 위치한 현대성의 공과를 따져보는 것으로 이 글을 마무리하자. 인류 문명의 역사를 시·공간 압축이라는 관점에서 조망할 경우, 동서고금의 모든 사회는 속도가 지배해왔다고 해도 틀린 말이 아니다. 차이가 있다면 각 사회마다 속도의 상대적 차이, 즉 시·공간 압축률의 상대적 높낮이가 있을 뿐이다. KTX의 시대는 증기기관차의 시대와 두 가지 점에서 차이를 보인다. 간단히 말하면 하나는 공간 의식이고, 다른 하나는 시간 의식이다. KTX 시대 우리의 '몸'은 과거에 비해 공간의 두께가 한층 얇아졌음을, 그리하여 '지각의 보고(寶庫)'라 할 수 있는 수많은 이질적인 공간들로부터 더욱 소원해졌음을 느낀다. 또한 KTX 시대 우리의 '마음'은 과거에 비해 한층 더 조급해졌으며, 그리하여 증기기관차 시대 사람들의 삶의 방식을 어느덧 '정체된' 삶으로 도덕적·미학적으로 평가절하 하기에 이르렀다.

오늘날 우리의 시·공간 의식은 물질적 부의 축적을 담보로 속도의 파시즘에 굴복한 상태라 해도 지나치지 않다. 속도는 심지어 숭배의 대상이기까지 하다. 이는 시·공간 문제와 관련해 현대성 내지 현대 문화를 비판적 시선으로 바라볼 경우 그 초점이 생활세계의 가속화 현상에 모아져야 한다는 것을 말해준다. 아울러 자본의 축적과 집중만을 목표로 한 자본주의 경제체제와 우리 자신도 모르게 여기에 적합하게 길들여져 있는 우리의 사고 및 감각 체계에 대한 냉혹한 반성이 필요하다.

《시간과 공간의 문화사 1880~1918》

스티븐 컨 지음. 박성관 옮김. 휴머니스트. 2004.

이 책은 철학서가 아니라 역사서다. 그것도 역사상 특정한 시기, 구체적으로는 19세기 말에서 20세기 초 사이에 일어난 시간과 공간의 문화사적 대변동 현상들을 기록한 것이다. 물론 시간과 공간은 그 자체로 객관적으로 존재하는 사물이 아니어서, 컨이 말하는 시·공간의 대변동이란 엄밀히 말하면 그것에 대한 우리 인간의 인식 내지 경험 방식의 큰 변화를 말한다. 이 책의 장점은 이러한 시·공간에 대한 인간의 경험 또는 인식 방식의 변화를 당시의 다양한 문화 현상들, 이를테면 철학, 사상, 예술, 과학기술 등의 실증 자료들을 통해 매우 포괄적이면서도 구체적으로 입증한다는 것이다.

특정 시기의 문화사를 인간의 시·공간 경험 방식을 통해 추적하는 까닭을 컨은 이렇게 말한다. "모든 경험은 반드시 시간과 공간 속에서 생겨나기 때문에, 이 두 가지 범주는 광범위한 문화적 발전 양상들(을) 담아낼 수 있는 포괄적인 틀을 제공해준다. 시대와 장소를 불문하고 사람들은 저마다 상이한 시간적·공간적 경험을 하며, 비록 무의식적인 것이라 할지라도 그에 대한 관념을 갖기 마련이다. 따라서 우리는 계급구조, 생산방식, 외교의 유형, 혹은 전쟁 수행 수단 등이 역사적으로 어떻게 표현되어왔는가를, 시공간 경험의 변화라는 관점에서 해석해볼 수 있다." 컨의 이러한 이야기를 한마디로 줄이면, 문화는 "시간과 공간의 함수"인 셈이다. 시기를 1880년경에서 제1차 세계대전의 발발 시점까지로 잡은 것은 서양 현대사에서 이 시기만큼 인간이 만든 각종 제도, 사상, 이데올로기, 과학기술 등이 시·공간 경험의 '혁명적인' 변화를 담은 적이 없었다는 그의 역사 인식에서 비롯한 것이다. 또한 이 시기는 시·공간의 압축, 즉 속도라는 것이 우리의 생활세계 전반에 미친 영향도 가히 폭발적이었다.

시·공간이라는 철학적 범주가 우리의 경험과 사고, 삶의 방식을 조직한다는 컨의 전제는 사실 그가 이 책에서 분석 대상으로 정한 특정 시기에만 통용되는 것이 아니다. 오히려 과학기술과 사회제도 등이 급속도로 압축 성장하는 오늘날, 어쩌면 컨의 전제는 우리의 세계 인식에 더더욱 유효하리라 생각된다. 따라서 이 책은 단순히 특정 시기의 문화사를 다룬 일개 역사서가 아니라, 우리 시대의 특수한 삶의 문화 또한 시·공간이라는 보편적 범주로 해석할 수 있게 하는 일종의 패러다임 구실을 한다.

생각해볼 문제

1. 시간과 공간이 먼저 있기 때문에 사물의 변화와 운동을 지각할 수 있는지, 아니면 사물의 변화와 운동이 먼저 있은 다음 이로부터 시간과 공간이라는 것이 생겨나는지 토론해보자.
2. 과거·현재·미래로 이어지는 시간의 흐름은 우리의 체험이나 의식과 상관없이 있는 것인지, 아니면 우리의 체험이나 의식 속에서만 존재하는 것인지 토론해보자.
3. 시간과 공간을 사회·문화·정치적으로 통제한 역사적 사례를 찾아보고 시·공간에 대한 이러한 통제가 어떤 효과를 낼 수 있는지 생각해보자.
4. 속도가 낮은 이동 수단과 속도가 높은 이동 수단을 이용해 공간 이동을 할 때 주변 사물들에 대한 우리의 지각은 어떤 차이가 있는지 생각해보자.
5. "시간은 돈이다!"라는 경구가 의미하는 바를 가속의 현대성 문제와 관련지어 논의해보자.

참고문헌

고미숙.《나비와 전사》. 휴머니스트. 2006.
김왕배.《도시, 공간, 생활세계》. 한울. 2000.
아이글러, 군터.《시간과 시간의식》. 백훈승 옮김. 간디서원. 2006.
이진경.《근대적 시·공간의 탄생》. 푸른숲. 2007.
컨, 스티븐.《시간과 공간의 문화사, 1880~1918》, 박성관 옮김. 휴머니스트. 2004.
Rosa, Harmut. *Beschleunigung-Die Veränderung der Zeitstrukturen in der Moderne.* Suhrkamp Verlag. 2005.

단성사에서 CGV까지
가상과 현실

김성우

가상이 지배하는 현대 사회

보드리야르(J. Baudrillard)의 《소비의 사회》에 의하면 소비의 시대인 오늘날에는 상품의 논리가 일반화되어 노동과정이나 물질적 생산품뿐만 아니라 문화, 섹슈얼리티, 인간관계, 심지어 환상과 개인적 욕망까지도 지배한다. 모든 것이 이 논리에 종속되어 있는데, 그것은 단순히 모든 기능과 욕구가 이윤에 의해 대상화되고 조작된다는 의미뿐만 아니라 모든 것이 진열되어 구경거리가 된다는, 즉 이미지, 기호, 소비 가능한 모델로 환기되고 유발되고 편성된다는 보다 깊은 의미에서다. 소비과정은 기호를 흡수하고 기호에 의해 흡수되는 과정이다. 기호의 발신과 수신만이 있을 뿐이며 개인으로서의 존재는 기호의 조작과 계산속에서 소멸한다.

소비 시대의 인간은 자기 노동의 생산물뿐만 아니라 자기 욕구조차도 직시하는 일이 없으며 자신의 모습과 마주 대하는 일도 없다. 그는 자신이 늘어놓은 기호들 속에 내재할 뿐이다. 초월성도 궁극성도 목적성도 더 이상 존재하지 않게 된 이 사회의 특징은 '반성'의 부재, 자신에 대한 시각의 부재다. 현대의 질서에서는 인간이 자신의 모습과 마주하는 장소였던 거울이 사라지고, 대신 쇼윈도만이 존재한다. 거기에서 개인은 자신을 비춰보는 것이 아니라 대량의 기호화된 사물을 응시할 따름이며, 사회적 지위 등을 의미하는 기호의 질서 속으로 흡수되어 버린다. 소비의 주체는 기호의 질서다. 사람이 명품을 사는 것이 아니라 명품을 사람을 삼키는 것이다.

소비주의적 강박관념 속에서 제작된 문화의 오락 기능(놀이 역할)과 상품미학적인 요소에 의해 욕망을 자극하도록 고안된 가상적인 이미지 및 기호를 통해 '욕망의 확대'라는 정언명법(무조건적인 명령)이 생겨난다. 이로써 욕망의 충족이 자아를 실현한다는 생각에 의해 욕망충족의 강박증이 출현한다. 그러나 욕망이 충족되지 않은 채 끝없는 불만 속에서 자아의 분열이 일어난다. 결국 욕망의 충족이 거꾸로 존재의 빈곤을 낳고 허무주의를 창출한다. 모든 기존의 최고 가치들이 그 가치를 상실한 시대(허무주의의 시대)는 전도되어 자본만을 정당화한 사회가 된다. 그리고 이를 헤게모니적으로 설득하는 기구가 바로 매스미디어, 광고, 영화를 비롯한 문화 산업이다. 이 문화 산업체계야말로 자본주의적 허무주의의 기원이자 재생산의 어머니인 것이다.

자본주의의 가상적 꿈이 된 영화 스타

자본주의적 허무주의의 정점에 스타라는 기호가 서 있다. 스타는 단순히 하나의 인간이 아니라 스타시스템이라는 제도를 지시한다. 모랭(E. Morin)은 이러한 스타시스템을 체계적으로 연구한 사회학자다. 그는《스타》라는 저서에서 할리우드 영화 산업을 분석하면서 스타시스템을 다음과 같이 말한다. "스타는 신이며, 관객은 스타를 그러한 존재로 만든다. 그러나 스타를 준비하고, 요리하고, 가공하

오늘날 대중문화의 핵이라고 할 수 있는 스타를
둘러싼 갈망은 어디에서 연유한 것일까?
사진은 사회학자 모랭이 저술한 《스타》의
영문판 표지다.

고, 제공하고, 만들어내는 것은 스타시스템이다. 스타는 스타시스템
이 만들어내지 않은 감정적 또는 신화적 욕구에 부응한다. 그런 스타
시스템이 없다면 그 욕구는 형태도, 지주(支柱)도, 최음제도 찾지 못
할 것이다." 이러한 스타시스템은 현대 자본주의 사회의 하나의 특수
한 제도다. 자본주의적 생산이 낮은 단계에서 값싼 영화의 제작은 사
실상 스타라는 사치품 없이 이루어질 수밖에 없었다. 게다가 영화 산
업의 초기단계에서는 스타라는 개념이 아예 없었다.

　　스타는 1910년 미국의 최초 영화사들 간의 치열한 경쟁 속에서
탄생해 영화 산업에 자본이 집중되는 시기와 더불어 발전한다. 그 후
에 대스타가 대작(大作)의 중심으로 부각함에 따라 스타는 거대회사
의 소유물이 된다. 점차적으로 확립된 스타시스템은 스타와 산업이
발전한 결과라기보다는 도리어 이 양자를 발전시킨 핵심 요인이다.

스타시스템의 내재적 성격은 산업 및 금융 자본주의의 성격 그 자체다. 스타창조자인 레믈(C. Laemmle)의 말에 따르면 "스타의 제조는 영화 산업에서 가장 중요한 것이다." 따라서 스타시스템은 무엇보다도 이익창출을 위한 스타의 제조(fabrication)다. 실제 제조 과정은 신인 발굴 담당자가 발견한 미녀를 붙잡아 합리화하고, 표준화하고, 선별하고, 결함 부분을 없애고, 보석을 끼어 넣고, 조립하고, 가공하고, 다듬고, 장식하는 것으로 이루어진다.

그런데 스타라는 제품이 시장에서 대성공을 거둔다 해도, 아직은 제조하는 곳(거대 영화사나 기획사)의 통제 안에 있다. 스타의 사생활은 미리 꾸며지고 합리적으로 조직되어야 하기 때문이다. 이렇게 만들어진 스타의 사생활은 시장에서 상품이 되어 팔린다. 베슐랭(Baechelin)의 말처럼 "스타의 생활방식 자체가 상품이다." 스타의 공사(公私)생활은 항상 상업적 효과를 지닌다. 즉 광고와 선전의 효과가 있다. 스타는 향수, 비누, 담배 등을 자신의 이미지로 후원하며 그러한 광고 활동을 통해 상품으로서의 자신의 가치를 높이게 된다. 스타는 자본주의의 전형적인 상품이다. 이는 스타시스템이 막대한 투자와 더불어 체계의 합리화와 규격화의 산업기술로써 스타를 효과적으로 대중 소비의 지향점(신화 같은 꿈)으로 제조하기 때문이다.

상품으로서의 스타는 소비됨으로써 낡아빠지거나 훼손되지 않는다. 그 이미지가 대량으로 보급되면 될수록 그의 가치는 더욱 매력적인 것이 된다. 대량보급은 현대에서 신문과 텔레비전 그리고 영화가 담당한다. 자본주의 사회에서 스타는 신(神)이면서도 사물이다. 특히 영화나 텔레비전은 그 영상의 잠재력인 마력으로 스타들을 신격화시킨다. 스타는 꿈의 빵이다. 판매가격이 원가에 이윤을 약간 더한 것에 불과한 보통의 빵과는 달리 스타라는 꿈의 빵은 마술적이고 신비적인 가치를 부여받은 상품이다. 스타는 신화와 자본, 신과 상품의 우연한 일치가 아니다. 스타의 양면성은 현대 자본주의 사회라는 동일한 현실의 두 얼굴인 것이다.

신이면서 사물인 스타는 다른 출연 배우와는 확실하게 다른 존재다. 그래서 그 출연료에서 스타와 그냥 배우 사이에는 엄청난 차이가 존재한다. 2005년 7월 28일 한국영화제작가협회(이하 영제협)의 기자회견은 이러한 문제점을 잘 드러낸다. 영제협을 대표해 강우석 감독이 소위 '스타권력'이 한국 영화를 망친다며 포문을 열었다. 이내 최민식과 송강호 같은 영화계의 대스타 역시 기자회견을 자청해 영제협의 주장을 강력하게 반박하였다. 이에 강우석 감독이 재빠르게 사과함으로써 영화계 갈등이 가라앉은 것처럼 보였다. 한국영화의 위기 앞에서 공생해야 하는 스타와 제작자가 서로 '공공의 적'이 된 것이다.

그러나 심층적으로 분석해보면 한국영화 위기설의 진원지는 스타권력이 아닌 거대자본의 영화 시장 잠식이다. 자본의 논리가 지배하게 된 영화 시장의 '공공의 적'은 이미 수직구조화(투자·제작·배급·상영)에 성공한 일부 영화 대기업의 독과점이다. 이런 관점에서 보면 스타와 제작자의 갈등은 하청업체인 제작자와 원청업체인 대기업 사이의 자본주의적 모순이 전가된 것이다. 즉, 스타와 제작자 사이의 갈등은 한국영화가 자본주의적 논리가 철저하게 관철된 독과점 문화산업으로 변화되고 있다는 점을 잘 드러내주는 하나의 현상이다. 스타라는 자본주의의 꿈은 자본주의 사회의 독점과 착취가 아름답게 타나난 가상적 신이다.

첨단의 가상적 놀이인 광고

자본주의 사회에서 가상은 일종의 새로운 신화다. 신화란 일종의 정당화하는 이야기다. 그리고 광고는 시각과 청각에 호소하는 이미지이자 의식과 무의식에 침투해 자리를 잡으려 하는 메시지다. 혁신적 반복을 통한 충격적 길들이기다. 길들여지면서도 충격적 단절이라는 가상에 의해 혁신과 저항을 꿈꾸게 한다. 광고에서는 자본이 허용하는 정도로만 혁신과 저항이 출현한다. 광고 그 자체가 텍스트가 되고 목적이 된다. 광고에 대한 이야기가 회자된다. 사람들은 광고인줄 알면서도 광고를 좋아한다. 이런 면에서 광고는 현대적인 가상적 신화의 원천이다. 그러나 광고에서 그려진 신들(상품과 회사들)의 이야기의 다양성은 일신(자본)의 이야기일 뿐이다.

'사랑해요 LG'라는 광고의 의미는 단순한 상품광고에서 회사 이미지(회사브랜드관리, CI)를 새기려는 의도를 지닌다. 이는 거대재벌의 변화한 전략을 보여준다. 이런 광고는 대중재생산의 기능(자본에 대한 사랑과 믿음을 가르침)을 한다. 좋은 기업의 이미지, 소비자들이 사랑하는 기업이라는 이미지의 효과를 이 광고는 노리고 있다. 과연 거대재벌이 정말로 사랑할 만한 일을 하고 있는가? 이와는 무관하게 거대재벌이 만든 기업광고는 실제로 자신에게 유리한 이미지만을 심는 광고가 대부분이다. 이런 광고는 현실이 아닌 가상을 심는 광고다. 거대자본이 미디어를 통해 지속적으로 이런 이미지를 반복적으로 노출시킴으로써 대중의 뇌 속에는 그런 이미지가 무의식적으로 각인된다. 말도 못하는 유아가 광고에는 민감하게 반응할 정도로 텔레비전을 통한 광고의 세뇌 효과는 대단한 것이다.

광고는 성공이라는 신화를 전달한다. 성공의 성격, 원인, 규정 등은 중요하지 않다. 성공만이 중요한 것이다. 성공이 성공의 척도다. 신데렐라 이야기가 광고나 영화 드라마에 자주 등장하는 이유는 그것이 (쉬운, 우연적인, 일방적으로 받는) 성공이야기이기 때문이다. 자본도 이렇게 광고를 통해 대중들에게 누구에게라도 호의를 베풀 수 있다는 가능성을 제시한다. 광고를 본 모든 이들은 자신에게도 저런 행운이 다가오기를 무의식적으로 기대하게 된다.

벤야민(W. Benjamin)은 이야기한다. "대량생산은 대중을 끊임없이 재생산함으로써 가능하다." 예컨대, 스튜어트 유엔(S. Ewen)의《광고와 대중소비문화》에 따르면 1920년대 시작된 미국의 광고 산업은 기존의 가부장제가 소비 사회에 맞지 않은 구조를 가지므로 이를 기업의 논리에 맞게 변형하는 데 크게 기여했다. 가정의 유대적 이미지를 이용하면서도 이 유대(기존의 사회관계)를 부정하기 위해 최선의 노력을 다했다. 이제 기업이 생활세계를 지배하는 사회에서 가족이 지닌 기존의 유대 관계는 그 외형만 남게 되었다. 부모의 역할, 사랑의 개념, 성의 에로스적인 면 등 모두가 기업에 의해 규정되었다. 기존의 역할을 인지하던 부모가 이러한 변형에 저항하면 광고는 그 아이들을 집중적으로 공략해 가장 뛰어난 소비자로 탄생시켰다.

이처럼 인간을 소비자로 바꾸는 광고야말로 문화 산업의 전위 역할을 한다. 광고는 상투적인 기법혁신에 의해 실험의 반복이 진행되는 소용돌이의 장이다. 이렇게 광고가 기존 질서에 저항하고 삶과 정신의 자유로움을 추구해보이는 가상으로 나타난다. 이를 포스트모

던적이라고 규정하는 것은 근대성을 근원적으로 비판하고 해체하려는 포스트모던이라는 말의 잘못된 사용이다. 동시에 이러한 오용에는 기호를 그 기의에서 떼어내 자신에게 유리하게 사용할 줄 아는 자본논리가 관철되어 있다. 광고는 자본의 논리를 위해 실재를 허구로, 허구를 실재로 자리바꿈하는 현란한 예술적 테크닉이다. 광고는 문화 산업의 첨병이면서 자본의 논리를 관철시킨다. 광고는 자본의 얼굴에 예술적이고 좋은 이미지를 만들어가는 가상놀이이다.

가상의 조직적 체계로서의 매스미디어

광고가 일회적인 현상이고 개별적인 현상으로 보이지만 실은 이러한 에피소드적인 사건들을 총체적으로 뒷받침하는 자본/권력과 언론의 연관 체계가 있다. 매스미디어는 자본의 논리대로 광고를 총체적 의미에서 조직화하는 동시에 이 광고를 통해 생활세계를 조직한다. 동시에 매스미디어는 사회의 모순과 위기를 적절하게 완화시켜주는 메커니즘이다. 더욱 문제인 것은 매스미디어 자체가 이미 거대자본이 되어 있고, 광고주라는 거대자본에 의해 뒷받침된다는 점이다.

촘스키(N. Chomsky)의 《미국이 진정으로 원하는 것》에 따르면 자본주의 사회에서 매스미디어는 여론을 제시하는 교시(敎示)적 체제의 일부분이다. 매스미디어가 전하는 선전에는 두 가지 분명한 표적이 있다. 소위 고급언론은 20퍼센트에 해당하는 오피니언 리더를 겨냥한다. 순전한 의미의 진짜 대중 언론은 80퍼센트에 해당하는 방관자와 추종자들인 대중의 관심을 중요한 곳으로부터 돌린다. 동시에 매스미디어는 자본주의 사회의 기본 가치관인 "수동적 자세, 권력에 대한 복종, 사적인 이익을 우선시하는 미덕, 타인에 대한 관심의 결여, 실제 혹은 상상 속의 적에 대한 공포의 강화"를 반복적으로 의식과 무의식 속에 심는다.

자본주의적 매스미디어가 상징 연관적인 권력기관이 되는 이유는 언론을 구성하는 메커니즘에 '이미 누가 말할 것이고 누가 배제될 것이며 들리는 목소리를 누구의 것으로 할 것인가'가 정해져있기 때문이다. 매스미디어는 경제의 논리와 정치의 논리로서 각각 이윤과 통제를 그 핵으로 삼는다. 매스미디어가 진정으로 전하고자 하는 것은 자본의 지배와 옹호를 위한 일종의 스피커를 통해 울리는 구호와 같은 것이다.

매스미디어는 이러한 자신의 역할을 충실히 하려면 가상적 신드롬증후군을 만들어내야 한다. 신드롬이란 병리학의 용어에서 시작된 말이다. 몸에 공통된 증세나 신호가 일정한 패턴으로 나타나는 현상을 일컫는 말이다. 이렇게 공통된 일련의 증후들의 모임이라 해서 증후군이라고 번역된다. 신드롬은 대중매체를 통해 집단질병적인 심리적 현상과 나아가서 사회적 유행에 적용되어 그 의미가 확대된다. 신드롬은 의학 현상에서 미디어의 핵심용어로 전용된다.

최근 신드롬의 신드롬(증후군) 현상이 벌어질 정도로 신문이나 방송(대중매체)이 신드롬 증후군에 중독된 모습을 보인다. 동거(옥탑방 고양이) 신드롬, 스와핑 신드롬, 이효리 신드롬, 누드 신드롬, 안철

수 신드롬 등을 살펴보면 대중매체에서 단순한 증상 몇 가지가 나타난 것이 아니라 증상들이 반복화되고 만성화된 것을 알 수 있다. 이는 병적인 중독 수준을 의미한다. 이러한 신드롬 중독증은 신드롬이란 가상놀이를 매스미디어가 조직적이고 체계적으로 행한다는 반증이 된다.

산업화와 도시화로 대변되는 근대 자본주의 물결은 대량생산·대량소비 체제로 운영된다. 전근대적인 인간은 근대적인 시민으로서 노동자이자 소비자가 된다. 생산성의 발전으로 유발된 과잉생산의 문제가 해결되고 더 근원적으로 자본주의 시스템이 작동되기 위해서는 절약에 기초한 전근대적인 사회에서 소비가 미덕인 소비 중심의 사회로 바꾸어야 한다. 이 소비주의를 전파하고 교육하는 데 매스미디어와 공교육이 큰 역할을 담당하였다. 이처럼 매스미디어는 처음에는 소비주의라는 신화의 적극적 전파자가 됐지만 자기 자신도 이 가상적 신화의 구조에서 벗어나지 못하는 운명을 지니게 되었다.

영화, 기술적 마법의 가상

이러한 가상놀이에는 기술적 뒷받침이 있어야 한다. 이 가상놀이의 기술적 분석에 탁월한 철학자가 벤야민이다. 그는 영화의 기술적 특성을 설명하면서 영화의 기술적 마법에 의한 가상놀이를 해명한다. 자신의 유명한 글인 〈기술복제시대의 예술〉에서 영화에 대해 다음과 같이 기록했다. "수백 년에 걸쳐 문학계에는 소수의 글 쓰는 사람에 비해 그 수천 배에 달하는 글 읽는 사람이 있었다. 그러던 것이 지난 세기의 말부터 하나의 변화가 일어났다. 정치적·종교적·학문적·직업적 여러 분야의 기관지와 지방지를 독자에게 보급하게 된 저널리즘 일반의 점진적인 확장으로 인해 점점 더 많은 수의 독자가—처음에는 소수의 독자가 그랬지만—필자의 입장에 서게 되었다. 그것은 일간신문이 그들에게 독자투고란을 개설하면서부터 시작되었다. 따라서 오늘날에 와서는 직업을 가진 유럽인치고 직업체험담이나 항의, 르포르타주와 이와 유사한 것들을 발표할 기회를 갖지 못하는 사람은 원칙적으로 거의 없다고 보아야 할 것이다. 이로써 필자와 독자의 차이는 근본적으로 그 의미를 상실하게 되었다. (……) 서구에서는 영화에 대한 자본주의적 착취로 인해 자기 자신을 재현 연출해 보려는 현대인간의 정당한 요구는 외면 내지 무시된다. 이러한 상황 아래에서 서구의 영화 산업은 환상을 불러일으키는 스펙터클과 아리송한 상상력을 통해 대중의 참여를 부채질하는 데만 관심을 쏟을 따름이다." 서구의 영화 산업에서 대중은 단지 영화가 만들어낸 가상을 소비하는 수동적인 존재에 불과하다.

영화는 문화 산업 중에서도 가상의 마법을 가장 잘 보여준다. 영화가 만드는 가상은 과거의 마법사들이 보여준 마법적 기술에 의한 가상과는 다르다. 영화에서는 마법사의 역할을 기술이 맡는다. 영화는 기술적 마법에 의해 가상을 보여준다. 브리태니커 백사사전에 의하면 "영화는 연결된 일련의 필름을 연속적으로 영사해 재현시킨 움직이는 영상 및 그 기술이다. 지금은 영상에 음향을 포함시킨 뜻으로도 이해된다. 카메라와 마이크로폰이 창출하는 현실의 신비와 영상 및 음성의 몽타주에 의해 독자적인 영화 예술이 탄생했는데, 즉 과학과 예술의 결합이다." 영화는 그 탄생에서부터 본질적으로 과학기술에 의한 예술장르다.

영화가 연극과 달리 환상적인 마법을 부리게 되는 이유는 그 기술적 측면에 있다. 벤야민에 의하면 "연극무대의 경우, 우리는 무대에서 일어나는 사건이 곧바로 환상적인 것으로 간주될 수 없는 부분이 있음을 알 수 있다. 그러나 영화장면에서는 이러한 부분이 존재하지 않는다. 영화에서 보이는 환상적인 성격은 이차적인 성격을 띤다. 그것은 편집의 결과로 생겨난 것이다. 바꾸어 말하면, 영화제작소에서는 기계적 장치가 너무나 깊숙이 현실 속으로 파고 들어가기 때문에 기계적 장치라는 이 물질에서 벗어나게 된 현실의 순수한 모습은 하나의 특수한 처리과정, 즉 카메라의 독특한 조작을 통한 촬영이나 똑같은 종류의 여러 촬영을 조립한 결과로서 생겨난 것이다." 따라서 기계적 장치에서 벗어난 현실의 모습은 영화에서는 가장 인위적인 현실의 모습이 된다. 그는 이러한 영화의 기술적 특징을 외과의사라는 개념을 통해 설명한다.

외과의사는 마술사와는 극단적으로 대조가 되는 사람이다. 손을 얹어 환자를 낫게 하는 마술사의 태도는 환자의 몸에 깊숙이 손을 대는 외과의사의 태도와는 다르다. 마술사는 자신과 환자와의 자연스러운 거리를 계속 유지한다. 외과의사는 마술사와는 달리 그의 환자를 인간 대 인간으로 대하는 것을 포기하고, 그 대신 수술을 통해 그의 내부로 파고 들어간다고 할 수 있다.

마술사와 외과의사의 관계는 화가와 카메라맨의 관계와 같다. 화가는 주어진 대상으로부터 자연스러운 거리를 유지하는 데 반해,

카메라맨은 작업할 때 주어진 대상에 깊숙이 침투한다. 이를 통해 두 사람이 얻게 되는 영상은 엄청나게 다르게 되는데 화가의 영상은 하나의 전체적 영상이고, 카메라맨의 영상은 여러 개로 쪼개져 있는 단편적 영상들이다. 이 단편적 영상들은 환상을 만드는 법칙에 의해 다시 조립되어 현대인에게 제공된다. 영화의 현실묘사가 더할 나위 없이 의미심장한 현실묘사가 되는 까닭은, 현대 기술복제시대의 이상(理想)인 '카메라의 개입 없는 직접적인 현실의 모습'이 영화의 현실묘사에서는 카메라를 집중적으로 침투시키는 작업을 바탕으로 얻어지기 때문이다.

벤야민에 의하면, 영화는 사물을 확대(클로즈업)해서 보여주고, 우리에게 익숙한 사물의 숨겨진 세부적 사항에 초점을 맞춘다. 또한 영화는 카메라의 뛰어난 사물파악능력에 의해 진부한 주위환경을 천착함으로써 한편으로는 우리의 삶을 지배하는 필연성에 대한 인식을 증가시키고, 다른 한편으로는 우리가 이전에는 전혀 상상하지 못했던 엄청난 새로운 공간을 확보해준다. 이는 의식의 공간이 아니라 무의식의 공간이다. 카메라는 보조수단, 즉 하락과 상승, 중단과 분리, 사진진행의 확대와 축소 등으로써 현실에 개입한다. 정신분석학을 통해 충동의 무의식적 세계를 알게 된 것처럼 우리는 카메라를 통해 비로소 시각(視覺)의 무의식적 세계를 알게 된다.

벤야민에 의하면, 모든 예술작품이 수요를 필요로 하듯이 영화도 기분전환이라는 오락을 통해 수요가 증폭된다. 자본주의 사회의 문화적 퇴폐(물신주의적 허무주의) 속에서 관조적 침잠(Versenkung)이 비사교적 행동의 훈련장이 되었다면, 여기에 맞서서 나타난 것이 사교적 행동의 한 변형형태로서의 정신분산(기분전환)적 오락(Ablenkung)이

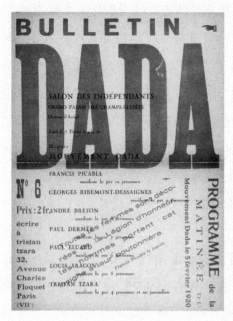

**《뷸레틴 다다》(제6호),
1920년 2월 표지**
시인이자 수필가, 행위미술가,
작곡가, 저널리스트, 영화감독
등으로 활동한 트리스탕 차라는
1916년 취리히에서 다다 운동을
개시하며 다다이즘의 선구자로
불린다. 《뷸레틴 다다》는 차라가
발행한 다다이즘 잡지다. "다다는
체계에 반대한다. 체계 없는
체계다. 그리고 다다는 아무것도
의미하지 않는다."라는 말은 다다의
유명한 어록 중 하나다.

다. 영화의 정신분산(기분전환)적 요소는 무엇보다도 우선 촉각(영화는
일종의 폭탄으로서 눈에 이미지들을 난사하기 때문에 시각과 청각 이전에 촉각적인
것임)적인 것이다. 또 그것은 보는 사람의 눈에 단속적으로 들어오는
영화장면과 관점의 변화에 그 근거를 둔다.

　　그림이 그려진 캔버스 앞에서 사람은 자신을 연상의 흐름에 내
맡길 수가 있지만 스크린 앞에서는 그렇게 할 수가 없다. 영화의 장
면은 눈에 들어오자마자 곧 다른 장면으로 바뀌어 버리기 때문이다.
뒤아멜의 말을 인용하자면, "이제 나는 더 이상 내가 생각하고자 하
는 바를 생각할 수 없게 되었다. 움직이는 영상들이 내 사고의 자리
에 대신 들어앉게 된 것이다." 실제로 이러한 영상을 보는 사람의 연
상의 흐름은 끊임없는 영상의 변화로 인해 곧 중단되어 버린다. 영화

의 충격효과는 바로 이러한 데에 근거를 둔다. 자본주의적 가치관을 혐오하고 제1차 세계대전에 절망해 허무주의적이고 반(反)합리주의적인 사회비판과 예술 형식상의 모든 인습을 무차별적으로 공격하는 태도를 보여준 예술사조가 다다이즘이다. 다다이즘이 보여주듯이 영화는 기술적 구조의 힘을 빌려 여전히 정신적 충격 속에 포장해서 감싸는 물리적 충격을 그 정신적 포장으로부터 해방시킨다.

벤야민은 이처럼 영화에서 기술적 마법을 통해 구현된 가상이 현실을 비판하고 변혁하는 데 기여할 수 있다고 본다. 그렇지만 서구의 영화 산업이 자본의 논리에 의해 지배받아 아리송한 환상만을 제시하면서 거꾸로 부당한 현실을 은폐하고 정당화하는 데 기여한다고 비판한다. 가상에도 두 가지가 있다. 현실을 비판하는 가상과 현실을 은폐하는 가상이 그것이다. 자본주의 사회에서 영화를 비롯한 문화 산업은 그 가상적 현실비판력을 상실하고 스타와 유행 그리고 스타일이라는 가상을 통해 현실의 고통을 잊게 하는 기만적 최면제의 역할을 더 담당하는 듯하다.

억압에 기여하는 가상 대 해방에 기여하는 가상

근대적 노이로제 증상인 정신분열증(상업성과 예술성의 분열), 편집증(시청률과 수익률에 집착함), 강박증(시청률과 수익률의 수행기준을 무의식적으로 반복 실행함)이 가상놀이를 제공하는 문화 산업에 존재한다. 이런 이유로 자본주의에 편입된 문화적 공급자나 소비자나 모두 정신분열을 경험하게 된다. 다시 말해서 공급자나 소비자도 자본에 대한 막연한 저항감을 가지지만 그러면서도 자기 자신이 자본에 편입되는 것을 수동적으로 용인한다. 더 나아가 적극적으로 참여하기까지 한다.

이러한 저항과 복종이라는 양가감정 속에서 현대인은 갈등적 경험을 하게 된다. 이 경험이 불쾌를 낳는다. 그래서 질서에 대한 저항이 등장한다. (다양한 형식과 내용을 실험을 보여주는 광고와 영화의 예처럼) 이런 저항을 강조해 가상적 화해에 도달하기도 한다. 그 화해는 신화로 나타난다. 이를 다음과 같이 표현할 수 있다. 리오타르(Jean-François Lyotard)가 말하듯이 "자본주의는 질서를 좋아하지 않는다."

이처럼 자본주의는 현실에서 질서의 구현체인 국가를 좋아하지 않는 것처럼 현상한다. 그러나 이러한 현상은 일면적인 가상이다. 자본주의는 자신에게 부과되는 질서만을 좋아하지 않는다. 그러면서도 자본주의는 자신의 적대자에게 부과되는 질서를 필요로 한다. 이것이 자본주의적 모럴이다. 자신에겐 자유를 외치고 적에게 강압을 요구한다. 적에 대한 강압이 자신에게 향해질 때 자본주의는 여기에 저항한다. 이런 저항이 가상적 의미에서 실험으로 나타나곤 한다. 리오타르가 말하듯이 "자본주의는 규칙들 속에서 이루어지는 기술적, 사회적, 정치적인 작품을 추구하지 않는다. 자본주의의 미학은 미의 미학이 아니라 숭고의 미학이며 그의 시학은 천재의 시학이다."

자본주의에서 천재는 영웅으로 나타난 (대중문화적 또는 정치적, 심지어 경제적) 스타다. 비틀즈와 서태지의 실험성도 자본주의는 충분히 활용할 줄 안다. 리오타르의 말처럼 "자본주의에 있어 창작은 규칙에 종속되지 않고 규칙들을 창안해낸다." 다시 말해서 저항을 활용할 줄 안다. 그러나 실제로는 이러한 저항의 활용도 더 큰 자본의 규칙에 종속되어 있다. 이미 자본주의는 철저한 저항을 처음부터 봉쇄하는 방안을 내포하고 있었다. 즉, 자본주의에 대한 거역은 실업과 굶주림에 대한 공포에 의해 억압된다. 신에 대한 공포가 중세 사회질서의 중심축이었듯이, 굶주림에 대한 공포는 현대자본주의 사회질서의 중심축이 된다. 자연재해보다도 그리고 의학적인 병보다도 실업과 불황을 사람들은 제일 두려워한다.

자본주의는 공포의 심리술만이 아니고 환상(가상)의 논리도 지닌다. 환상(가상)적인 논리의 대표적인 것으로서 문화 산업은 자본주의와 초국적 거대기업의 정당화를 위해 풍요의 신화, 소비의 신화, 탈주의 신화, 다양성의 신화(획일화), 세계화의 신화(자본의 세계화), 에로티시즘적 쾌락(육체미와 관능미)의 신화를 생산한다. 요약해서 말하자면, 문화 산업은 풍요와 다양성을 약속하는 듯이 보인다. 하지만 이는 자본가들과 그들의 이익에 복무하는 전문인들에게만 해당하는 것이다. 여전히 빈곤하고 소외된 이들이 전체 인류의 대다수를 차지하는 것이 문제다. 문화 산업은 그들에게 실제적 착취와 착각적인 만족을 제공한다.

19세기 당시에 마르크스(K. Marx)가 독일인을 위해 의도한 종교비판이 현대에는 구조적으로 소외된 사람들을 위한 문화 산업에 대한 비판으로 전환되는 상황이 도래한 것이다. 맑스 시대에는 종교가 환상의 논리(위안과 정당화의 보편적 기초)를 제공하는 주된 기능자였지만 현대에는 문화 산업이 이런 기능을 담당하기 때문이다. 이미 물질적 조건이 사라진 종교가 의식의 각성에 마취의 역할을 담당했으므로 그의 시대에는 종교비판이 핵심적 과제였다면, 오늘날에는 억압적 가상에 기여하는 문화 산업 비판이 핵심적 과제가 된다.

〈헤겔 법철학의 비판을 위하여〉에서 마르크스가 행한 종교비판의 요지는 다음과 같다. 종교는 위안과 정당화의 보편적 토대다. 종교는 인간본질의 환상적인 실현이다. 종교에 대한 투쟁은 종교가 자신의 정신적 아로마(aroma)가 되는 세계에 대한 투쟁이다. 종교적 고통은 현실적 고통의 표현이자 현실적 고통에 대한 저항이다. 종교는 억압된 존재자의 한숨이고 심장 없는 세계의 심장이며 혼 없는 조건의 혼이다. 종교는 민중의 아편이다. 민중의 가상적 행복으로서의 종교를 폐지하는 것은 인민의 현실적 행복을 요구하는 것이다. 민중에게 자신의 조건에 대한 가상을 버리라고 요구하는 것은 그들에게 가상을 필요로 하는 조건을 없애는 것이다. 이러한 현실적 요구에 기여하고자 하는 철학의 직접적 과제는 신성하지 않은 형태의 자기 소외의 가면(보수 정치와 법률)을 벗기는 것이다. 왜냐하면 이미 그 당시 상황에서 인간의 자기소외의 신성한 형태의 가면(보수 종교)이 계몽주의에 의해 벗겨졌기 때문이다. 이를 위해 하늘에서 지상으로, 종교에서 법률로, 신학에서 정치로 비판의 전환이 이루어져야 한다. 급진적(radical)이라는 것은 문제의 뿌리를 포착하는 것이다. 그런데 인간에게는 인간자신이 뿌리다. 독일 이론의 급진성과 실제적 활력에 대한 입증은 그것이 종교에 대한 확고한 적극적 비판으로부터 진행된 것이라는 점이다. 종교에 대한 비판은 인간이 인간의 최고본질이라는 가르침으로 끝이 난다.

독점자본이 세계화되고 생활세계화한 후기자본주의 사회에서는 문화가 종교의 역할을 대신한다. 그래서 현대 사회에서는 억압적이고 기만적인 가상을 제공하는 문화 산업에 대한 비판이 중요한 기능을 가지게 된다. 문화 산업이 주는 가상적 행복을 종식시키는 것이 민중의 현실적 행복을 요구하는 것이다. 문화 산업의 활력은 소외세력들을 기만하는 가상일 뿐이다. 실제로 벌써 자본가에게 문화와 정보에 관련된 산업이 가장 이윤을 많이 내는 산업으로 부각된다. 이러한 점들이 문화 산업에 대한 비판이 무엇보다 필요한 이유가 된다. 왜냐하면 문화 산업의 재(再)신화화를 다시 탈(脫)신화화할 것을 요구하는 시대이기 때문이다.

결론적으로 풍요의 신화, 삶의 민주주의를 주장하는 문화 산업의 논리는 기만적 가상으로 드러나고, 그 가상의 본질은 자본의 이윤 극대화이자 이를 보호하기 위한 이데올로기적인 기반 조성의 논리인 것이다. 예술과 기술의 융합으로 현란하게 나타난 문화 산업은 실제로는 자본으로써 예술과 기술의 포섭이요, 더 나아가 자본을 위한 예술과 기술의 융합으로 나타난다. 이는 그 예술적이고 기술적 가능성들의 소진(消盡)이다. 그래서 자본주의에서 문화는 내파(implosion)한다. 그리고 화려한 구경거리로 전락한다. 문화 산업의 소외지대에서 독립성을 주창하는 예술가나 문화전문가들이 자본에 저항하면서도 자본에 편입되기를 바라게 되는 자본의 이중적 억압 아래 신음하고 있다.

《시뮬라시옹》

장 보드리야르 지음. 하태완 옮김. 민음사. 2001.

보드리야르의 《시뮬라시옹》에서 언급하는 시뮬라크르(simulacres)란 결코 진리를 은폐하는 기능을 하는 것이 아니다. 진리가 존재하지 않는 것을 은폐하는 것이다. 시뮬라크르란 원본 없는 이미지로서 현실을 대체하고 지배하므로 현실보다 더 현실적인 것을 의미한다. 실제로는 존재하지 않는 대상을 존재하는 것처럼 만들어놓은 가상적인 사물을 자칭한다. 이러한 예로는 영화 〈매트릭스〉에서 나오는 가상 시공간 개념인 매트릭스를 들 수 있다.

또한 시뮬라크르는 현실을 재현하려는 의도를 지닌 모방이라는 개념과는 달리, 현실이 이 가상적 이미지에 의해서 지배받는 것을 지칭한다. 그런 점에서 하이퍼현실이다. 일례로 현대의 전쟁에서 실제 미사일의 움직임을 화면(가상 이미지)으로 보는 것이, 그것이 실제적으로 벌어질 수 있는 미사일의 목표나 파괴의 현실보다 더욱 중요하다는 것이다. 따라서 이미지가 독자적으로 하나의 현실이 되는 것이다. 가상 그 자체가 하나의 현실로서 존재하는 것, 그것이 시뮬라크르다. 그리고 현실에서 이루어지는 실제의 현상도 비현실인 시뮬라크르로부터 나올 수 있다. 이처럼 시뮬라크르를 만드는 작용과 과정을 시뮬라시옹이라고 한다.

이러한 분석을 위해 보드리야르는 이미지의 연속적인 단계들을 구분해 설명한다.

1. 이미지는 깊은 현실성의 반영이다.

2. 이미지는 깊은 현실성을 감추고 변질시킨다.

3. 이미지는 깊은 현실성의 부재를 감춘다.

4. 이미지는 그것이 무엇이건 간에 어떠한 사실성과도 무관하다: 이미지는 자기 자신의 순수한 시뮬라크르다.

1의 이미지는 선량한 외양으로서 신성(神性)의 계열이다. 2의 이미지는 나쁜 외양으로서 저주(詛呪)의 계열이다. 3의 이미지는 외양을 연출하는 마법(魔法)의 계열이다. 4의 이미지는 전혀 외양이 아니라 시뮬라시옹의 계열이다.

무엇을 감추는 기호로부터 아무것도 없음을 감추는 기호로의 이행은 결정적인 전환점에 해당한다. 전자의 기호는 진리와 비밀의 신학으로 돌려진다(이데올로기는 여전히 여기에 속한다). 후자의 기호는 시뮬라크르와 시뮬라시옹의 시대를 여는데, 여기서는 자신을 인지하기 위한 신이 더 이상 존재하지 않으며, 참으로부터 거짓을 분리하고 실재의 인위적 부활로부터 진짜 실재를 분리하기 위한 최후의 심판도 더 이상 존재하지 않는다. 왜냐하면 모든 것은 이미 죽었고, 또 미리 부활되었기 때문이다.

실재가 과거의 실재가 아닐 때 향수란 중대한 의미를 갖는다. 근원적 신화와 현실성을 나타내는 기호들의 가격이 오른다. 이차적인 진리와 객관성, 권위들의 가격이 더욱 오른다. 진리인 것과 경험된 것이 점점 높이 공격을 가하고, 대상과 실체가 사라져버린 그곳에 그들에 대한 형상(가상적 이미지)적인 부활이 행해진다. 물질적 생산의 광란과 평행한 상위 단계에서 실재와 지시물의 광적인 인위적 생산이 나타난다. 이렇게 나타난 것이 시뮬라시옹이다. 실재의, 네오실재의, 하이퍼실재의 전략, 이 전략은 어디서나 저지전략과 겹쳐지는 것이다.

생각해볼 문제

1. 억압에 기여하는 가상이 일어나는 조건과 해방에 기여하는 가상이 실현될 수 있는 조건에 대해 토론해봅시다.
2. 모랭(E. Morin)의 스타시스템에 근거해 한국의 대형기획사들이 스타를 제조하는 방식에 대해 토론해봅시다.
3. 마법사와 외과의사가 환자를 대하는 태도를 중심으로 해서 회화의 현실묘사와 영화의 현실묘사의 차이점을 토론해봅시다.
4. 소비주의가 개성이라는 가상을 지니고 등장하게 되는 이유와 이러한 가상이 지니는 사회적 역할에 대해 토론해봅시다.
5. 맑스(K. Marx)가 종교를 그의 시대에서 가장 핵심적으로 비판해야 할 대상으로 언급한 이유를 그의 유명한 말인 "종교는 인민의 아편이다"와 연관해서 토론해봅시다.

리오타르, 장프랑수아. 《지식인의 종언》. 이현복 편역. 문예출판사. 1993.

마르크스, 칼. 〈헤겔 법철학의 비판을 위하여, 서설〉.《칼맑스 프리드리히엥겔스 저작선
　　　집 1》. 최인호 옮김. 박종철출판사. 1997.

모랭, 에드가.《스타》. 이상률 옮김. 문예출판사. 1992.

벤야민, 발터.《발터벤야민의 문예이론》. 반성완 편역. 민음사. 1998.

보드리야르, 장.《소비의 사회》. 이상률 옮김. 문예출판사. 1992.

부르디외, 피에르.《텔레비전에 대하여》. 현택수 옮김. 동문선. 2000.

쉴러, 허버트.《문화(株주): 공공의사표현의 사유화》. 양기석 옮김. 나남, 1995.

아도르노, 테오도르 외.《계몽의 변증법》. 김유동 옮김. 문학과지성사. 2002.

윌리엄즈, 레이몬드.《문화와 사회》. 이화여대출판부. 1988.

유엔, 스튜어트.《광고와 대중소비문화》. 최현철 옮김. 나남. 1998.

촘스키, 노암.《미국이 진정으로 원하는 것》. 김보경 옮김. 한울. 1996.

코웬, 타일러.《상업 문화 예찬》. 임재서 옮김. 나누리. 2003.

경복궁에서 아셈타워까지
전통문화와 현대

김교빈

문화의 세기와 전통문화

21세기의 화두는 환경과 문화다. 환경은 인류 생존과 관련된 문제이며, 문화는 인류가 만들어온 삶의 방식과 관련된 문제다. 본래 문화라는 말은 서양의 경우 농사지으려고 땅을 간다는 라틴어 'Colere'에서, 동양의 경우 '이문교화(以文敎化)'에서 왔다. 그러니까 서양에서 인간 행위를 통해 자연을 극복 내지 이용한다는 의미를 담았다면, 동양에서는 사람들을 도덕적으로 교화시킨다는 의미를 담았다. 특히 전통적으로 동양의 문(文)은 천문(天文)·지문(地文)·인문(人文)으로 나뉘며, 그 가운데 인문은 하늘과 땅을 아우른다는 인간중심주의를 보인다. 하지만 이제는 동서양을 막론하고 문화란 인류가 만들어낸 모든 것이라는 개념으로 그 의미가 넓혀졌다. 그래서 문화라는 말은 그 속에 정치·경제·사회·예술 등 모든 것을 담게 되었다.

인류 문명의 발전 과정을 보면 세기를 거듭하면서 발전 속도가 엄청나게 빨라져 왔다. 특히 21세기에 들어서는 과학기술이 놀라울 정도로 발전하면서 그에 힘입은 교통과 통신의 발달이 지구를 한 마을처럼 좁혀버렸다. 지구 한 모퉁이에서 일어난 작은 사건도 순식간에 전 세계가 알 수 있게 되었고, 아무리 먼 곳이라도 2~3일이면 갈 수 있는 거리가 되었다. 그리고 그 속에서 세계 모든 나라가 가혹한 경제 전쟁을 벌이고 있지만, 더 심각한 전쟁은 지금도 치르고 있고 앞으로 더욱 심화될 문화 전쟁이다. 세계 5위의 자동차 생산국인 우리나라에서 1년 동안 전 세계를 돌며 자동차를 팔아서 얻은 이익보다 더 많은 돈을 월트디즈니 사에서 만든 애니메이션 영화 한 편이 쓸어가는 상황이다. 대포 소리와 화약 냄새만 없을 뿐 엄청난 문화 전쟁을 치르고 있는 셈이다.

사실 문화 전쟁의 입장에 서면 문화에는 국경도 없는 것처럼 보인다. 월트디즈니 사에서 만든 애니메이션 영화 〈뮬란〉은 5세기 무렵 중국의 위진남북조시대 북조에서 나온 장편의 민요조 시가 소재이며, 〈포카혼타스〉는 인디안 포와탄족의 추장 딸이었던 실존 인물 이야기를 소재로 한 것이고, 〈라이언 킹〉은 아프리카를 무대로 하고 있다. 그렇다면 이 애니메이션들 속에 미국 이야기는 하나도 없는 셈이다. 이런 점은 우리 경우도 마찬가지일 수 있다. 몇 해 전 상영된 영화 〈스캔들-조선 남녀상열지사〉는 프랑스 대본을 가져다 조선 시대에 결합시킨 영화다. 하지만 이 영화에서는 프랑스 냄새가 전혀 나지 않는다. 그 까닭은 영화의 작은 부분에까지 우리 전통 사회의 문화를 잘 살려놓았기 때문이다. 예를 들어 여인이 화장하는 장면에서는 간장 종지만 한 작은 화장품 그릇들이 여인 앞에 즐비하게 놓여 있는데, 그 장면에 나온 화장품들은 온양민속박물관에 남아 있던 조선 시대 화장품 30여 개를 토대로 50여 개를 복원해낸 것이다. 이처럼 단단한 전통문화의 토대 위에 서 있었기에 프랑스 원작 냄새가 나지 않은 것이다.

심화되는 문화 전쟁 상황은 대부분의 국가들을 전통문화에 기초한 문화 상품을 통해 더 많은 이익을 얻으려는 노력과 함께 자신들의 고유문화와 그 문화의 기반을 이루는 전통 사상의 보존 및 확산을 통해 정체성을 유지·강화하는 방향으로 가도록 촉진하고 있다. 중국이 사회주의 건설 과정에서 계속 억압해오던 공자를 이제는 오히려 중국을 대표하는 문화 브랜드로 내세우는 점이 그러한 예다. 중국은 자신들의 문화를 해외에 전파하는 기관으로 '공자아카데미'를 전 세계 여러 나라에 세워가고 있는데, 우리나라에도 2006년 말에 세워졌다. 우리나라 또한 한국 문화를 세계화한다는 전략 아래 정부 주도로 2006년부터 한스타일(Han styles)이라는 사업을 진행하고 있는데, 이 사업에 포함된 항목은 한복·한식·한옥·한글·한지·한국 음악이다. 처음 사업이 시작될 때에는 국학이 포함되어 있었는데 세계화 과정이 어렵다는 이유로 국악이 대신하게 된 점이 아쉽다.

이처럼 동양 여러 나라가 자신의 전통문화를 강조하게 된 데는 또 다른 몇 가지 원인이 있다. 그 가운데 하나는 서구의 패러다임이 한계에 부딪혔다는 자각에서 서양의 여러 학자가 동양 사상과 문화에 주목하기 시작한 것이다. 특히 서구 자본주의가 파생시킨 도덕적 타락과 인간성 상실, 환경오염으로 대표되는 생태학적 위기 등이 서구 문화와 그 근간을 이루는 서구 사상을 반성하게 만들었기 때문이다. 그리고 다른 하나는 동양인들 자신이 근대 이후 서구 문물이 들어오면서부터 서구 문화는 우월하고 자신의 문화는 저급하다고 보았던 인식에서 벗어나 스스로의 전통 사상과 문화에 눈을 돌리기 시작한 것이다. 사실 서양 사람들만이 아니라 우리 자신까지도 동양의 문화와 사상이 비과학적·비합리적·비현실적이라고 생각했던 것은 매우 잘못된 인식이었다.

동양이 추구한 이상적 인간형인 성인(聖人)이나 그 성인이 추구하는 도(道)는 결코 주관적이거나 신비한 것이 아니라 아주 현실적인 것이었다. 조선 중기 선조에게 성인이 되어 훌륭한 정치를 해달라는 뜻에서 퇴계 이황이 지어 올린 《성학십도(聖學十圖)》와 율곡 이이가 지어 바친 《성학집요(聖學輯要)》에는 모두 도덕 수양을 통한 이상적인 사회 실현의 의지가 담겨 있었다. 물론 동양철학에 신비적이고 주관적인 탐구 방법을 추구한 경향이 없었던 것은 아니다. 하지만 그런 요소는 서양철학에도 얼마든지 있었다. 따라서 동양에 대한 오해는 문화적 차이를 잘못 이해한 데서 온 것이다.

예를 들어 달력을 보자. 사람들 대부분이 우리의 전통력을 음력이라고 알고 있지만, 정확히 정의하면 '태음태양력(太陰太陽曆)'이었다. 태음은 달을 뜻하고 태양은 해를 뜻한다. 그러니까 우리 선조들은 한 달을 달의 움직임을 기준 삼아 29일 또는 30일로 만든 달력 이외에, 태양의 움직임을 기준 삼은 '24절기'를 함께 사용한 것이다. 특히 24절기는 농사짓는 일에 매우 정확히 들어맞았다. 따라서 전통력이 서양의 양력에 밀려난 것은 과학성이 부족해서가 아니었다. 현재의 양력보다 더 정확한 '세계력'이 1954년 유엔에 상정되었지만 강대국들의 종교적 전통 때문에 채택되지 못했다는 사실은 그런 점을 잘 보여준다.

동서양 사유 체계와 문화의 차이

그렇다면 동양의 전통문화를 이해하기 위해 서양의 문화와 어떤 점이 다른지를 살펴보자. 동양과 서양은 그 주된 흐름을 볼 때 처음부터 다른 사유 구조를 지니고 있었으며, 그러한 차이는 생존 양식의 차이에서 출발했다. 생존 양식의 차이에서 오는 문화의 차이를 보면 동양은 일찍부터 농경이 자리 잡았지만 서양은 오랜 기간 유목이 계속되었다. 인류 문명의 발생지인 나일 강 유역의 이집트 문명, 티그리스·유프라테스 강 유역의 메소포타미아 문명, 인더스·갠지스 유역의 인도 문명, 황하 유역의 중국 문명이 모두 동양의 문명이었다. 동양을 가리키는 오리엔트(Orient)의 본래 의미는 '해 뜨는 동쪽'이었으며, 그때의 기준은 유럽인들이 유럽에서 보는 것이었다. 따라서 본래의 오리엔트는 지금의 중동 지역을 가리킨다. 그런 점에서 본다면 이집트를 포함한 인류 문명의 발생지 전체가 오리엔트였던 것이다.

이와 달리 서양 문명은 그 축이 헤브라이즘과 헬레니즘으로 나뉜다. 헤브라이즘은 기독교의 모태인 유대 문명을 가리키고, 헬레니즘은 그리스·로마 문명을 가리킨다. 유대 문명은 양치기 소년 다윗에서 보듯 유목이 기본인 문명이며, 헬레니즘은 해양과 농경과 유목이 혼합된 문명이었다. 이 두 문명이 결합하여 서구 문명의 축이 되지만, 그 뒤 게르만이나 앵글로색슨 등이 오히려 서구 문명을 주도하게 된다. 따라서 1,000년 이상 계속된 게르만 민족의 대이동에서 나타나듯이 유목 문화가 그 중심축으로 자리 잡았다.

이 같은 동서양의 차이는 먼저 자연을 보는 눈을 다르게 만들었다. 서양이 자연을 이용 또는 극복 대상으로 본 것과 달리 동양에서 자연은 합일의 대상이며 가장 닮고 싶은 이상적인 존재였다. 농경이 그 땅에서 대대로 농사지으며 살아가기 위해 자연과의 합일을 추구한 것과 달리, 유목은 짐승도 잡고 나무 열매도 따 먹다가 부족해지면 언제든 버리고 떠날 수 있는 생활 방식을 반영한 것이다.

두 번째로, 가족과 사회 제도에서 동양이 가부장적 윤리를 중심으로 한 종적 윤리를 중시했다면 서양은 부부 중심의 횡적 윤리를 중시했다. 농경이 많은 노동력을 필요로 하면서 그 노동력을 효율적으로 통제하기 위해 농사 경험이 가장 많은 노인을 중시하는 문화를 낳았다면, 유목은 신속한 이동을 위해 노인과 아이들이 언제든 버려질 수 있는 상황에서 노인 공경보다는 젊은 남녀 중심의 사회구조를 만들어낸 것이다.

세 번째로, 내세와 현세에 대한 관념의 차이로 나타났다. 농경은 지금 살고 있는 이 땅이 가장 이상적인 것이며 다른 곳으로 옮긴다는 것은 죽음을 의미한다. 그런 점에서 현실 중시의 생활양식이 나온다. 하지만 유목은 지금 살고 있는 터전이 언제나 불완전한 것이며 어딘가에 우리 부족이 제대로 살 수 있는 유토피아가 있을 것이라는 생각을 갖는다. 그런 점에서 현실보다는 내세를 중시하는 생각이 나온다.

그리고 마지막으로, 기계론적 세계관과 유기체적 세계관의 차이를 낳았다. 유목적 세계관은 자연과 인간의 분리를 전제로 하며, 농경적 세계관은 합일을 전제로 한다. 그런 점이 기계론과 유기체론의 바탕이 된 것이다. 이러한 차이는 예술과 의학 등에 잘 나타나 있다. 음악의 경우 서양 악보가 오선지 위에 박자와 음정을 정확하게 나누고 여기서 조금만 벗어나도 틀린 연주나 노래가 되는 것이라면, 동양은 악보가 있든 없든 대충의 높이와 박자를 보여줄 뿐이다. 동양의 논리대로라면 내가 슬픈 소식을 들었을 때와 기쁜 소식을 들었을 때, 잘 먹고 무대에 섰을 때와 며칠 굶은 채 무대에 섰을 때, 관객이 어린이일 때와 젊은이들일 때 느낌이 다를 수밖에 없다. 그러니 반 박자 더 길게 연주하든 반음을 꺾어 올리든 자유롭다. 의학도 마찬가지다.

간에 문제가 있으면 서양의학은 간을 치료하는 것이 우선이며 마지막 방법으로는 간을 떼어내고 다른 간을 달아도 된다. 하지만 동양의학은 간을 직접 치료하기보다는 다른 장부들과의 균형에 주목한다.

바로 이러한 차이가 전통문화에 나타난 유기체적 사고와 기계론적 사고의 차이인 것이다. 그리고 동양의 유기체적 사고를 뒷받침하는 것이 인간과 자연, 인간과 인간, 인간과 모든 사물을 하나로 연결하여 설명하는 기(氣)라는 사유 체계다. 고대에 발생한 기 개념은 음양오행과 결합하면서 관계론·상관론으로 나아갔고, 사물을 역동적인 상태에서 전체적으로 보는 관점을 형성했다. 이에 반해 기계론적인 세계관은 환원론·요소론으로 나아갔고, 사물을 정지된 상태에서 부분적으로 보는 관점을 만들어냈다.

동아시아에서는 모든 사물이 기로 이루어져 있으며, 심지어 빈 것처럼 보이는 공간도 기로 가득 차 있다고 보았기 때문에 공기(空氣)라고 불렀다. 그 기가 모이면 사물이나 사건이 생기며 기가 흩어지면 다시 우주 자연의 원상태로 돌아간다. 그리고 기는 끊임없이 움직이는 모습으로 존재한다. 모든 사물이 기로 이루어져 있기 때문에 사물들은 서로 소통할 수 있으며 그래서 궁극적으로 만물은 하나다. 동양의 그림 가운데 여백은 바로 기로 가득 찬 공간이었고, 그 공간이 그림의 안과 밖이 나뉘지 않고 소통하게 하는 토대였다. 앞서 말한 음악의 자유로운 표현도 기로 설명되는 것이었으며, 붓글씨에서도 첫번째 원리로 내 속에서 꿈틀대는 기의 움직임인 기운생동(氣運生動)을 꼽았다.

하지만 기는 물질만을 설명하는 개념이 아니라 정신적인 것도 아우르는 개념이었다. 기분(氣分)이 나쁘다든가, 심기(心氣)가 불편하다는 표현을 통해 기가 감정에도 해당하는 개념임을 잘 알 수 있으며, 심지어 총기(聰氣)처럼 지혜와 관련된 것도 기라고 보았다. 그렇기 때문에 기계론적인 세계관이 주류를 이루는 서양 용어로는 기를 표현할 수 있는 단어가 없어서 오늘날 동양을 이해하는 서양인들은 소리 나는 발음 그대로 중국식 발음인 'Chi', 또는 한국이나 일본 발음인 'Ki'라고 쓴다.

한국의 전통문화

앞에서 본 것처럼 전통문화는 삶의 양식에 따른 독특한 색깔을 갖는다. 크게 보면 동양과 서양이 다르며 작게 보면 한국·중국·일본이 다르다. 물론 한국·중국·일본 이 세 나라는 오랜 역사를 거치면서 문화와 사상의 많은 부분을 공유해왔다. 따라서 이 세 나라 문화에서 보편적인 요소를 찾는 일은 어려운 일이 아니다. 그러한 대표적인 예로는 전통 사회에서 가장 큰 역할을 담당했던 유교·불교·도교를 들 수 있다. 특히 유교는 정치·경제·사회·교육 등에 많은 영향을 미쳤고, 불교는 종교와 예술 등에 많은 영향을 주었으며, 도교는 천문·지리·의학 등 과학 분야에 영향이 컸다. 그러나 토양이 다르면 꽃과 열매가 달라지듯이, 세 나라는 같은 사상을 받아들였어도 서로 다른 모습으로 발전시켜갔다. 그렇기 때문에 한국 불교·중국 불교·일본 불교라든가, 중국 유교·한국 유교·일본 유교라는 표현이

가능해지는 것이다.

　예를 들어, 불교는 인도에서 발생하여 기원 전후 중국에 들어왔고 우리나라와 일본은 삼국시대 무렵 중국을 통해 불교를 받아들였다. 하지만 부처와 보살, 나한 등의 표정만 보더라도 세 나라가 모두 다른 특징을 보인다. 한국의 불상들이 입가에 은은한 미소를 머금은 인자한 모습인 반면, 중국 불상은 매우 위압적인 근엄한 모습이거나 무표정한 모습을 보인다. 그리고 일본 부처는 얼굴 표정을 일그러뜨린 고통스러운 표정을 짓고 있기도 하고 무엇인가 깊은 고민과 고뇌에 싸여 있는 모습을 보이기도 한다. 그래서 세 나라 불상의 특징을 한 글자로 나타낸다면, 한국 불교는 '자(慈)'이고, 중국 불교는 '위(威)'이며, 일본 불교는 '고(苦)'라고 한다. 또한 사상적 측면을 보더라도 최남선은《조선불교고의》에서 인도 불교는 서론의 불교이고, 중국 불교는 각론의 불교이며, 한국 불교는 결론의 불교라고 했다. 그리고 일본 불교는 일본의 고유 신앙인 신도와 결합한 또 다른 모습으로 발전했다.

　유교의 경우도 조금씩 다른 모습을 보인다. 공자에서 시작된 중국 유교가 한국과 일본에 들어온 시기는 삼국시대였지만 그 후 성리학은 우리의 경우 고려 말에 들어왔고, 일본은 임진왜란 이후 자리잡는다. 특히 조선은 유교 이념을 가지고 계획도시 한양을 건설했다. 그래서 동쪽에는 흥인지문(興仁之門), 서쪽에는 돈의문(敦義門: 지금은 없어짐), 남쪽에는 숭례문(崇禮門), 북쪽에는 숙정문〔肅靖門: 홍지문(弘智門)〕을 북대문으로 보는 경우도 있지만 방위상 숙정문이 북문이며 숙정 또한 의미상 지(智)에 해당한다〕, 그리고 그 가운데 보신각(普信閣)을 세워 유교의 중요 덕목인 인의예지신을 동서남북과 중앙에 배치했다.

그러나 성리학이 중세 시기 한·중·일 세 나라의 보편적 세계관이었지만, 구체적인 유교 덕목에 대한 해석이나 그에 따른 실천을 보면 많은 차이가 난다. 유교의 가장 중심 개념인 인(仁)에 대한 해석의 경우 중국이나 우리나라가 나를 기준 삼아 남을 생각하는 '추기급인(推己及人)'으로 푼 것과 달리, 일본은 남을 기준 삼아 내 행동을 결정하는 '추인급기(推人及己)'로 풀었다. 예를 들어 창문이 열려 있다면 '내가 이렇게 추운데 남은 얼마나 추울까' 하는 마음에서 창문을 닫는 것이 우리의 입장이라면, '비록 내가 춥더라도 남들이 더워하는 것 같으니 내가 참아야지' 하는 것이 일본의 입장이다.

　　그뿐만 아니라 의(義)에 대한 해석과 실천에서도 많은 차이를 보인다. 우리에게 '의'는 옳고 그름이었으며, 따라서 옳지 않은 일을 스승이 요구한다면 스승과도 결별하는 것이 바람직한 실천이었다. 그러나 일본에서는 옳음을 지켜내는 의로운 행동은 목숨을 버려서라도 주군의 명령을 지키거나 그 원수를 갚는 일이었다. 따라서 주군의 명령을 지키지 못하거나 원수를 갚는 일이 불가능하다고 생각될 때 그들이 택하는 마지막 실천이 할복이었다. 그리고 그 경우 주군이 죽을 만해서 죽었는지 억울하게 죽었는지는 문제가 되지 않았다. 이것은 구체적인 일마다 옳고 그름을 따지는 우리의 해석이나 실천과는 매우 다른 모습이었다. 오늘날 우리 사회 폭력 집단의 의리는 바로 일제하 일본 문화에서 온 왜곡된 모습일 뿐이다.

　　도교의 경우도 매우 다른 모습을 보인다. 중국 도교는 한나라 말기 엄청난 전염병이 유행하자 민중이 불교와 도교에 귀의하면서 큰 세력을 이루었다. 그 뒤 수백 년에 걸친 위진남북조의 혼란을 해결한 수나라와 당나라가 민중이 따르는 불교와 함께 도교를 국교로 받

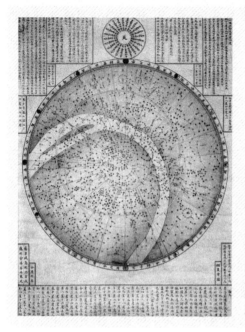

태조 4년(1395)에 고구려 시대 평양에서 각석한 천문도 비석의 탁본을 바탕으로 돌에 새긴 천문도인 〈천상열차분야지도〉는 하늘에 제사를 지내는 데 필요한 천체관측용으로 제작되었다. 세계에서 가장 오래된 전천(全天) 천문도 가운데 하나로 우리 역사의 대표적인 유산이며, 세계적인 보물이다.

들면서 큰 종교로 자리 잡았다. 물론 우리의 경우도 민속신앙을 비롯하여 동학사상이나 대종교 같은 근대 신흥종교들이 도교에서 많은 영향을 받았다. 그런데 중요한 점은 근대 종교들에서 보이는 것처럼, 현실에 별 관심이 없어 보이는 도교 속에 뜻밖에도 엄청난 민족주의가 담겨 있는 것이다.

이런 점은 도교의 하늘에 대한 제사와 연관된 천문관측에서 잘 나타난다. 도교를 중시했던 고려에서는 하늘에 제사 지내는 도관이 많았다. 복원궁·신격전·태청관·태일관·구요당·청계배성소 등이 모두 그러한 역할을 했으며, 이름도 궁이나 전이었다. 그 뒤 유학을 신봉한 조선에 들어와 도교 숭배가 위축되기는 했지만, 도관들을 없애버리기보다는 하나로 합치고 그 지위를 낮추어 소격서라고 했다.

그리고 유학자 대부분이 도교의 제천 행사를 미신이라고 비판하면서 하늘에 제사 지내는 일은 중국 천자만이 할 수 있으므로 소격서를 헐어버리자고 했지만, 왕실에서는 역대의 전례임을 내세워 그대로 유지해갔다. 이 같은 논란 속에는 왕과 신하들의 대립과 함께 민족주체성을 지키려는 의도가 담겨 있는 것이다. 또한 하늘에 제사를 지내는 데 필요한 천체관측은 태종 때 만들어졌다가 숙종 때 보완하여 덕수궁 궁중유물전시관에 보존되어 있는 〈천상열차분야지도(天象列次分野之圖)〉 같은 천문도를 만들어내기도 했다.

전통문화와 현대

전통을 낡은 것이라고 생각하는 사람도 있다. 하지만 전통은 낡은 것이 아니라 오래된 것이다. 낡은 것에서는 힘이 나오지 않지만 오래된 것에서는 강한 힘이 나온다. 전통문화가 오늘날 문화 상품이 될 수 있는 이유가 바로 거기에 있다.

그렇다면 우리에게 우리 전통문화는 어떤 의미일까? 우리가 전통문화에 관심을 갖는 의미는 외국 사람들이 우리 전통문화에 관심을 갖는 것과 다르다. 외국 사람들이 한국 전통문화에 관심을 갖는 이유는 그 목적이 한국 문화를 발전시키려는 데 있는 것이 아니다. 그들은 한국 전통문화 속에 담겨 있는 풍부한 사유 체계를 이해하고 이를 자신들의 문화 발전에 활용하려 한다. 따라서 외국인의 경우 아무리 좋게 평가해도 수단으로서의 연구를 벗어날 수 없다. 하지만 우리가 우리 전통문화를 탐구하는 것은 우리의 전통문화와 그 안에 담긴 사상을 이해하고 그 속에서 본모습을 찾아내며, 오늘날 재현 가능한 것들을 다시 살려냄으로써 우리의 삶을 풍요롭게 하기 위한 것이다. 그러므로 한국 사람에게 한국 전통문화를 탐구하는 것은 수단이 아니라 목적이다.

한국의 전통문화는 오랜 역사를 지니고 있으며 앞으로도 새로운 모습으로 이어져 갈 것이다. 물론 전통문화 가운데는 버려야 할 것도 있다. 그렇기 때문에 언제나 비판적 태도와 함께 열린 마음으로 우리의 전통문화를 보아야 할 것이다.

우리 전통문화가 가진 우수성을 건축에서 찾아보자. 경상북도 안동시 풍천면 병산동에는 한국 서원 건축의 백미로 꼽히는 병산서원이 있다. 병산이란 명칭은 서원 맞은편에 병풍처럼 늘어선 산 때문에 생긴 것인데, 산 밑에는 느릿느릿 흐르는 낙동강과 백사장이 펼쳐져 있다. 병산서원 입구에는 만대루(晩對樓)라는 건물이 있다. 이 건물은 전면 기둥이 아홉 개여서 여덟 칸 집이 되는 셈이니 상당히 큰 건물인 셈이다. 예전에는 이 건물에서 선비들이 모여 의병을 일으키는 집회도 했을 것이고, 잔치도 열었을 것이며, 시문 짓는 백일장도 했을 것이다. 그 만대루 가운데쯤 앉아 앞의 경치를 보면 두서너 개의 기둥 사이로 앞을 가로막은 병산이 보인다. 그런데 그 만대루에서 다시 서원 안쪽으로 들어가면서 계단을 올라가면 입교당(立敎堂)이라는 강의실 건물이 있다. 바로 그 입교당 마루에서 만대루를 내려다보면 만대루의 아홉 기둥 사이로 병산과 낙동강, 그리고 모래사장까지 펼쳐진 자연 경관이 한눈에 들어온다. 그러니까 여덟 폭짜리 병풍을 보는 것처럼 자연의 웅장한 파노라마가 펼쳐지는 것이다. 이러한 건축 구조는 자연 속에 병산서원을 지은 것이라기보다는 자연을 병산서원 안으로 끌어들이는 효과를 낸다.

예전 우리 건축에서 이런 역할을 하는 중요한 구조물이 분합문 (分閤門)이었다. 분합문은 대청마루를 완전히 닫을 수도 있지만 그 문을 열 때면 여러 짝의 문이 두 짝씩 접혀서 옆으로 틀어 올린 다음 서까래에 붙어 있는 걸개에 올려놓는 구조였다. 그러니까 다시 내려서 두 짝씩 접힌 문을 펼치면 완전히 닫히면서도 들어 올렸을 때는 문이 하나도 없는 것처럼 밖의 자연을 통째로 들여놓을 수 있는 구조였던 것이다. 이런 건축구조에는 앞에서 살핀 기에 대한 사유가 담겨 있다. 병산이나 낙동강이나 모래사장까지도 모두 기이며 만대루와 만대루를 통해 밖을 보고 있는 나도 모두 기다. 그러므로 만물이 하나라는 생각을 바탕으로 닫힌 구조가 아닌 열린 구조의 공간 해석이 가능했던 것이다.

최근 중국에서는 이러한 생각을 잘 담고 있는 엄청난 공연이 진행 중인데, 장이모 감독이 만든 '인상유삼저(印象劉三姐)', '인상서호(印象西湖)', '인상려강(印象麗江)'의 인상 시리즈가 그것이다. 여기서 인상이란 임프레션(Impression), 즉 인상적이라거나 감명깊다는 표현으로서 무대 위에서의 공연이 아니라 엄청난 크기의 자연을 무대로 하고 있기 때문에 말 그대로 엄청나게 인상적인 공연일 수밖에 없다. 그 가운데 가장 먼저 만들어진 '인상유삼저'는 소수민족 사이에 오랫동안 전해오던 유씨 집안 셋째 딸 설화를 바탕으로 꾀꼬리의 환생인 명민한 유씨네 셋째 딸이 악독한 지주와 맞서 싸우고 결혼하는 과정을 그린 것이다. 2킬로미터에 걸친 계림의 이강과 그 주변 12개의 봉우리가 무대이며 장족(壯族)과 묘족(苗族) 같은 소수민족 주민 600여 명이 출연하여 한 시간 반 정도의 화려한 공연을 연출한다. 장이모 감독은 배우가 아닌 주민들을 5년 반 동안 훈련해서 이 같은 장대한 수상 오페라를 만들었다. 민간의 전통 설화를 거대한 자연 공간 속으로 끌어들여 현대와 소통하게 만든 그 밑에는 열린 공간에 대한 기(氣)적인 사유 체계가 함께 담겨 있는 것이다.

전통 문화유산의 무궁한 힘

전통문화를 오늘날 끌어낼 수 있는 힘은 분별하는 눈이다. 우리는 얼마 전 국보 1호로 불리던 소중한 문화유산 숭례문을 잃었다. 숭례문이나 경복궁의 중심 건물인 근정전을 보면 엄청난 굵기의 기둥이 지붕을 받치고 있다. 하지만 보온과 습도 유지 등 여러 가지 기능을 위해 지붕 한 평 넓이 정도에 진흙이 1톤 정도가 들어가 있기 때문에 지붕이 너무도 무거워서 기둥만으로는 떠받칠 수가 없다. 그래서 공포라는 독특한 구조물을 기둥 위쪽에 만들어 지붕의 힘을 분산시킨다. 이러한 지혜는 앞서 말한 분합문과 함께 우리 선조들의 창조적인 생각을 잘 보여준다.

이런 건축의 경우만이 아니라 우리에게는 수많은 문화유산이 있다. 기록 문화에 뛰어난 우리 선조들의 예는《왕조실록》과《검안》등에 잘 나타나 있다.《왕조실록》은 임금이 살아 있는 동안 일어난

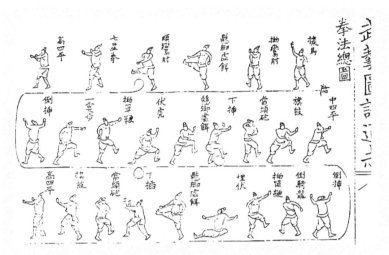

임진왜란 이후 우리의 군비를 강화하기 위해 전통적인 우리 무술과 병법을 기본으로
하면서도 청나라와 일본의 무기와 무술 등을 참작해 정조의 명으로 이덕무·박제가 등이
편찬한 《무예도보통지》. 이 책은 전투 동작 하나하나를 그림과 글로 설명한 실전 훈련서로,
각종 무기뿐 아니라 무기를 쓰는 방법이 자세히 나와 있다.

모든 일을 사관이 기록한 다음, 그 임금이 죽고 난 뒤에야 정리해서
편찬했다. 그 안에는 많은 사건 기록만이 아니라 공자가 대의명분을
기준으로 역사를 새롭게 기록했던 춘추사관이 밑바탕에 깔려 있다.
그 밖에 임금이 신하들과 학문 토론을 한 것들은 《경연일기》라는 책
으로 따로 기록되어 있다.

  또한 《검안》의 경우도 매우 재미있는 기록 문화다. 《검안》은 살
인 사건이 일어났을 때 그 사건을 조사하고 기록한 조선 시대 문서
다. 조선 시대에는 한 고을에서 살인 사건이 일어나면, 그 고을 수령
이 먼저 조사를 하고 이어서 다른 고을 수령이 다시 조사를 했다. 그
리고 두 수령의 결론이 같고 합리적이면 사건이 종결되지만, 해결이
나지 않으면 제3의 수령이 다시 조사를 했으며, 그래도 결론이 나지

않을 때에는 암행어사가 파견되기도 했다. 그리고 이러한 조사 때마다 검시 기록부터 피의자 진술과 심문 내용 등을 세세하게 기록해놓았다. 검시의 경우만 보아도 옷을 벗길 때마다 옷의 재질·모양·색깔 등을 기록하고 그림까지 그려놓았다. 따라서 이런 기록들을 가지고 다양한 시나리오를 만들어낼 수도 있으며, 당시의 신분 계층에 따른 복식의 변화와 사회 상황까지 살펴볼 수 있다. 그러니까 하나의 자료가 영화·애니메이션·게임·뮤지컬·복식·문양 등 오늘날의 다양한 문화 상품이 될 수도 있는 것이다.

그뿐이 아니다. 임진왜란 이후 우리의 군비를 강화하기 위해 전통적인 우리 무술과 병법을 기본으로 하면서도 청나라와 일본의 무기와 무술 등을 참작하여 정조의 명으로 이덕무·박제가 등이 편찬한 《무예도보통지》 또한 대단한 문화유산이다. 이 책은 전투 동작 하나하나를 그림과 글로 설명한 실전 훈련서이며, 각종 무기뿐 아니라 무기를 쓰는 방법이 자세히 나와 있어 이를 이용해 오늘날 게임에서 다양한 무기의 아이템을 제공할 수도 있다. 그 밖에도 전통 문양이 포장 디자인이나 의상 디자인으로 활용될 수도 있고, 입에서 입으로 전해지던 구비문학들도 엄청난 문화 콘텐츠의 보고가 될 수 있다. 다만 중요한 것은 이를 보고 찾아내는 우리의 눈이다. 눈으로 보는 것이 아니라 마음으로 보는 장자의 지혜가 필요하리라.

〈왕의 남자〉

이준익 감독. 2005.

조선 시대 연산군 무렵 남사당패 광대 장생은 힘 있는 양반들에게 농락당하던 생활을 거부하고, 동료인 공길과 더 큰 놀이판을 찾아 한양으로 올라온다. 타고난 재주와 카리스마로 놀이패 무리를 이끌게 된 장생은 공길과 함께 연산군과 그의 애첩인 장녹수를 풍자하는 놀이판을 벌여 한양의 명물이 된다. 공연은 대성공을 이루지만, 그들은 왕을 희롱한 죄로 의금부로 끌려간다.

의금부에서 문초에 시달리던 장생은 특유의 당당함을 발휘해 왕을 웃겨 보이겠다고 호언장담하지만 막상 왕 앞에서 공연을 시작하자 모든 광대가 얼어붙는다. 장생 역시 극도의 긴장감 속에서 왕을 웃기려고 갖은 노력을 하지만 왕은 꿈쩍도 하지 않는다. 그러자 얌전하기만 한 공길이 기지를 발휘해 특유의 앙칼진 연기를 선보이고 왕은 못 참겠다는 듯이 크게 웃어버린다. 이들의 공연에 흡족한 왕은 궁에 광대들의 거처인 희락원(喜樂園)을 마련해준다.

궁에 들어온 광대들은 신바람이 나서 탐관오리의 비리를 풍자하는 공연을 선보이고, 왕은 즐거워한다. 하지만 중신들의 분위기가 싸늘함을 감지한 왕이 중신 가운데 하나를 웃지 않는다며 탐관오리라는 명목으로 형벌을 내리자 연회장엔 긴장감이 감돈다. 연이은 연회에서 광대들은 여인들의 암투로 인해 왕이 후궁에게 사약을 내리는 경극을 연기하고, 연산은 같은 이유로 왕에게 사약을 받았던 생모 폐비 윤씨를 상기하며 진노해 그 자리에서 선왕의 여자들을 칼로 베어 죽인다. 공연을 할 때마다 궁이 피바다로 변하자, 흥을 잃은 장생은 궁을 떠나겠다고 하지만 공길은 알 수 없는 이유로 남겠다고 한다. 그 사이 왕에게 반발하는 중신들은 광대를 내쫓을 음모를 꾸미고, 왕의 관심을 광대에게 빼앗겼다는 질투심에 휩싸인 녹수 역시 은밀한 계략을 꾸민다. 마침내 장생은 눈이 머는 형벌을 받고도 줄을 타며 왕을 비난하는 모습을 보인다.

이 영화는 《왕조실록》의 작은 기록 하나를 토대로 만들어졌다. 그 속에는 광대를 비롯한 다양한 인물이 등장하면서, 성공을 거둔 영화로 평가된다. 이 영화가 성공한 요인이 무엇인지 전통문화의 우량한 점을 중심으로 찾아본다.

생각해볼 문제 //

1. 전통문화가 현대 사회에서 할 수 있는 역할과 의미가 무엇인지를 생각해보자.
2. 우리의 전통문화 가운데 긍정적인 것과 부정적인 것을 예로 들어보고, 긍정적인 것을 계승하고 부정적인 것을 극복할 수 있는 방안이 무엇인지 생각해보자.
3. 전통문화를 소재로 한 문화 상품 가운데 성공 사례와 실패 사례를 찾아보고, 그 이유가 무엇인지 생각해보자.
4. 한국 전통문화의 특징이 무엇인지 구체적인 전통문화를 들어 이야기해보자.
5. 외국의 경우 전통문화가 어떻게 오늘날의 문화로 재조명되는지 생각해보자.

타인의 죽음에서 나의 죽음까지
죽음과 노년의 문제

이순웅

죽음을 의식하는 인간

'무엇'보다는 '어떻게'

아마도 동물은 죽음을 의식하지 않을 것이다. 그저 본능대로 죽지 않으려 하고 살아 있음에 집착할 뿐인지도 모른다. 반면에 인간은 죽음을 의식한다. 사후 세계를 궁금하게 여기기도 하고 다른 이의 죽음을 보면서 자신의 죽음에 관해 생각해보기도 한다. 이때 중요한 것은 죽음이 무엇인가가 아니라 죽음을 어떻게 볼 것인가다.

나는 가끔 강의 시간에 학생들에게 다음과 같은 말을 하곤 한다. 비가 추적추적 내리는 날, 방 안에 앉아 창문을 내다보면 문득, 삶이란 무엇인지 죽음이란 무엇인지 생각할 때가 있지 않느냐고. 그렇다면 그때만큼은 철학자가 되었다고 할 수 있다. 하지만 어떤 철학자도 모든 사람이 공감할 수 있는 대답을 제시하지 못했으니 과욕을 부리지는 말자. 모든 사람이 공감하고 동의할 수 있는 그런 진리란 없다. 그렇지만 진리라고 여겨지는 것을 추구하지 않을 수도 없는 것, 그것이 바로 철학하는 자가 걸어가야 하는 길이다.

어떠한 것을 '무엇'이라고 규정하는 것은 대단히 부담스러운 일일 수 있다. 왜냐하면 '무엇'이라고 규정하면 그것이 늘 무엇으로 있어야 하는데, 다른 무엇으로 바뀌는 경우가 있고, 사람에 따라서는 같은 것을 다르게 이해하는 경우도 있기 때문이다. 늘 한결같은 '무엇'을 말한다는 것이 그리 쉬운 일은 아니다. 어쩌면 삶과 죽음에 관한 한, 그것들에 관한 규정은 철학자뿐만 아니라 지구상에 존재하는 사람 수만큼 많을지도 모른다.

따라서 일단은 보다 현실적인 방법을 취하는 것이 나아 보인다. '삶과 죽음이 무엇인가'에 관해 관심을 가지기보다는 '그것들을 어떻게 이해할 것인가'에 관심을 가지는 것이다. 다시 말하면 삶과 죽음이 무엇인지 알려고 하기보다는 그것들을 어떻게 볼 것인가에 관심을 가지는 것이 우리의 삶에 훨씬 더 유익할 것이다.

물론 어떤 것을 '무엇'이라고 규정하는 것 자체가 그것을 어떻게 보는지 말해주는 것이기도 하다. 하지만 '무엇'이라고 규정하는 것은 그것에 관한 어떤 변하지 않는 본질을 상정하는 것인데, 그 본질이 인간의 주관과 무관하게 객관적으로 존재하는지 아니면 주관의 반영인지조차도 합의하기 어렵다. 더욱 큰 문제는 '무엇'이라는 규정이 위험하다는 데 있다. 왜냐하면 다른 무엇이 끼어들 여지를 주지 않기 때문이다. 다시 말하면 어떤 것에 관해 '무엇'이라고 규정하는 순간 그것에 관한 '다른' 규정은 배제된다. 다르게 생각하는 이는 교정의 대상이 되며, 합리적 방법으로 교정되지 않으면 강제로라도 교정하려 들고 교정되지 않으면 제거하려 든다.

본질이라는 것이 그 자체로 존재하는 것이 아니라 어떤 다른 것과의 다름(차이)에서 온 것이라면, 즉 어떤 다른 것과 다르기 때문에 본질이라는 성질을 획득하는 것이라면, 변하지 않는 본질로서의 '무엇'에 연연해하는 것보다는 각각의 다름이 갖는 의미가 무엇일지 생각해보는 것이 삶을 훨씬 더 풍부하게 할 것이다. 예를 들어 죽음이란 '육체가 자연으로 돌아가고 영혼은 영원히 천국이나 지옥에 있는 것이다'라고 규정하면 그와는 다른 죽음관을 가진 사람들이 배제되어 차별받을 수 있다. 사회적으로나 역사적으로 볼 때 배타주의는 종종 자신과 다른 생각을 가진 자들을 차별하거나 심지어는 살해까지 할 수 있는 자기정당화 논리를 만들어냈다. 남성은 여성보다 우월하고 백인종은 유색인종보다 우월하고 특정 민족은 다른 민족보다 우월하고 특정 종교는 다른 종교보다 우월하다는 규정이 삶을 어떻게 피폐하게 만들지는 굳이 강조할 필요가 없을 정도로 분명하다.

예를 들어 유대인 학살은 독일 나치스만의 책임이 아니다. 서구 기독교 세계에는 반(反)유대(Udea) 정서가 약 2천 년 동안이나 이어졌다. 유대인 학살과 관련해 게르만 우월주의자가 주범이라면 나머지 서구인들은 공범이다. 영화 〈쉰들러 리스트〉에서 놓치지 말아야 할 것은 비(非)유대인의 헌신적인 인간 사랑이 아니라 대다수 서구인들의 침묵과 외면이다. '쉰들러 리스트'는 매우 특이한 경우이기 때문이다.

어쩌면 우리가 할 수 있고 해야 하는 일은 삶과 죽음에 관해 모든 사람들이 동의할 수 있는 어떤 본질을 찾는 것이 아니라 그것들에 관한 다양한 이해 방식 가운데 어떤 하나를 선택하는 것뿐일지도 모른다. 어떤 선택을 하느냐에 따라 삶의 방식은 달라진다. 따라서 사람들이 죽음에 관해 어떻게 이해하며 그러한 이해가 갖는 의미가 무엇일지 생각해보는 것이 죽음이란 무엇인가를 묻는 것보다 낫다.

죽음 연습해두기

보통은 죽음에 관해 생각하지 않는다. 나이가 어릴수록, 젊을수록 죽음은 자신과 거리가 멀게 느껴진다. 왕성하게 활동할 때는 바쁘다 보니 죽음에 관해 생각할 겨를도 없다. '맛집'을 찾아다니고 재미있는 예능 프로그램이나 연속극 등에 빠져 있다 보면 하루가 언제 지나갔는지 모른다. 하지만 잠시 찾아오는 여유로운 시간에는 자기도 모르게 가끔씩 죽음에 관해 생각하기도 한다. 특히 나의 죽음에 관해 생각할 때는 말할 수 없는 공포와 허무가 밀려오기도 한다. 내가 이 세상에 없어진다니! 세상이 발전하고 살기 좋아진다는 것이 나와 무슨 상관이란 말인가. 내가 없는데. 나 없는 세상은 나에게 아무런 의미도 없지 않은가?

어떤 때는 죽은 이가 나의 죽음을 생각하게 만들기도 한다. 가족이나 친인척, 친구 또는 유명 연예인의 죽음 등이 그것이다. 그런데 자발적으로 죽음에 관해 생각했든, 아니면 타인의 죽음 때문에 나의 죽음에 관해 생각하게 되었든 간에, 죽음에 관해 생각하는 것은 매우 유익한 일이기도 하다. 예를 들어 내가 아는 누군가가 죽음을 맞았을 때, 아마도 그때만큼은 죽음에 관해 매우 심각하게 생각할 것이다. 그러고는 결심을 한다. '이렇게 살지 말자!' '나에게 주어진 한 시간 한 시간을 매우 소중하게 여기고 좀 더 값어치 있게 살도록 노력하자!' 죽은 자가 나에게 삶에 관해 심각하게 생각하도록 일깨워주는 순간이다.

이런 점에서 보면 삶과 죽음은 서로 뗄 수 없는 관계에 있다는 것을 알 수 있다. 그래서 나는 가끔 학생들에게 결혼식과 같은 경사(慶事)에는 못 가더라도 장례식장, 특히 장지(葬地)에는 될 수 있으면 가보라고 권한다. 누군가의 죽음이 삶에 관해 이토록 심각하게 생각하도록 만드는 때도 없기 때문이다.

하이데거(M. Heidegger)는 죽음에 대한 불안을 긍정적으로 보았다. 왜냐하면 나를 진지하게 들여다볼 기회를 주고 타인을 진심으로 걱정하도록 만들기 때문이다. 하이데거에게 죽음은 '인간 개개인의 가장 고유한 가능성'이다. 이를 깨달으면 '둘도 없는 나', '두 번 다시 오지 않는 지금'을 떠올릴 수 있다. 그리고 이러한 고유성이야말로 타인과 진지한 관계를 맺을 수 있는 출발점이다. 언제 죽을지 모른다는 극한적 가능성에 대한 자각, 이때야말로 타인을 진지하게 걱정하도록 만든다. 하이데거에 따르면 죽음에 대한 불안을 덮고 숨겨버리는 삶은 일상생활에서 흔히 볼 수 있는 비(非)본래적 삶이다. 이때 타인은 그저 단순한 경쟁 상대일 뿐이다. 그렇게 살다 죽음을 맞았을 때는 타인이 나의 죽음을 어떻게 여길지 충분히 예측할 수 있다.

죽음에 관해 묻는 것은 어떻게 살 것인가에 관해 묻는 것이기도 하다. 그가 어떻게 살았느냐에 따라서 그 자신은 물론이고 그의 죽음을 대하는 다른 사람들의 태도와 기억은 달라진다. 후회, 아쉬움이 남지 않는 죽음은 모든 이가 바라는 죽음일 것이다. 그리고 자신의 죽음을 두고 다른 이가 '그놈 잘 죽었다'고 여기기를 바라는 사람은 아마 없을 것이다.

그런데 내가 죽었을 때는 사람들이 나의 죽음을 어떻게 여길지 알 방법이 없다. 죽었기 때문이다. 하지만 어느 정도 예측할 수는 있다. 죽음은 타인과의 이별이기도 하기 때문이다. 우리는 살아가면서 수많은 사람들과 만나고 이별한다. 그리고 살아 있을 때 경험했던 이별은 내 죽음을 다른 이가 어떻게 여길지 예측하게 한다. 그런 이별은 일종의 '죽음 연습'이다. 그러한 이별들은 내가 죽었을 때 타인이 나의 죽음을 어떻게 여길지 미리 보여준다.

그러므로 만일 나의 죽음을 타인이 안타깝게 여기고 애석해하기를 원한다면 타인과 만나고 이별할 때마다 미리 죽음을 준비해두는 것이 좋겠다. '죽음 연습'은 살아 있을 때 할 수 있는 죽음 대비책이다. 두말할 것도 없이 타인의 머릿속에 남아있는 내 죽음에 대한 기억은 내가 어떻게 살았느냐, 내가 다른 사람과 어떤 관계를 맺으면서 살았느냐에 따라 결정된다. 죽었을 때는 죽었기 때문에 대비할 수 없으니 살아 있을 때 미리미리 죽음 연습을 해두는 것이 낫다. 너무 늦으면 연습할 시간이 부족할 수 있다.

육체와 영혼의 죽음에 관하여

죽음의 불분명함과 죽지 않음에 대한 소망

죽음이 무엇인가에 관해서는 합의된 견해가 없다. 예를 들어 기독교에서는 인간을 육체와 영혼(정신)으로 나누고 육체는 죽어 흙으로 돌아가지만 영혼은 살아서 영원히 하늘나라에 거한다고 가르친다. 윤회설을 믿는 불교에서는 육체적 죽음을 인간의 영혼이 '육체라는 옷'을 갈아입는 것으로 이해하기도 한다. 그래서 티베트의 어떤 고승(高僧)은 죽음이 기다려진다고도 말한다. 낡은 옷을 갈아입는 순간이라고 여기기 때문이다. 이렇듯 인간을 육체와 영혼으로 나누고 육체의 죽음만을 인정한다면 인간은 온전히 죽는 것이 아닌 셈이 된다. 죽지만 죽지 않음을 꿈꾸는 것, 이는 인간만이 가진 고유한 특징일지도 모른다. 하지만 육체만 죽고 영혼은 죽지 않는 것인지, 육체가 생명활동을 정지하면 영혼도 사라지는 것인지에 관해서는 여전히 의견이 분분하다.

종교들은 각기 다른 방식으로 죽음을 설명한다. 사진은 전남 화순의 쌍봉사에 있는 벽화로
살생, 도둑질, 음행, 술 먹는 죄를 범한 이가 들어가는 규환지옥을 그린 지옥도다.
죽음 이후를 말하는 내세관은 살아 있는 사람에게 영향을 미친다.

그런데 따지고 보면 육체적 죽음에 관해서도 일반화해서 말할
수 없는 현실이다. 의료 기술의 발달로 인간은 심장사(心臟死)라고 하
는 전통적인 의미에서의 생물학적 죽음을 늦출 수 있게 되었고, 삶도
아니고 죽음도 아닌 상태를 유지할 수 있게 되었다. 예를 들면 뇌사
(腦死)가 그것이다. 뇌사란 뇌의 기능이 비가역적(非可逆的, irreversible)
으로 정지된 상태이며, 뇌사자는 동공 확대, 외부 자극에 반응하지
않음, 자발적 호흡 멈춤, 뇌파 평탄 등의 모습을 보인다. 그런데 인공
호흡기를 부착한 뇌사자는 심장이 뛰고 혈액이 순환하며 신체도 따
뜻하다. 전통적으로는 심장사를 죽음으로 보았기 때문에 뇌사는 살

아있는 것으로 볼 수도 있다. 이렇듯 육체적, 생물학적 차원에서 보면 뇌사는 삶과 죽음의 경계가 불분명한 위치에 있다. 살아 있다고도 죽었다고도 할 수 없는 애매한 상황에 있는 것이 바로 뇌사이며, 뇌사는 오늘날 생명윤리의 중요한 주제 중 하나가 되었다.

어쨌든 죽지 않음, 즉 영혼불멸에 관한 믿음은 인간의 가장 큰 걱정거리이자 스트레스라고 할 수 있는 죽음에 대한 두려움, 공포를 해소시켜주는 역할을 한다. 궁극적으로는 종교가 하는 역할이 바로 이것이다. 인간이 죽음을 의식하고 죽음에 대한 공포에서 벗어나고자 한다면 종교적 동물이 될 수도 있다. 다시 말해서 인간이 어떤 형태로든 '죽지 않음'을 소망한다면 종교에 귀의할 수도 있다. 이런 점에서 본다면 종교는 확인할 수 있는 사실에 관한 믿음이 아니라 소망하는 것에 관한 믿음이라고 할 수 있다.

영혼불멸의 요청이 의미하는 것

그런데 모든 인간이 다 영혼불멸을 원하는 것은 아닐 수 있다. 몇 년 전 한 방송 프로그램에서는 죽은 아내의 무덤을 지키는 남편의 이야기가 방영된 적이 있다. 그는 무덤을 파고 들어가 아내의 관 옆에서 기거하다시피 했다. 평소에 아내에게 잘못한 것이 많아 속죄하는 마음으로 그렇게 한다고 했다.

문제는 죽은 아내의 영혼이 여전히 있다면 그 영혼이 남편의 그러한 행위를 원할 것인가 하는 것이다. 물론 원할 수도 있고 원하지 않을 수도 있다. 원한다면 다행이다. 그렇지만 원하지 않는다면 어떠한가? 죽었을 때만큼은 지긋지긋했던 남편과 떨어져 있고 싶다면 어떠한가? 죽어서도 남편과 함께 있는 상황은 영혼이 없는 것보다 못한 상황일 것이다. 만일 그렇다면 그녀는 육체적 죽음과 더불어 영혼까지도 소멸하기를 원할지도 모른다.

　죽음 이후에 영혼이 존재하느냐 존재하지 않느냐 하는 것은 확인하기 어렵다. 어떤 사람들은 영혼의 존재를 확인했다고도 한다. 하지만 그의 경험을 다른 사람들이 믿도록 하는 데에는 많은 한계가 따른다. 경험이란 개인적인 것이고 모든 사람이 같은 경험을 하지는 않기 때문이다. 같은 것을 보고도 각자가 처한 상황이나 심리 상태에 따라 다르게 여길 수 있는 것이 경험이다. 자신이 바라는 대로 자신이 믿는 대로 경험할 가능성은 얼마든지 있다.

　예를 들어 가끔씩 텔레비전에서 어떤 이를 최면에 빠지게 하고 이른바 전생을 기억하게 하는 경우가 있다. 그런데 그들이 기억하는 것은 대개 신분이 높은 사람들이지 백정이나 노비가 아니다. 전생에 대한 기억이란 본인의 바람과 불안이 뒤얽혀 만들어내는 일종의 드라마가 아닐까?

　영혼의 존재 여부와 관련해서는 '임사(臨死)체험'이라는 것도 거론할 만하다. 죽음에 이르렀다가 돌아왔다는 이야기인데, 예를 들면 응급실에서 자신을 소생시키려고 심장전기충격기를 사용하는 의사와 간호사를 봤다는 사람들이 있다. 심지어는 의사나 간호사가 했던 말을 그대로 전하는 사례도 있다. 임사체험자들의 증언은 죽음의 순간에 하얗고 밝은 빛을 보았다거나 보고 싶었던 조상을 만났다거나 아름다운 꽃밭을 거닐었다는 것 등인데, 대개는 고통스럽기는커녕 다시 삶으로 돌아오고 싶지 않을 정도로 어떤 희열을 느꼈다고 한다. 물론 이런 부분에 대해서도 반론이 있을 수 있다. 우리 신체에는 고통을 감소시키고 쾌감을 느끼게 하는 물질이 있는데, 죽음이라는 극단적 상황에 처하면 그 물질이 분비되어 그런 환영을 볼 수 있다는 것이다.

무당(shaman)이 죽은 조상의 혼령을 불러들이는 경우, 의뢰인에게는 그보다 더 생생한 체험이 없을 것이다. 목소리와 몸동작을 재현해내고, 살아 있을 때 경험했던 것까지 기억해낸다고 한다. 그러나 여기에도 한 가지 염두에 둘 것이 있다. 가족은 서로 닮기 마련이라서 본인은 잘 느끼지 못하지만 목소리의 억양이나 몸동작이 비슷할 수 있다. 따라서 경우에 따라서는 의뢰인을 유심히 관찰하고 어떤 특이한 부분을 특화해 재현한 것일 수도 있다. 그리고 무당의 목소리는 일종의 환각 상태에서 나오는 것이기 때문에 일상적인 대화를 나눌 때의 음색과는 다르다. 그러므로 경우에 따라서는 납치극을 연출하는 보이스피싱 때, 절규하는 듯이 들리는 목소리를 자녀의 진짜 목소리와 혼동하는 것과 같은 상황이 생길 수도 있다.

물론 영혼의 존재와 관련한 위와 같은 사례들을 모두 완전하게 비판하고 무시할 수 있는 건 아니다. 이성과 합리성을 앞세운 근대는 인간의 삶을 풍부하게 할 수도 있는 점성술이나 신비주의를 철저히 외면하고 배타적으로 보았다. 그러나 세상에 존재하는 모든 현상을 이성이 모두 설명할 수 있는 건 아니다. 인간은 이성적·합리적으로 납득할 수 없는 영역에까지 관심을 가지고 의미를 부여한다.

독실한 기독교 신자이면서 알 수 있는 것과 알 수 없는 것을 구분하기도 했던 칸트(I. Kant)는 경험과 더불어 인식이 성립한다고 말했지만 신이나 영혼불멸은 도덕적 요청의 대상이지 인식의 대상이 아니라고 말했다. 칸트에게 영혼불멸은 선(善)의지를 가진 인간이 도덕적 실천을 할 수 있도록 하기 위해 요청되는 것이다. 만일 영혼이

불멸하는 것이 아니라면, 즉 육체적 죽음과 더불어 영혼도 소멸하는 것이라면, 인간은 죽음 이후를 대비하지 않을지도 모른다. 말하자면 육체의 죽음 뒤에 영혼이 천국에 가기 위해서라도 인간은 살아 있을 때 도덕적으로 살아야 한다는 것이 칸트의 생각이었다.

그런데 돈이 '있는 것'과 '있어야 하는 것'이 다르듯이 사실과 요청(소망)은 다르다. 돈이 있어야 하지만 없을 수도 있듯이 영혼불멸이 요청된다고 해서 영혼이 불멸하다는 보장은 없다. 영혼불멸은 사실 여부를 가릴 수 있는 문제가 아니라 소망 유무(有無)의 문제이기 때문이다. 따라서 우선 사실은 사실대로, 소망은 소망대로 자리매김하는 것이 중요하다. 칸트는 신 역시 증명의 대상으로 보지 않았으며, 칸트 이후로는 신 존재를 증명하려는 철학자가 없다. 그렇지만 영혼불멸이나 신이 인간의 삶에서 의미가 없는 것은 아니다. 경험론의 전통을 계승했던 비트겐슈타인(L. Wittgenstein)도 "말할 수 없는 것에 관해서는 침묵해야 한다"고 말했지만 참·거짓을 가릴 수 없는 윤리학이나 미학의 명제를 무의미한 것으로 여기지는 않았다.

영혼불멸은 도덕적으로 살게 하는 힘으로, 또는 죽음에 대한 불안을 덜게 하는 위안으로 인간의 마음속에 자리 잡을 수 있다. 그것은 사실로서가 아니라 소망의 형태로 있는 것이다.

죽음의 사회적 의미가 중요하다

뇌사는 육체적 죽음이라고 단정하기 어려운 면이 있다. 뇌사는 사회가 요청하는 죽음이다. 사회가 뇌사자를 죽은 자로 여기기를 원하는 것이다. 왜냐하면 그의 장기를 필요로 하는 많은 사람들이 있기 때문이다. 뇌사자를 살아 있는 자로 본다면 장기 이식은 살인행위가 되기 때문에 뇌사자를 죽은 자로 보자는 것이다. 이는 육체적 죽음에 관한 생물학적 관점이 아니라 사회적 관점이다. 말하자면 육체적 죽음 여부를 가리기 어렵게 되자 '사회가 요청하는 죽음'이라는 새로운 관점을 가지고 인간의 죽음을 이해하게 된 것이다. 따라서 생물학적·육체적 죽음보다 더 중요한 것은 그러한 죽음이 가진 사회적 의미다. 일반적인 육체적 삶으로 다시 되돌아올 수 없다고 판단되는 한, 그의 장기를 다른 이에게 이식해 생명에 활기를 불어넣는 것이 사회 전체적으로 볼 때 이익이 된다고 보는 것이다.

영혼의 문제도 사회적 의미를 띤다. 우선 영혼이 육체적 죽음과 무관하게 영원히 존재하는가 아니면 육체적 죽음과 더불어 소멸하는가 하는 문제는 사실 여부의 문제가 아니라 바람, 소망의 문제다. 사실 여부만을 중시한다면 종교는 존립할 수 없다. 중요한 것은 그러한 소망이 어떤 사회적 의미를 지니는가다. 예를 들어 인간의 영혼이 간다고 하는 천국이나 극락에 관한 믿음의 경우, 정말로 그러한 세계가 있느냐 없느냐보다는 그러한 세계가 현실적·사회적으로 어떻게 이해되고 이용되느냐가 더 중요하다.

어떤 이가 살아 있을 때 헌금을 조금밖에 하지 않아서 천국에 가서도 낡은 오두막집에 살게 되었다는 설교를 들은 조카가, 천국은 그리 좋은 곳이 아닌 것 같다고 말할 경우 어떻게 대응해야 할까? 알 수 없고 보이지 않는 세계를 이용해 혹세무민하고 세속적 욕망을 채우는 목회자들이 있지 않은가? 어떤 목회자들은 인간의 세속적 욕망을 이용해 신앙을 정당화하기도 한다. 기독교를 믿는 나라는 부자 나라이고 축복받은 나라라고 한다. 이때 부자가 천국에 가는 것은 낙타가 바늘구멍을 통과하는 것보다 어렵다는 예수의 말은 슬쩍 외면한다.

종교가 위대한 이유는 불확실한 것을 믿고 불가능한 것을 이루려는 데 있다. 이런 점에서 볼 때 믿음과 소망은 여전히 종교가 존립할 수 있는 중요한 요소다. 그런데 기독교에서는 믿음, 소망, 사랑 중에 사랑을 제일로 여긴다고 가르친다. 그 이유는 믿음이나 소망은 불확실한 것이지만, 다시 말하면 믿음이나 소망을 가진다고 해서 그것이 이루어진다는 보장은 없지만 서로 사랑해야 한다는 것만큼은 확실하기 때문이다. 타인을 진정으로 사랑하고 걱정하지 않는 인간이 천국을 믿고 소망한다고 해서 천국에 갈 수 있겠는가? 그런 것이 기독교라면 기독교는 이미 보편종교로서의 지위를 잃은 셈이다. 천국에 관한 믿음과 소망을 현실화할 수 있는 것이 사랑이라고 여기기 때문에 기독교에서는 사랑을 제일의 가치로 여길 것이다.

모든 사람이 부처가 될 수 있다고 가르친 불교의 사회적·역사적 의의는 힌두교의 신분제를 거부한 데 있다. 그리고 불교의 연기설(緣起說)은 나에게 고통을 가하는 이에게까지도 나에게 책임이 있다고 가르치는 데에 그 위대함이 있다. 이것은 타인의 고통을 동정과 연민의 시선으로 바라보는 것과는 차원이 다른 것이다. 동정과 연민은 타인의 고통과 내가 아무런 연관이 없다는 데서, 다시 말하면 나는 고통을 제공한 당사자가 아니라는 판단에서 나온 감정 상태이기 때문이다. 죽은 조상을 잘 모시려고 하는 유교는 후손들에게 존경의 대상이 될 만한 삶을 살라고 권하는 것이지, 아들을 낳아 제삿밥을 얻어먹으라고 가르치는 것이 아니다.

죽은 다음에 간다고 하는 내세는 아직 죽지 않은 살아 있는 누군가에 의해 선용될 수도 있고 악용될 수도 있다. 그러므로 육체적 죽음 이후의 세계에 관해 궁금하게 여기는 것보다 더 중요한 것은 그 세계를 누가 어떻게 이해하고 이용하는가 하는 것이다. 현재의 삶을 받아들이고 긍정적으로 살면, 내세에는 좀 더 높은 신분으로 태어난다거나 혹은 부족함이 없는 천국이나 극락에 이를 것이라는 가르침은 현재의 고단한 삶을 참고 견디면서 받아들이라는 '악용'일 수 있다. 이런 점에서 보면 마르크스(K. Marx)가 왜 종교를 '인민의 아편'이라고 말했는지 이해할 수 있다. 죽음 이후의 세계라고 하는 내세를 꿈꾸게 하는 것이 현실을 있는 그대로 보지 못하게 하고 현실을 바꾸지 못하게 하는 역할을 하기 때문이다.

노년과 죽음

인간 모두가 죽기로 되어 있으나 그 시기가 언제인지는 알 수 없다. 다만 일반적으로 말해 노인이 된다는 것은 죽음에 가까워졌다는 것을 의미한다. 그런데 만일 죽음 연습이 덜 되어 있다면 노년에는 남아 있는 시간이 부족하다는 것을 아쉽게 여기면서 불안한 나날을 보낼 것이다. 모아놓은 돈마저 없다면 그야말로 최악의 상황을 맞이한다.

어른에게서 젊은이에게로 지식이 전수되던 농경사회만 하더라도 노인은 존경의 대상이었다. 책과 같은 글이 아니라 구두로 지식을 전수하던 상황에서는 더더욱 그렇다. 지식이 책에 저장되어 있다면 다시 펼쳐보면 된다. 하지만 지식을 기억 속에 저장해두어야 한다면 경험이 많지 않은 젊은이는 노인에게 의존하게 되어 있다. 작년에 배운 것을 젊은이가 모두 기억하지 못한다면 노인은 작년에 이어 올해도 또 가르쳐줘야 한다. "작년에 가르쳐줬는데 또 까먹었니?" 젊은이가 머리를 조아려야 하는 순간이다.

농경시대까지만 해도 노인은 정보의 보고(寶庫)요, 지식의 산실(産室)이었다. 노인은 언제 씨를 뿌리고 어떻게 가꾸고 어떻게 거둘지 잘 안다. 때때로 노인은 라디오 일기예보에서도 맞추지 못하는 '내일의 날씨'를 정확하게 예측한다. 그러한 시대에 노인은 육체적으로 쇠약해졌어도 권위를 잃지 않았다.

그러나 산업 사회로 접어들면서부터 노인은 천덕꾸러기 신세로 전락한다. 노동 능력을 상실한 노인에게서는 얻을 것이 별로 없기 때문이다. 노동 능력의 상실은 육체적 힘의 상실만을 의미하지 않는다. 노인은 생산 현장이 어떻게 생겼는지 잘 모르며 현장이 돌아가는 원리에도 적응하기 어렵다.

이른바 정보 사회로 접어들었을 때는 도대체 뭐가 뭔지 정신을 차리기도 어렵다. 컴퓨터, 인터넷, 멀티미디어 등으로 대표되는 정보화 사회로 접어든 지는 이미 오래되었다. 노인의 입장에서 보면 인터넷은 어찌어찌해서 조금 사용할 줄 안다 하더라도 새로 등장한 스마트폰 같은 것은 조작하기조차 버겁다. 상황이 이렇다보니 노인은 지혜로운 자가 아니라 사회 부적응자가 되었다. 이제 노인은 근엄한 표정으로 지식을 전수해줄 수 있는 위치에 있지 않으며 손주에게 용돈 많이 주는 친절하고 명랑한 할머니, 할아버지가 되어야 한다. 그런데 그것도 만만치가 않다. 자식에게 용돈 타 쓰는 처지라면 돈이 많지 않은 것도 문제지만 무엇보다도 요즘 젊은이들이 쓰는 언어를 이해

〈꽃보다 할배〉에는 '명랑'하게 여행을 하며 노년을 즐기는 네 명의 배우가 등장한다.
그렇지만 여기에서도 이들의 짐꾼이자 내비게이션 역할을 하는 건 젊은 배우 이서진이다.

하기가 어렵다. 그러다보니 어디서 웃어야 할지 웃음 포인트를 잡기도 어려워 '명랑'하고는 거리가 먼 생활을 하기 쉽다.

그렇게 보면 〈꽃보다 할배〉라는 프로그램이 왜 그렇게 인기가 있는지 이해할 만하다. 바로 요즘의 젊은이들이 바라는 솔직하고 재미있는 노인의 모습이 그 속에 있기 때문이다. 그들이 연기자이기 때문에 어디까지가 연기이고 어디까지가 실제 모습인지 알기는 어렵다. 또한 시청자에게는 편집된 모습이 전달되기 때문에 TV에 비춰지는 것이 그들의 모습 전체인지도 알기 어렵다. 하지만 그 속에는 적어도 '근엄하지만 공허하고 지루한 교장선생님 훈화말씀' 같은 것이 없다. 하지만 그 속에는 적어도 '근엄하지만 지루하고 공허한 교장선생님 훈화말씀' 같은 것이 없다.

한편 노인들은 이 프로그램을 보면서 대리만족을 느끼며 좋아할 수도 있다. 젊은이의 안내와 시중을 받으면서 세상을 구경하고 다니는 모습은 바로 자신들이 부러워하고 원하는 노년의 모습이기 때문이다. 건강만 허락한다면 하고 싶은 것을 하면서 얼마든지 재미있게 살 수 있다. 잠시 잠깐 있는 갈등은 새발의 피다. 모든 것이 공짜에다가 출연료까지 받으면서 세상을 주유하다니 이보다 더 좋을 순 없다. 하지만 〈꽃보다 할배〉에서 비춰지는 노인의 모습은 시청자에게 웃음을 주는 친절하고 명랑한 할아버지 그 이상도 그 이하도 아니다. 게다가 이들은 보호하거나 돌보아야 할 대상이기도 하다. 모든 것을 준비하고 시중드는 젊은 '짐꾼'이 없다면 여행은 불가능에 가깝다.

늙음을 '문명의 좌절'로 본 보부아르(S. Beauvoir)는 문명이 노인에게서 주체성을 빼앗아가는 것에 주목했다. 전(前)근대 사회와는 달리 근대 사회에서는 노인이 비생산적이며 쓸모없는 인간이 되었다는 것이다. 노인은 과연 과거처럼 자신의 권위와 주체성을 회복할 수 있을까? 이야기 들어봐야 건질 것이 하나 없는 노인의 말을 듣는 것처럼 피곤한 일도 없다. "너도 늙으면 알게 된다"는 말도 젊은이에게는 별다른 설득력이 없다. 아직 늙지 않았으므로 늙고 나서 알면 되지 않느냐고 반문하면 할 말이 없다. 노인의 말이 갖는 권위는 노인의 현재에서 나온다. 그러나 노인이 현재 처한 상황을 보면 권위를 얻기가 매우 어렵다. 자본주의화는 이윤을 낳지 못하는 행위는 배제하고 비생산적인 인간도 배제하는데, 그 전형이 바로 노인이기 때문이다. 이제 노인은 생산에 기여하기 어렵다.

그렇지만 생산에 기여하지 못한다는 이유로 노인을 차별하는 사회는 좋은 사회가 아니다. 그들에게는 '현재의 생산'을 가능하게 했던 '과거의 생산'이 있었다. 그런 점에서 보면 그들에게도 쉴 권리,

과거의 생산에 대한 보상을 받을 권리가 있다. 그렇지만 노인에 대한 현실적이고도 냉정한 판단은 어디까지나 노인의 현재다. 진정으로 인정받는 노인은 과거에만 머물러 있지 않는다. 과거의 '무용담'도 반복해서 들으면 지루하다. 과거에만 머물러 있으면서 세속적 욕망만을 좇고 세상에 대한 지혜를 전수(傳授)하지 못하는 노인, 현재를 읽는 눈이 없는 노인은 아무리 돈이 많고 높은 지위에 있어도 존경받기 어렵다. 과거에만 머물러 있는 노인은 자신을 돌봄의 대상으로만 여기는 것이다. 돌봄의 대상은 주체가 되기 어렵다. 인간이 노력을 통해 젊음을 얻은 것이 아니듯이, 노년은 게으르기 때문에 맞이하는 것이 아니다. 노년 그 자체는 '죄'가 아니며 노년으로 가는 길에는 누구의 잘못도 없다. 노인이 되고 죽음에 이르는 것은 부정할 수 없는 자연의 법칙이다. 죽음이 있기에 새 생명의 탄생도 있다. 자기 것을 빼앗기지 않으려고 자식의 탄생을 막았던 불사(不死)의 그리스 신들보다는 죽음으로써 자신의 것을 온전히 내어주는 인간이 더 낫지 않은가? 죽음은 삶보다 고귀하기도 하다.

플라톤(Platon)은 늙음에 긍정적인 의미를 부여했다. 노인은 육체적 욕망에서 자유롭고 세속을 초월한 지혜로운 자이기 때문이다. 따라서 노년을 자연스럽게 받아들이되, 사사로운 이해관계를 넘어서서 타인과 공동체를 위해 헌신하는 삶이 중요하다. 그리고 그러한 길을 갔던 노인의 죽음은 무심코 흘려버릴 수 있는 누군가의 죽음이 아니라 공동체의 일원에게 팔다리가 떨어져나가는 듯한 아픔을 줄 수 있는 죽음이다. 이러한 죽음은 노인뿐만 아니라 언제 죽을지 정해지지 않은 인간 모두가 맞이해야 하는 죽음이다.

죽음을 어떻게 볼 것인가

주로 영미권 철학자들이 생명윤리(bioethics)를 발전시켰다면, 베르그송을 연구한 프랑스 철학자 장켈레비치(V. Jankélévitch)는 죽음을 1인칭, 2인칭, 3인칭으로 나누어 고찰하고 인간의 존재를 종합적으로 파악하려고 했다.

1인칭 죽음은 자기 자신의 죽음이다. 나의 죽음은 경험할 수 없고 경험할 수 없기 때문에 이해할 수도 없다. 나의 죽음은 신비로운 수수께끼 같은 죽음이다. 2인칭 죽음은 나와 한없이 가까운 이의 죽음이다. 죽어가는 부모나 배우자, 친구는 절대적인 고독을 맛볼 것이다. 남게 되는 나 역시 관계가 끊어진다는 사실에 똑같은 고독을 느낀다. 2인칭 죽음은 다른 사람으로 대체할 수 없는 죽음이다. 누구도 죽은 내 부모나 배우자, 친구가 될 수 없다. 3인칭 죽음은 물리적·생리적 과정이며 소멸되고 소실되는 자연 현상과 같은 죽음이다. 그 사람이 맡았던 기능, 역할은 머지않아 누군가 다른 사람이 대체한다.

장켈레비치가 중요시하는 죽음은 2인칭 죽음이다. 바로 '너의 죽음'이다. 그것은 나의 죽음이 아니라는 점에서 어디까지나 타인의 죽음이지만, 나는 한쪽 팔이 잘려나간 듯이 가슴 아파하거나 망연자실해버린다. 죽음을 감각적으로 받아들이고 슬픔 속에서 관계를 맺으며 살아가는 인간의 참모습은 2인칭 죽음에서 통감할 수 있다.

아마도 모든 인간의 가장 큰 관심사는 자기 자신일 것이다. 이 세상에 자기 자신만큼 소중한 사람이 있는가? 그런 내가 이 세상에서 사라진다. 그렇지만 나는 나의 죽음에 관해 알 수 없다. 그러니 알수 없는 죽음에 지나치게 연연해하지 말고 내 죽음이 타인에게 어떤의미가 있을지 생각해보자. 아마도 사람들이 나의 죽음을 장켈레비치가 말하는 2인칭 죽음으로 여긴다면 나는 잘 산 것일 게다. 그리고타인의 죽음을 2인칭 죽음으로 여기는 사람들의 수가 많으면 많을수록 그 사회는 좋은 사회일 것이다. 물론 타인의 죽음을 2인칭 죽음으로 여기는 데에는 한계가 있다. 인류의 구원자가 나타난다면 모를까지구상에는 너무 많은 사람들이 살기 때문이다.

그러므로 죽음을 자연 현상과 같은 것으로 보는 것도 매우 중요하다. 자연 현상의 과정 속에 있는 나는 소멸되지만 따지고 보면 소멸되지 않은 것이기도 하다. 도킨스(R. Dawkins)에 따르면 우리 몸의실질적인 주인은 유전자다. 우리 몸은 이기적 유전자를 운반하는 운송수단이다. 나라는 개체는 죽음을 맞이하지만 유전자는 계속해서자손에게로 이어진다. 도킨스를 끌어들이지 않더라도 나는 후손을통해 또 다른 나를 발견한다. 본래 생명이란 대사(代謝)와 복제를 하는 것이다. 만일 죽음을 의식하면서 죽지 않음을 염원하거나 죽음을기꺼이 받아들이기를 원한다면 복제된 자기를 보는 것도 하나의 방법이다. 복제된 내가 있기 때문에 나는 죽지 않은 것이며, 복제된 내가 있기 때문에 죽음을 받아들일 수 있다. 수컷 사마귀는 복제를 위해 목숨까지 건다. 대개는 교미 중에 암컷에게 잡아먹히기 때문이다. 알을 수정시키고 죽음에 이르는 연어는 또 어떤가. 죽음 없는 복제는없다는 것이 자연의 법칙이다.

그리고 장켈레비치가 말하는 2인칭, 3인칭 죽음에서 얻어야 할교훈은 다른 이와 단절된 채로 있는 나의 죽음이 아니라 다른 이와의 관계 속에 있는 나의 죽음이다. 죽음은 개인의 문제이기도 하지만 다른 이와의 관계의 문제이기도 하다. 죽음은 사회적 의미를 띨 수밖에 없다.

늘 한결같은 고유한 내가 존재하는지는 알 수 없다. 나라는 것은 내가 태어나기 전에도 존재했고 나의 죽음 이후에도 존재하는가? 그렇기를 바랄 수는 있어도 그렇다는 보장은 없다. 만일 나라는 것이 태어남과 죽음을 통해 끊임없이 반복되는 나로서 존재한다면 같은 것이 반복될 뿐 새로움은 나올 수 없다. 죽음과 단절이 없다면 새로움과 창조는 없다. 변화와 발전, 창조를 꿈꾼다면 죽지 않음을 나쁜 것으로 봐야 한다. 그렇다면 인간의 죽음은 정지와 시작 사이에 있으면서 새로움을 가능하게 하는 한순간의 틈이라고 할 수 있다.

〈엔딩 노트〉

마미 스나다 감독. 2011.

영화 〈엔딩 노트〉는 말기 암 판정을 받고 죽음을 준비해가는 아버지의 모습을 담은 다큐멘터리 영화다. 엔딩 노트란 죽기 전에 하고 싶은 것, 해야 할 것 등을 적어 내려가는 노트인데, 아버지는 이를 작성하면서 하나하나 실천해나간다. 이 영화는 픽션(fiction)이 아니기 때문에 죽음을 다룬 여느 영화와는 감동이 다르다.

이 영화가 우리에게 주는 가장 큰 교훈은 '죽음 준비'다. 아버지는 의연하게 차근차근 죽음을 준비할 뿐만 아니라 유쾌함, 유머까지 잃지 않는다. 이는 실제로 아버지가 보여준 모습이기도 하지만, 스스로가 아버지가 되어 아버지의 생각을 내레이션으로 표현한 감독이 보여주고 싶은 것일지도 모른다. 죽음은 그리 슬퍼만 할 일이 아니라는 것, 잘 죽는 것과 잘 사는 것은 이질적이지 않다는 것을 감독은 보여주고 싶었던 것 같다.

또 하나 이 영화에서 주목할 것은 인간은 '관계적 존재'라는 점이다. 아버지는 담담하게 죽음을 받아들이는 듯하지만 꼭 그렇지만은 않다. 삶에 대한 미련이 여전히 있다. 미처 하지 못한 일들, 아직 죽지 않은 사람들과의 이별이 어찌 아쉽지 않겠는가. 아버지 혼자 죽음을 준비하는 것도 아니었다. 가족, 의사 등 아버지를 둘러싼 여러 사람들이 죽음을 준비하고 있었다. 죽음은 죽는 사람 혼자만의 일이 아니다.

아버지는 죽음에 대한 불안도 보여준다. 그리고 죽음이 무엇인가에 관해서는 말하지 않는다. 죽음은 미지의 세계로 남겨둔다. 다만 죽는 것이 분명한 한, 최선을 다해 죽음을 준비하는 것이 살아 있을 때 해야 할 일이라는 것을 보여준다. 아버지는 죽을 때까지도 의식을 거의 잃지 않는데, 의식이 살아 있는 한, 역시 하이데거의 말이 맞긴 맞는 것 같다. 죽음이라는 극한 상황을 앞둔 사람은 남아 있는 사람들을 진심으로 걱정하고 사랑한다. 아버지의 유머는 죽음에 대한 불안을 덜고 가족들에게 의연한 모습을 보여주고 싶었기 때문에 나온 것일지도 모른다.

영화를 본 사람들은 '이제부터라도 죽음을 준비하자, 엔딩 노트를 작성하자, 누구나 죽음을 맞이하는 법이니 잘 죽는 것이 중요하다, 잘 죽기 위해서는 마지막까지 잘 사는 것이 중요하다, 잘 사는 것은 타인을 진심으로 걱정하고 사랑하는 것이다'라는 생각을 할 것이다.

'end'라는 말은 '끝'이라는 뜻도 있지만 '목적', '목표'라는 뜻도 있다. 그러므로 엔딩 노트는 죽기 전에 도달하고자 하는 목표에 관한 노트이기도 하다. 죽음이라는 '끝'은 잘 살려고 했던 목표에 도달했느냐 도달하지 못했느냐에 따라 평가가 달라질 것이다. 물론 이때 잘 산다는 것은 부자가 되고 높은 지위에 오르는 것을 의미하지는 않는다. 적어도 서로 기대고 의지할 수 있는 '사랑'을 실천할 수 있어야 잘 살고 잘 죽을 것이다.

생각해볼 문제 ///

1. 죽음의 세계를 확실하게 알 수 없다 하더라도 그에 관해 궁금해 하는 것만큼은 막기 어렵다. 그런데 문화권마다 죽음에 대한 이해는 매우 다양하다. 사후 세계에 대한 이해가 현실의 삶에 어떤 영향을 미치는지 사례를 찾아 토론해보자.

2. 죽음과 관련해서 하이데거가 주는 교훈은 인간 일반에게 적용하기 어려운 점이 있다. 죽음을 의식하는 인간, 죽음에 관해 자각하는 인간에게만 타인을 진심으로 걱정하는 본래적 삶을 회복하도록 도와주기 때문이다. 아감벤(G. Agamben)에 따르면 아우슈비츠 수용소에 있던 사람들 중 상당수는 죽음에 관해 그러한 자각을 할 여유가 없었다. 예를 들어 이동 중에 본인의 이름이 불리면 이유도 모른 채 그 자리에서 죽임을 당했다. 그런데 죽음을 두려워하고 불안해하는 것이 아니라 이름이 불렸을 때 다른 사람들이 본인을 쳐다보는 것을 부끄러워한다. 살아 있지만 이미 죽어 있는 것과 마찬가지였다.

    각종 수용소에서 죽음을 앞두었거나 생체 실험의 대상이 되었던 사람들의 사례를 조사해보고, 인간이 자신의 죽음을 자각할 수 있는 조건은 무엇일지 생각해보자.

3. 누구나 언젠가는 노인이 된다. 앞으로도 세상은 많이 변할 테고, 나이가 들수록 빠르게 변화하는 기술과 환경에 적응하기는 점점 힘들어질 것이다. 어떻게 하면 노인이 되어서도 권위를 잃지 않고 존경받는 지혜로운 자가 될 수 있을지 토론해보자.

참고문헌 ///

하마다 타다시. 《생각을 발견하는 철학 산책》. 이수경 옮김. 이손. 2002.

손택, 수전. 《타인의 고통》. 이재원 옮김. 이후. 2004.

도킨스, 리처드. 《이기적인 유전자》. 이용철 옮김. 두산잡지BU. 1992.

아감벤, 조르조. 《아우슈비츠의 남은 자들》. 정문영 옮김. 새물결. 2012.

비트겐슈타인, 루트비히. 《논리 철학 논고》. 이영철 옮김. 책세상. 2006.

크리칠리, 사이먼. 《죽은 철학자들의 서書》. 김대연 옮김. 이마고. 2009.

정동호 외. 《철학, 죽음을 말하다》. 산해. 2012.

스티븐 스필버그. 〈쉰들러 리스트〉. 1993.

나영석. 〈꽃보다 할배〉. 2013.

이철승

성균관대학교 대학원에서 철학 박사학위를 받았다. 현재 조선대학교 철학과 교수이자 조선대학교 우리철학연구소장이다. 중국 북경대 철학과 연구학자, 중국 중앙민족대 객좌교수, 성균관대 동아시아학술원 학술연구교수 등 역임했다.

저서로는 《유가사상과 중국식 사회주의 철학》, 《마오쩌둥-현대 중국의 초석과 철학사상》 등이 있으며, 논문으로 〈동학사상에 나타난 자아관의 성립 근거와 의의〉, 《논어》 속 군자관의 논리 구조와 정치의식〉, 〈現代社會의 외로움 문제와 治癒의 儒家哲學-한국사회의 자살 현상과 극복 방안을 중심으로〉, 〈현대 중국의 소외 문제와 어울림 철학-중국식 사회주의 이론의 허와 실을 중심으로〉, 〈현대 중국사상계의 문화 산업에 대한 인식과 연구 동향-문화 산업에 대한 정부의 정책과 관방학계의 연구 동향을 중심으로〉, 〈민주주의의 법치와 유가의 덕치 문제-법실증주의의 법의식과 초기 유가의 도덕의식을 중심으로〉 등이 있다.

연효숙

연세대학교 대학원에서 철학 박사학위를 받았다. 현재 연세대학교 외래교수이자 아주대학교 인문과학연구소 연구교수이다. 저서로는 《생각하고 토론하는 서양철학이야기3》, 공저로는 《다시 쓰는 맑스주의 사상사》, 《인간을 이해하는 아홉가지 단어》, 《철학의 눈으로 읽는 여성》 등이 있다. 논문으로 〈들뢰즈에서 '나르키소스적 자아'와 '아이온의 시간'에 관한 연구〉, 〈무의식의 감정과 감각의 힘에 대한 여성주의적 재구성〉, 〈들뢰즈, 가타리의 유목주의와 욕망론 그리고 여성주의〉, 〈들뢰즈에서 기관없는 신체와 개체성의 문제〉 등이 있다.

현남숙

이화여자대학교 대학원에서 철학 박사학위를 받았다. 현재 가톨릭대학교 ELP학부 대학 초빙교수이다. 공저로는 《문화, 세상을 콜라주하다》 등이 있고, 논문으로 〈문화적 헤게모니와 동의의 조건〉, 〈여성주의 문화에서 감정의 중요성〉, 〈해러웨이: 기술과학 안에서 전략적 장으로서의 물질-기호적 몸〉 등이 있다.

이정은

연세대학교에서 철학 박사학위를 받았다. 현재 연세대학교 외래교수이자 연세대학교 인문학연구원 전문연구원이다. 무력 갈등이 낳는 여성 폭력을 극복하기 위해 만든 'UN 결의안 1325' 정신을 실천하는 〔사단법인여성평화외교포럼〕에서 활동 중이며, 고통받는 사람들의 인권과 복지를 실현하는 방법을 철학적으로 모색하는 연구를 지속하려고 한다. 저서로는 《헤겔 대논리학의 자기의식이론》, 《사랑의 철학》, 《사람은 왜 인정받고 싶어하나》 등이 있고, 공저로는 《다시 쓰는 서양근대 철학사》 이외에 다수가 있다. 논문으로 〈자본주의의 철학적 트로이 목마-K. 고진의 어소시에이션에서 사회주의읽기〉, 〈헤겔의 종교변증법에서 종교의 완성-종교의 종언과 해체〉 이외에 다수의 논문이 있다.

박민미

동국대학교에서 철학 박사를 수료했으며, 현재 대진대학교 외래교수이다. 저서로는 《세계위인교과서》 등이 있고, 공저로는 《철학을 만나면 즐겁다》, 《다시 쓰는 맑스주의사상사》, 《열여덟을 위한 철학캠프》, 《세계를 바꾸는 아홉 가지 단어》 등이 있다. 공역으로는 《자유주의자와 식인종》이 있고, 논문으로 〈푸코의 근대 권력 비판과 성-주체〉, 〈대학의 글쓰기 교재 비교 연구〉 등이 있다.

박영욱

고려대학교에서 철학 박사학위를 받았다. 현재 숙명여자대학교 교수(철학전공)이자 (사)한국철학사상연구회 《시대와 철학》 편집위원장이다. 저서로는 《철학으로 대중문화 읽기》,《매체, 매체예술 그리고 철학》,《고정관념을 깨는 8가지 질문》등이 있고, 논문으로 〈디지털 예술과 미적가상의 제거-전자음악을 중심으로〉, 〈현대건축 담론에 나타난 공간개념의 비판적 고찰-추미와 누벨을 중심으로〉 등이 있다.

김선희

이화여자대학교에서 철학 박사학위를 받았다. 현재 이화여자대학교 인문과학원 HK연구교수이다. 저서로는《마테오 리치와 주희 그리고 정약용》,《8개의 철학지도》,《철학이 나를 위로한다》,《팝콘을 먹는 동안 일어나는 일》,《동양철학스케치》1, 2 등이 있고, 논문으로는 〈조선의 문명 의식과 서학의 변주〉, 〈최한기를 읽기위한 제언-근대성과 과학의 관점에서〉, 〈라이프니츠의 신, 정약용의 상제〉 등이있다.

서영화

현재 서울대학교와 한신대학교 외래교수이자, (사)한국철학사상연구회 회원이다. 공저로는《철학자가 사랑한 그림》,《철학자의 서재》,《열여덟을 위한 철학 캠프》등이 있다. 논문으로 〈후기 하이데거의 존재론적 차이에 대한 해석〉, 〈하이데거의 사유에서 무의 지위에 대한 해석〉 등이 있다.

강신익

인제대학교 대학원에서 의학 박사학위를, 영국 웨일즈대학교 스완지 분교에서 문학 석사학위를 받았다. 인제대학교 인문의학 교실 주임교수를 거쳐, 현재 부산대학교 치의학전문대학원 의료인문학 교수이다. 저서로는《불량유전자는 왜 살아남았을까》,《몸의 역사 몸의 문화》등이 있고, 공저로는《의학 오디세이》,《생명, 인간의 경계를 묻다》등이 있다. 역서로는《고통 받는 환자와 인간에게서 멀어진 의사를 위하여》등이 있다.

최종덕

독일 기센대학교 과학철학부에서 철학 박사학위를 받았다. 현재 상지대학교 교수이다. 저서로는《인문학-어떻게 공부할 것인가》,《시앵티아-과학에 불어넣는 철학적 상상력》등이 있고, 공저로는《이분법을 넘어서》,《찰스다윈 한국의 학자를 만나다》등이 있다. 논문으로〈생물학적 이타주의의 가능성〉,〈인간의 영원한 이중성〉등이 있다. 자연에 대한 인문학과 자연과학 간 소통을 철학의 주제로 삼아 공부하고 있다. 필자의 홈페이지 http://eyeofphilosophy.net에 모든 학술 자료가 공개되어 있다.

서도식

서울대학교에서 철학 박사학위를 받았다. 현재 서울시립대학교 철학과 교수이다. 저서로는《하버마스-인식과 관심》등이 있고, 공저로는《사회철학대계 5》등이 있다. 논문으로〈공간의 현상학〉,〈비주얼 커뮤니케이션과 정치〉등이 있다.

김성우

현재 兀人고전학당 연구소장이자 (사)한국철학사상연구회 ⓒ시대와 철학 편집위원장 및 변증법과 해체론 분과장이며, 건국대, 한국외대 등에 출강하고 있다. 이전에는 상지대 겸임교수를 지냈다. 데카르트와 라이프니츠 등의 근대성과 로크와 롤스 등의 자유주의 철학을 비판적으로 연구했다. 그 이후, 변증법과 해체론을 접목해 새로운 실천적 존재론과 변혁의 실천 논리를 탐구하고 있다. 저서로는《로크의 지성과 윤리》,《자유주의는 윤리적인가》,《스무 살에 만난 철학 멘토》등이 있고, 공저로는《롤즈의 정의론과 그 이후》,《청춘의 고전》,《철학자가 사랑한 그림》,《다시 쓰는 서양 근대 철학사》,《다시 쓰는 맑스주의 사상사》,《철학자가 사랑한 그림》,《열여덟에 만난 철학 캠프》등이 있다. 논문으로〈로크, 자유주의, 신자유주의〉,〈롤즈의 자유주의 윤리학에 나타난 합리성과 도덕성 비판〉,〈푸코와 권력의 문제〉,〈변증법의 역사적 맥락에서 본 아도르노의 부정 변증법의 의의와 그 이론적 실천의 한계〉,〈비트켄슈타인과 치유의 철학〉,〈포스트모던 스피노자 윤리학에 대한 헤겔주의적 비판〉(공저) 등이 있다.

김교빈

성균관대학교 동양철학과에서 박사학위를 받았다. (사)한국철학사상연구회와 인문콘텐츠학회 회장, 학술단체협의회 상임대표를 지냈고, 현재 호서대학교 문화기획학과 교수이자 예체능대학 학장으로 재직하고 있다. 저서로는 《동양철학에세이 2》, 《한국철학 에세이》, 《하곡 정제두》 등이 있고, 공저로는 《동양철학에세이 1》, 《화담집》, 《강좌 한국철학》, 《기학의 모험》, 《동양철학과 한의학》 등이 있으며, 함께 옮긴 책으로 《중국의 고대 논리》, 《중국 고대철학의 세계》, 《중국 의학과 철학》, 《기의 철학》 등이 있다.

이순웅

숭실대학교에서 철학 박사학위를 받았다. 현재 경희대, 백석대, 서울시립대, 숭실대 강사이자 《진보평론》 편집위원이다. 공저로는 《철학, 삶을 묻다》, 《철학자의 서재》, 《청춘의 고전》, 《열여덟을 위한 철학 캠프》, 《열여덟을 위한 신화 캠프》, 《다시 쓰는 맑스주의 사상사》, 《세상의 붕괴에 대처하는 우리들의 자세》 등이 있고, 공역으로는 《이데올로기와 문화정체성》이 있다. 논문으로 〈그람시의 국가·시민사회론〉, 〈유물론에 관한 그람시의 견해〉, 〈그람시 이데올로기 개념의 형성〉, 〈리영희의 '인간주의적' 사회주의에 관한 비판적 연구〉, 〈근대적 주권을 넘어서는 연대의 모색-아감벤의 정치철학을 중심으로〉, 〈아감벤의 정치철학에서 민주주의 문제와 주체의 역할〉 등이 있다.